数字化转型系列

贯通
数字化订单交付

Run-Through
Digital Order-to-Delivery

丁少华 ◎编著

订单交付是制造型企业的核心业务流程，是决定企业生产运营质量的关键所在。本书以"贯通"为题，阐述了订单交付体系与能力，介绍了产品管理与制造工程，销售预测与需求感知，客户订单与需求管理，生产计划、排程与执行，采购协同与内向物流，商品发运与外向物流，绩效度量与体系治理等7个模块的具体内容和要求，并结合SAP S/4HANA管理软件相关功能的介绍，给出了数字化角度的落地方案。

本书的内容既有理论上的系统性，又有实践上的可操作性，可作为生产运营课程辅助教材，或生产运营从业者、管理咨询顾问、数字化咨询顾问的工作参考书。

图书在版编目（CIP）数据

贯通：数字化订单交付 / 丁少华编著 .—北京：机械工业出版社，2023.7
（数字化转型系列）
ISBN 978-7-111-73490-1

Ⅰ. ①贯⋯　Ⅱ. ①丁⋯　Ⅲ. ①供销管理 - 数字化　Ⅳ. ① F274-39

中国国家版本馆 CIP 数据核字（2023）第 125276 号

机械工业出版社（北京市百万庄大街 22 号　邮政编码 100037）
策划编辑：王　颖　　　　　责任编辑：王　颖　单元花
责任校对：丁梦卓　陈　越　责任印制：常天培
北京铭成印刷有限公司印刷
2023 年 10 月第 1 版第 1 次印刷
170mm×230mm・18 印张・1 插页・329 千字
标准书号：ISBN 978-7-111-73490-1
定价：99.00 元

电话服务　　　　　　　　　网络服务
客服电话：010-88361066　　机 工 官 网：www.cmpbook.com
　　　　　010-88379833　　机 工 官 博：weibo.com/cmp1952
　　　　　010-68326294　　金 书 网：www.golden-book.com
封底无防伪标均为盗版　　　机工教育服务网：www.cmpedu.com

Preface 前　言

本书是作者数字化转型系列的第三本专著（另外两本分别是《重塑：数字化转型范式》和《建模：数字化转型思维》）。与前两本不同的是，本书既有业务管理和数字化领域的概念性阐述，又有内容上的聚焦，即聚焦于企业中现实问题和共性问题的解决，聚焦于数字化实践层面的重点和难点，将订单交付领域的概念、思路、方法和工具汇集在一起。

为了将数字化工具与解决办法进行相互印证以提高内容的指导性和可操作性，本书选取了 SAP 公司的旗舰产品——S/4HANA 作为工具示例，剖析了 S/4HANA 中很多与订单交付体系管理与能力建设相关的模块和功能。本书之所以选择 S/4HANA 作为工具示例，主要基于以下几个考量：

其一，作者曾经做过多年的 SAP/ERP 咨询顾问，对 S/4HANA 有一定程度的了解和驾驭，可以避免随意发挥和臆测。

其二，S/4HANA 产品的功能介绍、演示环境和专业培训等内容比较容易通过公开资源获得，便于读者自行做深层次的学习和探索。

其三，很多规模较大的制造型企业，其 ERP（Enterprise Resource Planning，企业资源计划）系统选择的就是 SAP ECC 或 S/4HANA，本书可以为这些企业的 ERP 实施、应用和优化提供借鉴。

本书适合企业中从事生产运营或供应链管理的管理者和员工、管理咨询顾问、ERP/APS/MES/SCM 等 IT 系统实施与咨询顾问、企业数字化从业人员等读者阅读。尤其是对企业的业务管理者而言，本书所涉及的数字化技术和工具层面的介绍，有助于他们加深对技术和工具的理解，并推动业务变革举措的落地；对 ERP 实施与咨询顾问及数字化从业者而言，本书尝试把软件功能背后的业务背景和管理理念诠释清楚，有助于他们有效实施和应用软件系统。另外，本书也可以作为高等院校中信息管理、计算机应用、物流管理、供应链管理等相关专业的教学参考书。

"业精于勤而荒于嬉，行成于思而毁于随。"在作者看来，管理实践和数字化建设不应一味地跟风头，但也不能因循守旧而不知变通。

本书内容来自作者日常工作的思考和记录，因本人水平有限，肯定会有很多的错误和不足，敬请读者批评和指正。

丁少华

2023 年 3 月于杭州

Contents 目 录

前言

绪论 ………………………………………………………………………… 1

第1章 订单交付体系与能力概述 ……………………………………… 5
1.1 订单交付体系的模块构成 ……………………………………… 7
1.2 流程管理的视角 ………………………………………………… 11
1.3 供应链的视角 …………………………………………………… 16
1.4 精益生产的视角 ………………………………………………… 17
1.5 六西格玛的视角 ………………………………………………… 19
1.6 社会技术系统的视角 …………………………………………… 20
1.7 数字化的视角 …………………………………………………… 24
1.8 S/4HANA 与订单交付 ………………………………………… 32
1.9 本章小结 ………………………………………………………… 38

第2章 产品管理与制造工程 …………………………………………… 39
2.1 产品数据管理的要求 …………………………………………… 39
2.2 产品结构管理 …………………………………………………… 42
2.3 分类管理与变式配置 …………………………………………… 47
2.4 集成产品与工艺工程 …………………………………………… 52
2.5 制造工程与生产作业 …………………………………………… 58
2.6 本章小结 ………………………………………………………… 62

第 3 章 销售预测与需求感知 … 64
3.1 背景、流程与方法 … 64
3.2 企业数据管理与 SAP BW … 73
3.3 SAP IBP 功能概览 … 79
3.4 本章小结 … 93

第 4 章 客户订单与需求管理 … 95
4.1 解耦点选择 … 96
4.2 需求管理 … 97
4.3 需求满足 … 99
4.4 S/4HANA 中的计划策略 … 103
4.5 高级可用性承诺 … 109
4.6 本章小结 … 120

第 5 章 生产计划、排程与执行 … 121
5.1 计划管理的方法 … 122
5.2 销售与运作计划 … 126
5.3 主计划与排程 … 130
5.4 物料需求计划 … 136
5.5 产能管理与详细排程 … 139
5.6 生产执行与控制 … 146
5.7 计划管理与 SAP 工具包 … 155
5.8 S/4HANA 中的 S&OP … 162
5.9 S/4HANA 的长期计划 … 163
5.10 S/4HANA 中的 pMRP … 164
5.11 S/4HANA 中的 DDR … 177
5.12 S/4HANA 中的 PP/DS … 188
5.13 制造执行系统 … 199
5.14 赛博物理系统 … 201
5.15 本章小结 … 206

第 6 章 采购协同与内向物流 … 208
6.1 采购的背景 … 208

6.2 采购到付款 209
6.3 采购协同 211
6.4 内向物流 214
6.5 Ariba 中的供应链协同 219
6.6 S/4HANA 中的看板与 JIT Call 224
6.7 S/4HANA 中的仓储管理 227
6.8 工业互联网 232
6.9 本章小结 235

第 7 章 商品发运与外向物流 236
7.1 运输计划 237
7.2 运输执行 240
7.3 运输控制 241
7.4 S/4HANA 中的运输管理 241
7.5 SAP 全局跟踪与追溯 244
7.6 本章小结 248

第 8 章 绩效度量与体系治理 249
8.1 绩效度量 249
8.2 体系治理 253
8.3 业务分析与 SAP 工具包 256
8.4 S/4HANA 嵌入式分析 263
8.5 S/4HANA 中的早期预警 270
8.6 流程挖掘 272
8.7 本章小结 275

参考文献 276

后记 278

绪　　论

作者至今还记得，2010 年给某汽车企业的高管讲解信息化规划方案的情景。当时谈到汽车行业的运营模式和信息化建设要点，作者说，这个领域没有太多的未知，很多问题都有人做过详细的研究，难的是所涉及的内容太多，而驾驭好各种复杂的形式，将现有办法和工具整合成有效的整体性解决方案，考验每一个从业人员的功力。企业的经营管理又何尝不是如此！

CSC Index 系统公司的咨询师迈克尔·特里西（Michael Treacy）和弗雷德·威尔斯马（Fred Wiersema）于 20 世纪 90 年代所提出的三个普遍性价值信条——卓越运营（Operational Excellence）、产品领先（Product Leadership）、亲近客户（Customer Intimacy），其实也可以作为广大企业的市场竞争策略。在管理实践中，具体到特定的企业经营，无非是三个价值信条的优先级取舍。

如图 0-1 所示，A 企业优先选择在卓越运营上比竞争对手做得更好，B 企业则优先选择在产品领先上比竞争对手做得更好。显然，如果企业能够"兼得"，能够在卓越运营、产品领先和亲近客户三个维度中的至少两个上都胜过竞争对手，这种企业必定是行业龙头。

优先选择什么样的价值信条或竞争策略，关乎企业的行业特点、资源禀赋和战略决策。具体到操作层面，亲近客户的策略比较容易实施和见效，尤其适合那些面向个人消费者的企业，而卓越运营和产品领先的策略则比较难实施，取得实效的周期也很长。

对于那些面向企业客户，为下游企业做产业配套的制造型企业，因为客户数量比较少，且都是理性消费，亲近客户的策略效果有限，卓越运营或产品领先应该是唯二选择；而对于那些缺乏核心技术，或者说短期内难以实现根本性的产品或工艺等方面的创新性突破的企业，比较现实的选择是卓越运营。

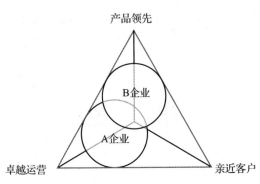

图 0-1　价值信条与企业选择

评价一个企业的运营效率如何,我们可以采用订单交货周期、订单满足率、资产或设备利用率、库存周转率或库存年周转次数等关键业绩指标。如果要做对标分析的话,竞争对手的订单交货周期、订单满足率、设备设施利用率等指标数据比较难获得,而库存周转等方面的指标数据则比较容易获得,因为大多数规模较大的制造型企业都是上市公司,它们的财务年报中都会披露相关数据。

$$库存年周转次数 = \frac{本年主营业务成本}{(上年期末库存 + 本年期末库存)/2}$$

为了了解中外制造型企业在库存周转效率上的各自表现,作者从全球汽车零部件企业 TOP100(前 100 名)榜单和中国汽车零部件企业 TOP100 榜单中分别选取了 10 家企业,从它们各自的 2020 年财务报表中提取了相关数据来计算其库存年周转次数,具体结果见表 0-1。

表 0-1　部分汽车零部件企业 2020 年库存年周转次数指标列表

国家	德国		美国		日本			韩国		中国								
企业	采埃孚	莱尼	博格华纳	盖瑞特	小糸制作	中央弹簧	东京座椅技术	汉农系统	现代威亚	万都	均胜电子	宁德时代	玉柴机器	福耀玻璃	宁波华翔	万丰奥特	万向钱潮	赛轮轮胎	威孚高科	三环集团
指标	6.8	7.3	7.9	10.4	10.2	8.4	11.2	9.5	8.8	14.5	6.2	3	4.6	3.4	6.5	3.7	4.6	4.6	4	2.6

注:数据源自各公司公开财务报表。

实际上,国内广大制造型企业运营效率上的"一长三低"(订单交付周期长、订单满足率低、设备设施利用率低、库存周转率低)是一个普遍现象,且从企业创立之初就存在，之后又因为市场竞争激烈、产品和物料品类多、客户需求多样和波动、内部管理不佳等原因而没有得到根本性改善。换句话说，运营要卓越的观点是老观点，运营效率低是老问题，所欠缺的是可行、有效的方法，以及坚决、持续的行动而已。

企业践行卓越运营、产品领先和亲近客户的策略，需要有相应的体系和能力做支撑。其中，产品领先取决于企业的新产品开发和导入（New Product Development and Introduction，NPDI）的体系和能力，亲近客户需要企业的市场、销售和服务（Marketing，Sales and Service，MSS）的体系和能力来落实，而卓越运营则与企业的订单交付（Order to Delivery，OTD）的体系和能力息息相关。

正如前文所说，企业经营管理中所存在的问题是长期的，解决问题的思路也是已知的，所欠缺的可能是解决问题的前提条件、基础准备、有效方法和切实行动。对于那些致力于卓越运营的企业来说，订单交付的体系完善和能力提升是着力点，而借助数字化技术的建设和应用，对订单交付体系和能力进行重塑，可能是有效方法和切实行动的方向之一。这也正是作者在本书中尝试要表达的观点，即如何借助订单交付体系和能力的数字化，实现企业运营的卓越。

本书的内容框架如图0-2所示。

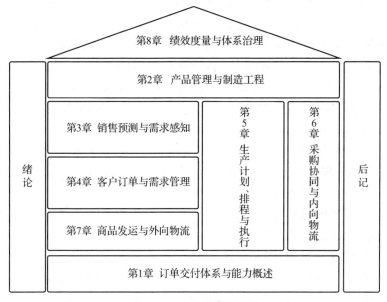

图 0-2　本书的内容框架

本书内容紧紧围绕企业的订单交付体系管理和能力建设来展开，内容安排和章节顺序如下。

绪论部分，从企业在经营管理活动中存在的问题及其解决思路入手，提出订单交付体系管理和能力建设在企业实现卓越运营中的重要性，以及借助数字化对订单交付进行重塑的必要性。

第1章，订单交付体系与能力概述，系统地介绍订单交付体系的定义、内涵和组成部分，并分别从流程管理的视角、供应链的视角、精益生产的视角、六西格玛的视角、社会技术系统的视角、数字化的视角来看企业的订单交付，以加深读者对订单交付体系和能力的理解。

第2章，产品管理与制造工程，从产品数据管理的角度，提出了订单交付有效运行的前提条件和管理基础、企业如何以制造工程的方法来平滑地衔接研发与生产，以及如何用数字化的方法和工具来帮助企业做好产品管理和制造工程。

第3章，销售预测与需求感知，从长期、中期和短期等不同的展望期，阐述销售预测与需求感知在订单交付中的牵引作用及其工作内容，以及如何借助数字化的方法和工具来帮助企业做好销售预测与需求感知的工作。

第4章，客户订单与需求管理，阐述了企业如何通过客户订单与需求管理进行客户需求与生产供应之间的动态平衡，如何进行客户订单的优先级管理，以及如何通过相应的数字化手段来将MTS、MTO、ETO等不同形式的生产模式进行落地。

第5章，生产计划、排程与执行，详细地介绍了企业中生产计划的种类和内容、如何做车间的详细排程、生产订单的执行和控制活动有哪些，以及从数字化的视角看生产计划、车间排程和生产执行等活动的具体实现。

第6章，采购协同与内向物流，重点讲述企业如何与上游供应商进行协作，包括供应商管理库存、循环取货、准时送货、排序送货等协同机制，从采购订单下达到采购结算的整个过程，以及相应的数字化实现方式。

第7章，商品发运与外向物流，主要内容包括仓库管理、交货、拣配、包装、运输计划管理、物流跟踪等业务活动的介绍，以及如何借助数字化来管理、优化商品发运和外向物流等工作。

第8章，绩效度量与体系治理，详细介绍了常用的运营绩效指标和运营管理驾驶舱的搭建，以及如何通过运营监控来发现业务短板，如何通过流程贯通、职责贯通、数据贯通和系统贯通来持续优化企业的订单交付体系和能力。

后记部分，总结了数字化转型背景下订单交付体系管理和能力建设的新与旧、同与异、简和难，企业如何结合自身的实际情况找准切入点，以务实、可行的数字化建设举措来改善其订单交付，以及订单交付如何从数字化走向智能化的展望。

Chapter 1 | 第 1 章

订单交付体系与能力概述

订单交付是汽车行业中比较通用的叫法,指的是从车企或经销商接受客户订单到把订单中的产品交付给经销商或客户的全过程,见图1-1。对于该过程,还有类似的其他叫法,如订单履行(Order Fulfillment,包括订单的接收、处理、拣配、包装、仓储、发运等活动)、订单到收款(Order to Cash,O2C,加入了销售、收款等环节)。

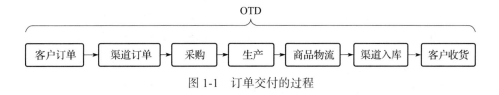

图1-1 订单交付的过程

实际上,订单交付不仅适用于汽车行业,而且具有普遍的适用范围,尤其适用于制造行业。为了让订单交付的定义再精确些,我们可以补充相关的管理目的和约束条件:企业为每一个客户提供可供选择的产品,并以客户可接受的交货时间和满足经济性要求的方式,将客户选定参数和配置的产品交付给客户的一系列经营活动。

订单交付是制造型企业核心的业务流程和能力之一,是企业高效运营和客户满意的关键。一方面,为了让客户满意,企业必须为客户提供其想要的个性化产品,并以合理的销售价格,在客户可以接受的交货时间内把产品交付给客户,否则就可能导致客户流失。另一方面,企业在完成订单交付的过程中,必须尽可能地寻求设备设施的高效运行和库存的快速周转。

从订单交付在企业的执行情况来看,很多制造型企业都处于"一长三低"的状态,即较长的订单交付周期、较低的订单满足率、较低的设备设施利用率和较低的库存周转率,还谈不上运营的高效。由此可见,对企业来说,做好订单交付不是一件容易的事情。

订单交付之所以难做好,一则是因为它涉及企业的研发、营销、生产、采购、仓储、物流等各个业务部门,需要上述部门紧密配合和高效协同;二则是因为订单交付的运行环境是动态的,其中的变量和相关约束条件时刻在变化。以客户的行为为例:有的客户能够接受 15 天的订单交货周期,有的客户只愿意为所订购的产品等待 5 天;有的客户本次购买愿意为产品交付等待 15 天,下次购买时愿意等的时间可能不超过 5 天;有的客户在所选定参数配置的产品不能及时交货时愿意妥协换为其他配置的产品,有的客户则不愿意在产品配置上妥协。诸如此类的变化还有很多,如客户在接到其订购产品前对订单的频繁变更(参数配置的修改、数量的修改、交货日期的修改)、竞争对手的市场促销、企业内部某设备的突发故障、供应商的供货不及时等。

为了在客户个性化配置、订单交货周期、订单满足率、设备设施利用率、库存周转率等运营指标中寻求平衡,根据行业的特点、企业的行业位置、产品特性或生产工艺等的不同,衍生出了多种与订单交付有关的生产运营模式见图 1-2。例如,面向库存生产(Make to Stock,MTS)、面向订单定位(Locate to Order,LTO)、面向订单装配(Assembly to Order,ATO)、面向订单生产(Make to Order,MTO,也称为 Build to Order,BTO)、面向订单工程(Engineering to Order,ETO)等。

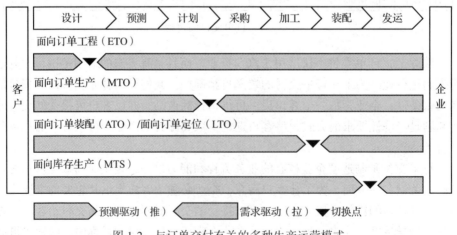

图 1-2 与订单交付有关的多种生产运营模式

MTS、LTO、ATO、MTO、ETO 等不同生产运营模式的主要差异就在于订单交付全过程中哪些活动是基于预测来驱动的［也称推（Push）］，哪些活动是基于客户的真实需求来驱动的［也称拉（Pull）］，企业就是根据所处的市场形势、行业特点、市场地位、产品特性等因素，通过不同形式的推与拉的衔接，来实现尽可能短的订单交货周期、尽可能高的订单满足率、尽可能高的设备设施利用率和库存周转率等运营指标的平衡，而这需要对订单交付所涉及的各项业务活动做精心的设计和有效的管理，这就可以在表 1-1 列举的常见生产运营模式的特点中窥见一斑。

表 1-1 常见生产运营模式的特点

运营模式	面向库存生产（MTS）	面向订单定位（LTO）	面向订单生产（MTO）
特点	采用提前生产的方式，通过销售部门的预测来组织生产 推动式销售：从渠道或企业库存中销售 根据渠道的补货订单来驱动分配决策 客户从渠道或企业现有库存中选择，可直接提货 高库存、大量的库存管理 生产计划基于市场预测，稳定的生产与供应 产品较为标准化 最大化生产与物流过程中的成本效益	采用提前生产的方式，通过销售部门的预测组织生产 推拉并存：从制造企业的生产体系与渠道库存的大范围中进行销售 制造企业可根据客户的实际订单来修改生产计划 优化的库存 让供应链中存在的商品尽可能地满足客户需求，提升客户满意度 较为丰富的产品配置选择 较为稳定的生产与供应 需要具备整合的渠道网络	需求导向的生产方法，在客户确定订单后再安排生产 拉动式销售：制造企业按客户订单配置制造与销售 无库存，客户需要等待数周后才能提货 专注客户需求，提升客户满意度 丰富的产品配置选择供客户进行挑选与匹配 难以保证生产与供应的稳定性 需要具备高度整合的供应网络，以及完备的信息自动化系统支持

深究下去，订单交付不仅包括客户订单的接收、处理、拣配、包装、发运、交货、收款等活动，还包括产品管理、销售预测、生产计划、车间排程、运输计划等更复杂的工作。经过数十年的行业实践和沉淀，订单交付所包含的工作内容已基本明确，不同行业、不同企业的订单交付如果有所不同，主要体现在相关变量的选择等细微环节，如订单交货周期的设定、订单满足率的选择、库存水平的设定等。

1.1 订单交付体系的模块构成

订单交付的体系和能力可以用"6+1"来概括，即 6 个业务流程和能力，分别是产品管理与制造工程，销售预测与需求感知，客户订单与需求管理，生产计划、排程与执行，采购协同与内向物流，商品发运与外向物流，以及 1 个治理机制——绩效度量与体系治理，如图 1-3 所示。

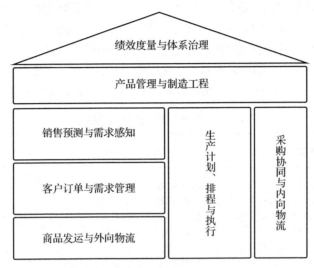

图 1-3　订单交付体系与能力的框架示意图

1. 产品管理与制造工程

产品是企业满足客户需求的载体。在市场需求日益个性化的背景下，为了在客户需求的个性化满足等外部诉求和生产运营活动的规模化、经济性等内部诉求之间寻求平衡或尽可能地"兼得"，企业必须对其产品家族、产品定义和产品生产等有关的数据进行有效的管理。这也是企业要想做好订单交付所必须做的基本功。

订单交付的产品管理与制造工程子模块的具体内容包括物料编码体系、产品配置和零部件分类管理、产品物料清单（Bill of Material，BOM）的结构和管理、工艺路线的结构和管理、工程变更管理等，尤其要注意如何将模块化产品和工艺定义的架构理念落实好，以支持大规模定制等经营理念的落地。

2. 销售预测与需求感知

所谓"预则立，不预则废"。在订单交付中，企业的"预"首先体现为销售预测和需求感知，前者是对未来中长期的客户需求进行预判，后者是对短期的客户需求和订单波动进行实时监测。

销售预测是订单交付中的重点和难点。在市场需求快速变化、个性化、不稳定的时代，做好销售预测的难度可想而知，而预测准确性低的销售预测不仅无法指导订单交付的后续活动，而且可能给生产计划等活动带来困扰。另外，即使中长期的销售预测比较难做，如果能够准确、及时地监测到短期的客户需求和订单波动，对订单交付的后续活动也非常有益。

简言之，订单交付的销售预测与需求感知模块，目的就在于尽可能地提高中长期销售预测的准确率，并准确、及时地感知短期的市场需求和订单波动，以帮助企业在供应环节快速地做出有针对性的调整。

3. 客户订单与需求管理

"让客户满意"的经营理念不是让企业被动地迎合客户的需求，而是要对其进行有效的管理。这包括感知（Sense）、引导（Shape）、响应（Response）、排序（Sequence）、满足（Fulfill）等依次采取的措施，以确保企业经营收益的最大化。对客户而言，客户订单管理还包括订单履行全过程的可视化和承诺交货时间的管理。

另外，一旦企业根据自身的市场环境、行业特点、市场地位、产品特点等因素选定了相应的生产运营模式（MTS、LTO、ATO、MTO 或 ETO），生产运营中基于预测驱动的活动与基于需求驱动的活动就需要做好衔接。在企业的经营管理实践中，任何企业的生产运营不可能只有 MTS 或只有 MTO，而是多种模式的混合，这正是订单交付中需求管理模块尝试要解决的。

4. 生产计划、排程与执行

企业中的研发、销售、生产、采购、仓库、物流等部门的活动要想合拍，要想寻求生产经营在企业层面的整体最优，而不是个别部门的局部最优，以及让订单交付中的各种供应活动有序地进行，就需要立体、滚动的生产计划来指导和协调，具体包括销售与运作计划、主生产计划、能力需求计划、物料需求计划等。

任何企业都是在有限资源下寻求产出最大化。要想确保生产计划能够得到有效执行，企业还需要考虑设备等资源或零部件物料的约束，必要时根据资源的负载进行生产计划或任务的优先级排序，这是订单交付的详细排程或车间排程模块所要解决的问题。

生产订单或任务下达以后，产品生产所需要的零部件物料要按时、按量、有序地配送到生产线，生产过程中所发生的质量缺陷需要及时处理，必要时需要对员工提供作业指导，管理者需要对生产订单的执行过程进行跟踪和统计，生产细节需要能事后追溯等。这些都是订单交付的生产控制模块所应具备的能力。

5. 采购协同与内向物流

通常，企业都会将部分零部件的生产交给上游合作伙伴，这就需要与之进行供应链的协同。订单交付的采购协同模块包括计划协同和送货协同，后者的具体形式有供应商管理库存（Vendor Managed Inventory，VMI）、循环取料（Milk Run）、准时送货（Just in Time，JIT）、排序送货（Just in Sequence，JIS）等。

企业需要对外购零部件或委外加工业务进行过程跟踪，这需要有相应的机制来支持，如提前送货通知单、内向交货单等。货物送达企业后，企业还需要根据实际生产情况，要么直接送到生产线，要么入中央库。如果是后者，还可能涉及立体仓库的管理。

6. 商品发运与外向物流

客户所需的产品生产完工和入库以后，企业就要组织发运等工作，包括拣配、包装、交货前检查（Pre-Delivery Inspection，PDI）、运输计划的编制（运输方式、运输路径、发运时间等的选择）等。

如果运输周期较长，或是想要跟踪整个运输过程，把运输路径中的关键节点信息反馈给客户或供客户查询，企业需要通过全球定位系统（Global Positioning System，GPS）等位置定位技术进行外向物流的跟踪管理。

7. 绩效度量与体系治理

没有度量就没有管理。在订单交付的运营监控模块，企业选定某些运营绩效指标，如订单交货周期、订单满足率、库存周转率等，再借助商业智能或高级分析技术，提取上述指标的实际表现数据并予以展示和监控。当指标表现不符合设定目标值时就进行预警，提请相关人员进行人工干预和差异分析。差异分析的结果可以帮助企业制定相应的改进方案。

企业的订单交付也是一个耗散系统，如果不进行必要和有效的管理干预或治理，它必将从有序走向无序，运营效率指标也表现得越来越差。根据实际经验，交付体系的治理工作需要围绕流程的梳理、重设和贯通，相关部门职责和管控点的梳理和落实，各类订单交付活动的数据梳理和贯通，相关IT系统的实施、集成和贯通等工作来展开。

如上所述，订单交付所涉及的内容是繁杂而又环环相扣的。只要其中一个环节没做好，或者是环节与环节之间没有衔接好，企业的运营效率都会受到不同程度的影响。当然，订单交付也不是"天外来客"，要想做好它，其实有很多管理方法和工具做参考。下面，作者分别从流程管理、供应链、精益生产、六西格玛、社会技术系统、数字化等视角，概括谈谈它们与订单交付的关系。

1.2 流程管理的视角

所谓流程,指的是企业为了实现特定目的所进行的一系列具有严格的顺序定义的活动。流程管理的提出,就是要消除因专业化分工所导致的专业或部门墙,以及将不同专业、不同岗位和不同部门协同(Synchronizing)起来形成一个有机的整体。从这个角度来讲,订单交付也是业务流程,可以采取流程管理的思路来改善企业的订单交付体系。

流程管理的内容包括业务分析、流程设计或建模、流程实施、流程的运行监控和持续改善,具体见图1-4中的BPTrends公司开发的流程管理金字塔模型。

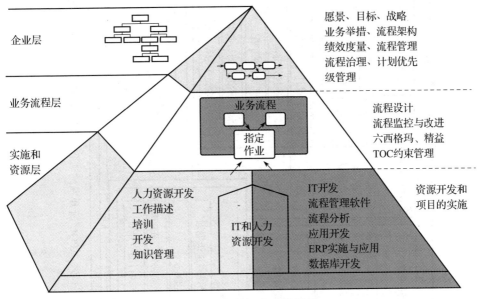

图1-4 流程管理金字塔模型

在流程设计或建模方面,行业内也有通用的流程框架做参考,如国际供应链协会(Supply Chain Council,SCC)所开发的供应链运作参考模型(Supply Chain Operation Reference Model,SCORM)、美国生产力与质量中心(American Productivity & Quality Center,APQC)所开发的流程分类框架(Process Classification Framework,PCF)、增强的电信运营图(enhanced Telecom Operations Map,eTOM)等。图1-5所示为APQC所开发的流程分类框架。

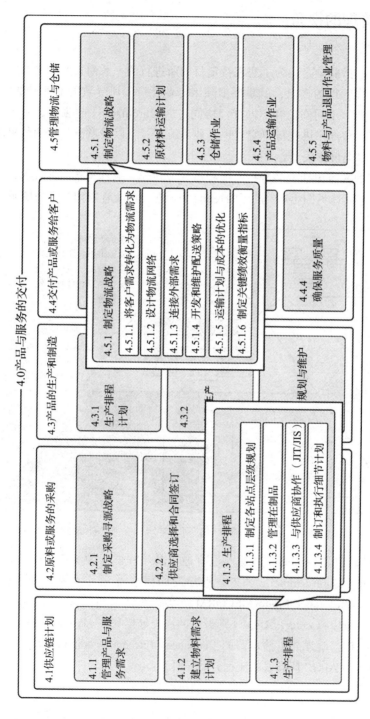

图1-5 APQC所开发的流程分类框架（产品与服务交付流程）

在指导思想上，流程管理强调以客户为中心的端到端，管理改善的切入点就是不同领域或职能的流程集成。从定义也可以看出，订单交付本身就是端到端，即从客户需求到需求的满足，而制造型企业的流程管理所提倡的三项集成（技生集成、纵向集成和横向集成），更是与订单交付的高绩效有着紧密的相关性。

1. 技生集成

技生集成指的是产品定义、物料清单、工艺路线、工程变更等数据在市场、销售、技术、采购、生产、物流等业务部门之间的有序流转和高度共享。订单交付流程的技生集成见图1-6。产品数据是制造型企业最宝贵的信息资源，必须得到有效的管理和使用。

在制造型企业中，技生集成是新产品开发和导入（New Product Development and Introduction，NPDI）流程与订单交付流程的链接纽带。

2. 纵向集成

纵向集成指的是企业内经营决策指令自上而下的传递，以及过程和执行结果信息自下而上的反馈。订单交付流程的纵向集成见图1-7。在企业中，经营决策信息主要有经营目标和计划，如营业目标、财务预算、销售与运作计划、主生产计划、物料需求计划、车间生产排程等；过程和执行结果则包括订单执行状态和订单完工量、在制品库存、设备状态、生产过程监控信息等。

从时间跨度来看，不同层级的经营决策信息自上而下，时间跨度越来越长，有时可长达三年，而车间生产排程信息则短到天或班次。不管从时间跨度来看，还是从信息所处的组织层次来看，计划信息必须是滚动的，执行和反馈信息必须是实时的，计划与执行必须形成信息反馈回路。

3. 横向集成

横向集成主要是指企业与上游供应商和下游分销商等合作伙伴之间基于流程和数据的高效系统。在制造型企业与上下游合作伙伴之间，最关键的信息是需求和供应信息。需求信息包括销售预测、销售订单，供应信息则包括库存、在制品、在途品、生产订单、采购订单等。

产业链的需求和供应信息要保持高度的透明和逐渐传递，这样才可能实现整个产业链中供需的动态平衡，否则就很可能出现供应链"牛鞭效益"，其结果是要么造成严重的库存积压，要么造成严重的商品/货物短缺。要尽可能杜绝供应链的"牛鞭效益"，就要借助于横向集成来完成，其逻辑就是通过上下游之间供需信息的滚动更新、相互关联和高度透明，实现供需的动态平衡。

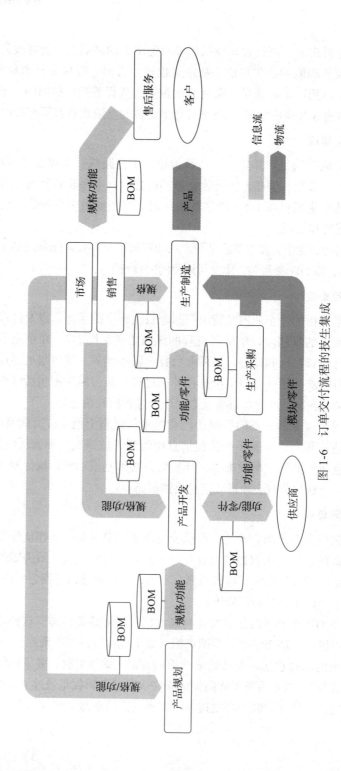

图 1-6 订单交付流程的技生集成

第1章 订单交付体系与能力概述

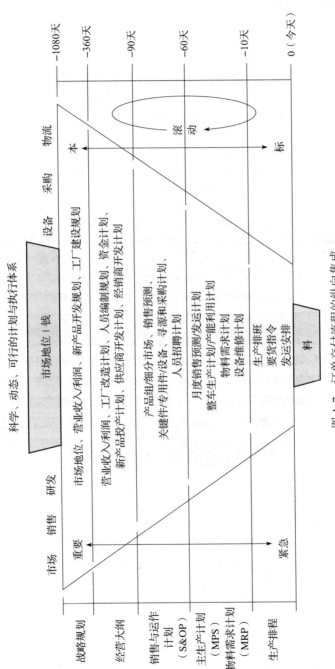

图1-7 订单交付流程的纵向集成

1.3 供应链的视角

供应链指的是由供应商、制造商、仓库、配送中心、渠道商等构成的供应和物流网络,而供应链运营指的是围绕核心企业,通过对信息流、物流、资金流的控制,从采购原材料开始到制成中间产品及最终产品,最后由销售渠道把产品送到消费者手中的一系列活动。供应链管理流程见图1-8。

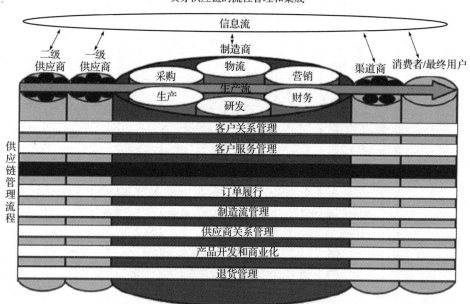

图1-8 供应链管理流程(Lambert 2008)

从管理的角度开看,供应链管理的目的是通过供应链活动的精心计划、组织、执行、沟通和控制,实现客户满意度提升、产品和服务的品质提升、产品和服务的交付成本下降,以及企业盈利的持续增长等。这与订单交付所追求的目标是一致的。

从管理内涵来看,供应链就像一个"筐",很多内容都可以往里装,如产品开发管理、销售预测、销售与运作计划、需求管理、客户关系管理、销售与分销管理、库存和仓储管理、采购和供应商管理、生产排程、运输计划和执行等。这样看来,订单交付属于供应链管理的子集。

在作者看来，除了百科全书式业务流程或功能组件，供应链管理体系中尤其值得大家关注的是基于供应链运作参考模型（SCORM）对供应链活动的高度抽象，以及基于运筹学思想利用算法来对供应链活动进行优化和排序。

SCORM 把所有的供应链活动按其内容或职能抽象为四种——计划（Plan）、寻源（Source）、生产（Make）和交付（Deliver），如图 1-9 所示。其中，供应链上游企业的交付环节与下游企业的寻源环节链接在一起，单个企业内部的寻源、生产和交付等环节链接在一起，这样环环相扣就形成了所谓的供应链链条和供需网络，而供应链管理的着力点可以是各环节中供需信息的实时透明和高度共享，以尽可能消除供应链的"牛鞭效应"。

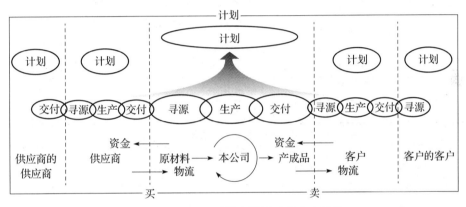

图 1-9　SCORM 对供应链活动的高度抽象

另外，寻源、生产和交付等类型的活动都需要由相应形式的计划来指导、统筹和推动，其背后的理念是各种运筹学模型或算法的应用，如动态规划算法、调度算法、排队算法、路径规划算法、启发式算法等。

在管理实践中，通过供应链各环节中供需信息的实时透明和高度共享，企业可以尽可能地避免库存短缺或积压的情况。即使是客户需求发生了品种、数量或日期上的变更，企业也可以快速做出有针对性的调整，这有益于高效的订单交付。更进一步，通过相关运筹学模型或算法的应用，企业可以实现订单交付中关键业绩指标的更大限度的"兼得"。

1.4　精益生产的视角

精益生产是流行于欧美的说法，它还有另外一种称呼，也是其理论和实践的源头——丰田生产方式（Toyota Production System，TPS）。关于精益生产的核心内涵，我们可以通过"精益生产屋"来了解，见图1-10。

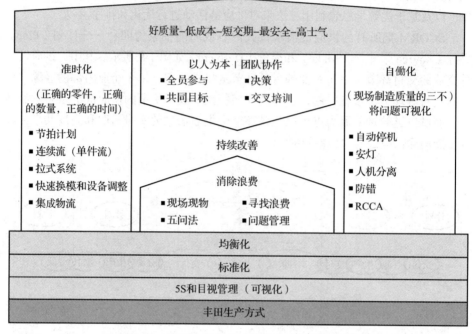

图1-10 精益生产屋——精益生产的核心内涵

我们可以用"统一目标、一个主题、两大支柱、三项实践"来概括精益生产。

"统一目标"指的是精益生产的愿景，包括最好的制造质量（Quality）、最低的制造成本（Cost）、最短的交货周期（Time）、最佳的生产安全（Safety）和高涨的员工士气（Miracle）在内的5个方面的目标的融合和统一，业内人士通常将之简称为精益生产的QCTSM。

"一个主题"指的是基于以人为本、团队协作和消除浪费的持续改善，具体包括全员参与、共同目标、决策、交叉培训、现场现物、寻找浪费、五问法、问题管理等理念和做法。也有人将之概括为12个字：团队协作、消除浪费、持续改善。实际上，很多做精益咨询的专家就以价值流程图（Value Stream Mapping，VSM）来发现企业中的各种浪费，进而为企业提供精益咨询服务。

"两大支柱"，即自働化和准时化等支撑工具。具体来说，自働化包括现场制造质量的"三不"（不接受缺陷、不制造缺陷和不传递缺陷）、自动停机、安灯、人机分离、防错、RCCA（Root Cause and Corrective Analyze，根因分析）。准时化包括节拍计划、单件流（Single Piece Flow，SPF）、拉式系统、快速换模和设备调整、集成物流等。

"三项实践",或者说"三项要求",包括生产负载的均衡化、生产作业的标准化、生产现场的 5S、信息传递的可视化(目视管理)等。

精益生产模式比较适合单件流、大批量、重复式制造的生产过程。与之相比较,还有另外一种先进的生产模式——敏捷制造,也称柔性制造,它适用于那些可预测性差、需求多变且不稳定的市场环境,通常需要批量式、离散式生产过程来实现。精益生产模式与敏捷制造的特性比较见图 1-11。

具体到特定的行业和特定的企业,可能适合采取精益生产模式的理念,也可能适合采取敏捷制造的理念。不管何种模式,都需要融入订单交付的体系中。从这个角度来说,敏捷制造或精益生产可算是订单交付体系的子集或支撑。

另外,我们也可以从修辞学的视角来看精益生产与订单交付的关系。如果说订单交

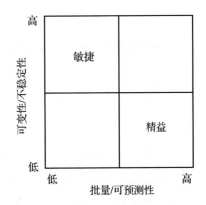

图 1-11 精益生产模式与敏捷制造的特性比较

付是名词,那么精益就是形容词,它们组合成"精益的订单交付";如果订单交付是动词,那么精益就是副词,它们组合成"精益地订单交付"。

精益生产的核心内涵是"付出更少,获得更多",是通过做"减法",也就是消除各种浪费,来获得更大的收益。精益生产的落实,对于订单交付的关键业绩指标,如订单交付周期的缩短、订单满足率的提升、设备设施利用率的提升、库存周转率的提升等,都有非常大的助力,前提是企业所处的行业和环境适用精益生产的实施。

1.5 六西格玛的视角

六西格玛是一个统计学术语,其管理理念的提出始于质量管理领域,即将偏差或缺陷控制在 6 个西格玛内,代表一种极其完美的质量水平,因为质量管理的核心内涵就是保证产品品质和过程质量的高度一致性。统计学钟形曲线与六西格玛见图 1-12。

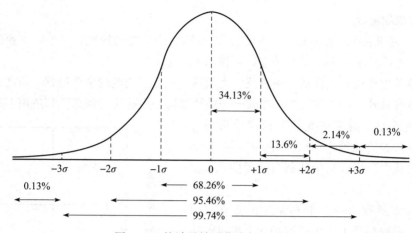

图 1-12　统计学钟形曲线与六西格玛

作为通行的管理方法论，六西格玛管理方法是"DMAIC"法，即在持续改善的理念下，把六西格玛管理举措的推进分为5个步骤，分别是定义（Define）、度量（Measure）、分析（Analyze）、改进（Improve）和控制（Control）。

在订单交付的关键业绩指标中，有所谓的流程可靠性指标，如订单承诺交期的可靠性，即企业在原先承诺的交期内把产品交付给客户。六西格玛管理方式的推进有助于订单交付中流程可靠性指标的达成，有助于客户满意度的提升。

1.6　社会技术系统的视角

从系统学角度看，企业的订单交付是一个社会技术系统，具有社会学、技术学等领域的相应特征。从社会学角度看，与订单交付有关的组织或个人有其行为惯性，容易在模仿中丧失对卓越的追求，因为存在多种意志而习惯于局部最优，从而忽视了整体最优（所谓的"屁股决定脑袋"），需要通过信息的高度共享来将相关方紧密地连接在一起。

从技术学角度来看，订单交付中会用到很多管理工具或技术，但这些工具或技术的应用不会自然地变成业务能力，需要订单交付所涉及的组织和人员在有目的的驱使下，经过长期的学习、锻炼、实战、调整、适配等过程才有可能获得。这其实也是很多企业虽然实施和应用了企业资源计划（Enterprise Resource Planning，ERP）等IT系统，却并没有带来订单交付方面明显提升的原因所在。业务能力的组成要素见图1-13。

第 1 章
订单交付体系与能力概述

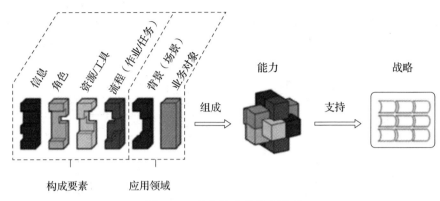

图 1-13　业务能力的组成要素

从企业架构的角度看，一个企业选择卓越运营的发展战略，就必须要有相应的业务能力，也就是订单交付能力做支撑，而业务能力是信息、角色、资源/工具、流程（作业/任务）的融合，以及业务能力与应用领域及应用领域中的业务背景（场景）和业务对象的匹配。换言之，业务能力强调的是生产要素的融合和能力与场景的适配。离开了任何一方面，业务能力的表现都将是薄弱的，也就支撑不了企业的发展战略。

从社会技术系统的角度看订单交付体系和能力，需要具备整体思维、运营思维和设计思维的概念，并从这三个角度来认识和推进订单交付体系和能力的建设。

1. 整体思维

在系统学家看来，任何事物都可视为一个系统。我们认识一个系统，可以用不断迭代的方式，从功能、结构、过程、背景等角度相互依赖和融合，从融合后的整体来理解，具体见图 1-14。

功能指的是系统的输出或效用，或是系统所处背景中利益相关者对它的期望和要求。订单交付的功能是以合理的成本和质量，在客户可接受的交货时间内把客户所选定参数配置的产品交付到客户手中。

结构指的是系统的构成要件，以及要件之间的关系，它们是系统之所以能够存在和运行的物质基础。订单交付的结构，从要素的角度来看，包括产品、信息（需求和供应）、资金、交易方等；从供应链的角度来看，包括产品、节点或位置、供需信息等。

过程指的是在结构的支撑下，功能得以实现并与利益相关者进行互动的作业流和发展阶段。订单交付的过程，可以是 7 个模块（产品管理与制造工程，销售预测与需求感知，客户订单与需求管理，生产计划、排程与执行，采购协同与内向物流，商品发运与外向物流，绩效度量与体系治理）所设计的业务流程，如销售预测流程、生产计划流程等。

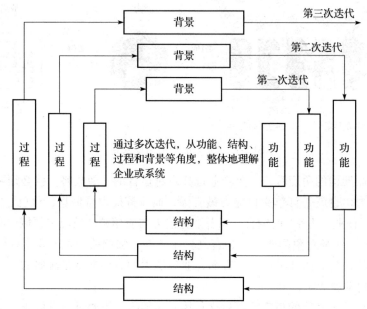

图 1-14　社会技术系统思维中的整体思维

2. 运营思维

以迭代的方式，通过对背景、功能、结构和过程的理解所建立起来的系统认知，毕竟还是思想和观念上的。我们还需要去认知系统的现实，需要以活体、实时、动态的方式去认知系统，这就是运营思维。社会技术系统思维中的运营思维见图 1-15。

动态地认知系统，可以通过认知系统的过程特性和产出特性来实现。任何一个系统，其过程特性无非是时间、成本、弹性等方面，其产出特性就是其质量特性，这些与订单交付的关键业绩指标基本吻合。

系统要优化，可以在时间层面上减少循环时间，从成本角度消除浪费，也可以是产量、时间或品种上的弹性，这其实是订单交付体系和能力的改进方向。

通过建立监控和计量系统，我们可以对系统的过程特性和产出特性进行监控和计量，并将之与利益相关者的期望或企业的经营管理目标相匹配，以指导后续对系统的持续改进。如果多次的持续改进还不能满足利益相关者的期望或企业的经营管理目标，则要考虑对系统进行重新设计。这其实是订单交付体系和能力中之所以有运营监控和体系治理模块的原因。

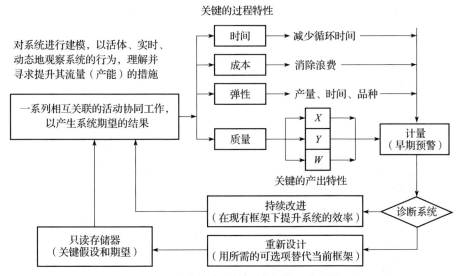

图 1-15 社会技术系统思维中的运营思维

3. 设计思维

人类区别于动物的根本之处就在于，人类不仅会使用工具，还会创造工具。当旧有的体系和方法还不能满足我们的需要，或是适应不了新形势的变化时，我们就要对旧体系、旧系统进行重新设计，重新设计它的功能、结构和过程，以适应新形势、新背景下的新需要，这就是设计思维。一句话概括，设计思维就是重定义。

重定义不是对过去的彻底否定，而是对过去做必要的继承。变化一直在发生，要想从容和优雅地应对变化，我们就要进行模块化设计，以实现模块化基础上动态的系统结构和过程，即系统的可配置。模块化设计的精髓是内部功能的高度集成和外部依赖的最小化，也就是所谓的内部功能的高内聚和外部依赖的低耦合。社会技术系统思维中的设计思维见图 1-16。

重定义不能在旧方法、旧方式下进行，要善于打破陈规和现有约束，先从最理想化的角度来定义系统，然后通过不断地迭代来完成现实的实现，这就是设计思维中的交互设计。交互设计是从理想到现实的迭代路径。

通过模块化设计，我们可以将内部能力进行有机组合。通过交互设计，企业的内部能力和外部市场机会不断匹配，以找出最佳匹配关系，从而完成系统的有效输出。

在管理实践中，我们可以运用社会技术系统的整体思维，来结构化剖析订单交付体系和能力的组成；可以运用社会技术系统思维的运营思维，来推进订单交付体系和能力的持续改善；当订单交付体系和能力的小修小改仍然不能适应市场竞争的需求时，我们就可以运用设计思维来进行订单交付体系的重新设计。

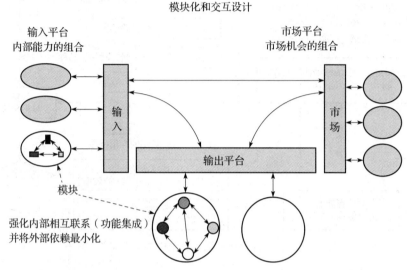

图 1-16　社会技术系统思维中的设计思维

1.7　数字化的视角

在企业的数字化建设中，PLM（Product Lifecycle Management，产品生命周期管理）/PDM（Product Data Management，产品数据管理）、ERP、MES（Manufacturing Excution System，制造执行系统）、APS、WMS（Warehouse Management System，仓储管理系统）等 IT 系统的实施和应用，与订单交付有着密切的联系。尤其是 ERP 系统，其管理思想和业务主线就是订单交付。当前，虽然大多数制造型企业都实施和应用了上述 IT 系统，但实际效果并不是很理想。如果要给它们的应用效果打分的话，大部分应该勉强在及格线。

ERP 等 IT 系统的实施和应用效果不理想，原因是多方面的。除了系统的实施和维护质量外，很大程度上是企业尚未建立或具备 ERP 等 IT 系统成功应用所需要的管理基础，具体包括企业在流程管理、数据管理和项目管理等方面的能力。

1. 流程管理

流程是企业达成其经营目标的手段和过程。ERP 等 IT 系统的实施和应用，本质意义上是通过数字化来强化企业的流程管理能力。换句话说，对企业的 ERP 实施和应用而言，流程管理能力的提升是"的"，ERP 的实施和应用是"矢"，只有"的"明确和找准了,"矢"才有可能发挥其应有的作用。

按照管理咨询公司 BPTrends 的观点,企业的流程管理需要回答三个方面的问题。

1)企业层面,包括企业愿景、目标和战略如何,企业的业务举措、业务模式和流程架构如何,企业如何去度量业务流程的绩效,企业是否建立了流程治理的机制,企业中是否有专门的团队来负责业务流程的定义、实施和优化等。

2)业务流程层面,具体包括流程定义[流程的范围、流程的 SIPOC(Suppulier,供应商;Input,输入;Procedure,过程;Output,输出;Customer,客户)要素和使能器],流程的设计和建模(流程图的制作),流程挖掘,流程是如何进行监控与改进的,以及如何在六西格玛、精益或约束管理等流程实践的指导下进行持续改善等。

3)实施和资源层面,如何把作业的要求转化为岗位的要求,如何通过培训、知识管理和人力资源开发来确保相关人员能够满足流程运行的要求,如何通过业务流程管理系统(Business Process Management System,BPMS)或 ERP 等管理信息系统来支持业务流程的落地和数字化等。

通过回答上述三个层面的问题,企业才有可能建立面向流程运营的组织和文化,ERP 等 IT 系统才有可能在正确的指导下来实施和应用。这不是简单地以流程管理的端到端、以客户为中心的流程管理等话语来搪塞就可以过关的。

2. 数据管理

从数字化的角度看,ERP 等 IT 系统实施和应用的范式是以虚驭实,是以信息流的管理来驱动企业中物流和资金流的管理。从这个角度来说,我们也可以把 ERP 等 IT 系统视为信息处理器或"数据生产线",而 ERP 等 IT 系统的运行过程就是数据的加工、理解、处理、分析、展现和应用的过程。

我们大都知道"垃圾进,垃圾出"的道理,但很少有企业具备完整和有效的管理体系来杜绝这种现象。为此,企业可以从 DAMA-DMBOK(国际数据管理协会数据管理知识体系指南)中寻找借鉴。根据 DAMA-DMBOK 的要求,企业需要从计划、组织、运营、实施、监控等角度,从数据生命周期的角度去建立相应的数据管理能力。DAMA-DMBOK 数据管理的框架见图 1-17。

具体来说,与 ERP 等 IT 系统运行有关的数据管理,包括元数据和主数据的编码体系,主数据的分层、分领域组织(数据建模),物料清单数据的模块化,交易数据在准确性、完整性和及时性等方面的质量要求,交易数据的相关性和集成性(计划订单与生产订单的关联和集成等),交易数据的分析和应用,及其数据分析如何支持业务决策,等等。

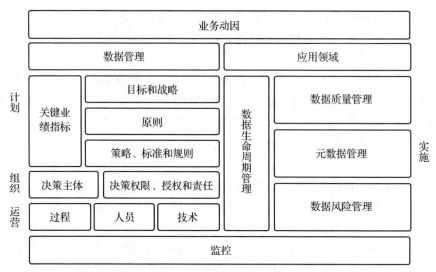

图 1-17　DAMA-DMBOK 数据管理的框架

3. 项目管理

从变革的角度看，ERP 等 IT 系统的实施和应用是企业的运营和管理变革，而变革的有效推行必须有强有力的组织体系来保障，这就是强目标和任务导向的项目管理。因此，企业中 ERP 等 IT 系统实施和应用的主要组织形式是项目，即通过明确的项目目标、工作计划（Timeline）、任务分解（WBS）、资源与责任、交付成果、质量评审等来推动 ERP 等 IT 系统的实施和应用。数字化项目管理框架见图 1-18。

在项目知识体系（PMBOK）中，对项目管理所涉及的 5 大过程、10 个领域和 46 个关键定义等都有详细的介绍。实际上，这里面并没有太多新的、不确定的东西，关键还是执行和落实。

本书中，作者之所以把项目管理单独列出来，是因为很多企业，尤其是制造型企业并没有成熟的项目管理文化，也很少有企业能严格地按项目管理的要求来推动 ERP 等 IT 系统的实施和持续优化，因而导致相关的 IT 项目延期、项目超预算、预期目标没有达成，甚至项目失败等负面结果。

以项目为代表的组织形式，要求企业有矩阵式组织管理做支撑。通常，在 ERP 等 IT 系统实施时，绝大多数来自业务部门的关键用户和最终用户是兼职参与项目实施工作的，如何保证他（她）们在项目中的工作质量，如何激励他（她）们按时、保质地完成项目中的任务等，都是项目管理必须解决的问题。

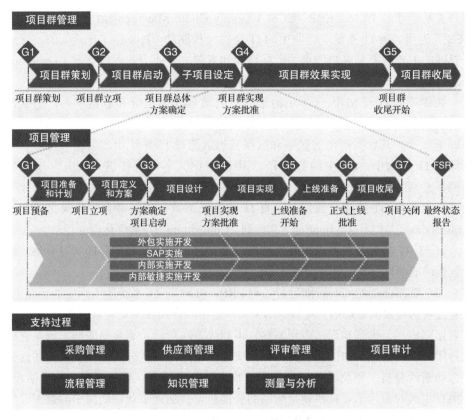

图 1-18 数字化项目管理框架

长期来看,环境和市场在变,企业的运营模式也要做相应的调整,这都有赖于各种目的和内容的变革项目来落地。因此,建立和提升企业的项目管理能力,其实也是快速变化的数字化时代下,每一个企业的基本管理要求。

当前,很多企业在谈数字化转型,其中也包括订单交付体系和能力的数字化转型。根据咨询公司德勤(Deloitte)的观点,订单交付的数字化转型可以帮助企业实现更短的交付周期(订单交付周期缩短70%)、更灵活的生产调度、更敏捷的供应链协同、更高的订单满足率(订单满足率提升80%)、更高的库存周转率(库存水平下降50%)等,这主要通过订单交付端到端的数字化转型,包括市场需求预测平台和质量感知解决方案在内的高阶数据分析应用等来完成。

在作者看来,与订单交付体系和能力有关的数字化转型举措可以包括以下几个方面。

(1)IT 和 OT 的融合 IT 指的是以 CRM(Customer Relationship Management,

客户关系管理)、PLM、ERP、SCM（Supply Chain Management，供应链管理)、MES 等为代表的 IT 系统。企业中的 IT 是以流程驱动（Process-Driven）的，它们所管理的主要对象是客户需求、产品结构和资源。企业中的运营技术（Operation Technology，OT）所管理的对象则是制造过程和能力。

在传统的 IT 架构中，OT 中的数据只有数据存储地址和数据字码，通常没有类别、单位等业务意义，不能直接被 IT 系统使用。况且，OT 中数据的产生频率以毫秒计，其数据产生的频率和数据量远远超过 IT 系统中的数据。显然，在传统的 IT 架构中，OT 中的数据和 IT 中的数据，不能直接进行交互。工业物联网平台可以在 OT 和 IT 之间架起一座沟通的桥梁，通过赋予 OT 数据以业务意义，将来自 OT 的流式数据与来自 IT 的关系型数据进行融合，从而支持连接（Connecting）、计算（Computing）和控制（Controlling）等数字化业务场景。

IT 与 OT 的融合，可以很好地解决订单交付中相关交易数据的实时采集，以及数据的准确性、完整性和及时性等问题。

（2）数据驱动的实时智能运营　与 ERP、PLM 等 IT 系统的不同之处还在于，工业互联网是数据驱动的。对数据的采集、加工和应用是工业物联网的应用范式。从数据到信息，再到知识，再到洞察，再到决策和行动，工业物联网完成了它的运行闭环。而信息、知识、洞察等数据应用层次的不同，分别可以实现描述性分析、诊断性分析、预测性分析、规则式响应等分析场景。到了规则式响应阶段，已离自主运营不远了。这些就是所谓的智能运营，加之工业物联网中的数据是实时的，从而可以实现实时智能运营。

工业物联网中的智能运营场景包括质量管控的闭环和优化、能耗管理的闭环和优化、设备管理的闭环和优化、工艺过程的闭环和优化、计划与排程的闭环和优化、环境安全的监控与预测、运营绩效的监控和预测等。

工业物联网基于数据驱动的实时智能运营场景，需要有相应的数字空间做支持，这就是基于工业物联网的数字化技术解决方案——数字主线和数字孪生。数字主线实现了 IT 中的数据与 OT 中的数据的融合，数字孪生则以模型（数字模型或机理模型）为有机单元，将相关数据进行整合并开放给工业 App、增强现实等用户交互界面调用。

（3）资源和能力的精确匹配和精细管理　企业中产品的制造过程，就是根据客户需求和产品结构的要求，将资源转化为产品的过程，而转化过程的依托就是以设备、生产线等形式为代表的能力。

基本上，生产计划的制订有两类：基于资源的计划（Resource-Based Production Planning），以及基于能力的计划（Capacity-Based Production Planning）。ERP、

MES 等传统的 IT 系统只能做基于资源的生产计划，这种计划模式在标准化、大批量生产的业务场景中是可行的。随着近年来客户需求的快速变化，个性化、多品种、小批量的生产模式已经成为很多行业和企业的常态。如果企业不想在设备等固定资产上投资太大，就需要建立柔性化生产体系，而柔性化生产体系的计划模式主要是基于能力的计划，或至少要综合应用基于资源的计划和基于能力的计划。

要做好基于能力的生产计划，企业就必须对设备或生产线等制造能力的运行状态进行实时掌控，这必须要有工业物联网做支撑。换句话说，如果企业开发并有效应用了工业物联网平台，就可以在满足客户需求的前提下，实现资源与能力的精确匹配和精细管理，从而在交期、质量、成本、效率等运营指标方面获得竞争优势。

（4）基于用户画像和触点分析的线索管理　传统的线索管理是借助 CRM 系统来进行销售漏斗的管理，其中的大部分数据是销售代表手工录入的。因为销售代表的频繁出差及其工作随意性等原因，手工录入的销售线索数据要么不完整，要么不及时，要么不真实，导致很多企业的 CRM 系统形同"鸡肋"。

在移动互联网和社交媒体时代，企业与客户之间的互动更多是通过官方网站、行业论坛、微信公众号、消费者 App 等线上渠道来完成的。企业通过对这些线上渠道的触点进行分析，并结合客户画像，可以从中找到很多有价值的线索数据。

比如，大多数汽车企业的官网上都有车型展示和订购功能，供潜在客户浏览车型信息、预配置所需的汽车型号，甚至可以直接下单订购，这都将留下大量的痕迹（触点交互轨迹）。企业对上述触点数据进行分析，再结合客户画像，就可以知道谁对哪个车型的何种配置感兴趣，这其实是很详细的销售线索。

（5）基于算力和算法优化的销售预测　为了指导后续的生产和供应活动，企业的销售部门都需要定期做销售预测。在传统的销售预测中，未来的销量预测是通过销售渠道的层层上报和汇总来完成的。首先是分销商上报预测给销售代表，销售代表汇总后再上报给销售大区，销售大区汇总后再上报给（国家）销售公司。这种形式的销售预测，与其说是预测，还不如说是销售目标的制定。因为，分销商、销售代表、大区经理等人员在整理和汇总预测数据时往往会加上个人的意志或主观意愿。

基于算力和算法优化的销售预测，通过线性回归、指数平滑等统计算法，以历史销售数据为依据，再结合产品需求的季节性特点、新产品导入或老产品退市等因素的修正，从而对未来的销量做出预测。借助云计算服务，数据计算（算力）的使用成本将越来越低，企业的销售预测可以每天滚动地做，可以针对特定的场景做不同的版本，以供企业决策。另外，基于算力和算法优化的销售预测，可以最大限度地规避个人的主观意愿。

（6）端到端的订单透明化　供需信息的透明化，可以促进供需链上下游之间的业务协作和集成，从而有助于建立一个能够对市场和需求变化做出快速响应的柔性供需链，进而最大限度地消除供需链的"牛鞭效应"。

借助 SOA（Service-Oriented Architecture，面向服务的架构）等 IT 架构，企业可以将自身的数字化营销渠道、ERP、MES、SRM（Supplier Relationship Management，供应商关系管理）、TMS 等 IT 系统进行集成和数据贯通，以形成供需信息之间的动态适配和端到端的订单透明化，并基于订单透明化来做全局性的可用性承诺（Global Available to Promise，GATP），以告知客户其订单将在何时得到满足，这有助于提高客户的满意度。

（7）立体滚动的生产计划　很多制造型企业的生产计划要么停留在局部和纸面，要么形同虚设，根本起不到指导生产的作用，或者说，这些企业没有真正意义的生产计划，有的只是"救火式"生产调度。

企业的生产计划要想得到有效运行，必须实现自上而下、从中长期到短期的层层分解，以及自下而上、从当前到未来的自动汇总，而且计划的内容必须实现每天的 1+N（通常是月度的 1+2 和按周的 1+3）式滚动更新。

从计划的层次来看，生产计划包括销售与运作计划、主生产计划和物料需求计划、车间生产排程等；从计划展望期来看，生产计划包括年度、季度、月度、周计划、日计划、单班排程等。它们必须是立体和滚动的。

另外，生产计划要想得到有效运行，还必须解决好"拉"式供应和"推"式供应之间的平衡和耦合。在企业的实际运营中，可采取的供需联动模式有 MTS（Make to Stock，面向库存生产）、LTO（Locate to Order，面向订单定位）、MTO（Make to Order，面向订单生产）、CTO（Configure to Order，面向订单配置）和 ETO（Engineering to Order，面向订单工程）。任何一家企业不可能，也不应只选择其中的一种，而应是综合采用两种以上。这具体要根据产品的需求特点、计划在产品物料清单中的层级等来界定。

通过有机和综合地应用多种模式的生产组织形式，企业可以在订单的快速响应、交期缩短、库存降低和均衡生产等方面得到较好的平衡。

（8）基于 CPS 的柔性制造　从转型的意义或价值等角度来看，制造型企业的数字化转型，要么是精益制造，要么是柔性制造。精益制造的途径是通过标准化、均衡化、可视化、准时化、自动化来实现单件流的生产，以最大限度地消除浪费并降低各种库存。柔性制造的途径是通过通用制造单元、赛博物理系统（Cyber-

Physical System，CPS)、自动导向搬运车（Automated Guided Vehicle，AGV）物流配送等方式来实现生产能力的弹性，从而在不增加固定资产投资的情况下实现多品种、小批量式生产。

精益制造和柔性制造不是完全的相互排斥，在标准化、自动化、透明化等方面具有共通之处，但面对的市场环境和最终的价值诉求不同，因而两者不能完全"兼得"，企业必须选择以某一种生产模式为主，再以其他模式为辅，而数字化可以为精益制造和柔性制造提供使能。通常来说，当企业的供需联动模式是 MTS 或 LTO 等时，企业可以借助数字化来实现精益转型；当企业的供需联动模式是 MTO、CTO 或 ETO 等时，企业可以借助数字化来提升其柔性制造的能力。

(9) 基于算力和算法优化的生产排程　与销售预测类似，车间生产排程也是个费内存和 CPU 的活。所不同的是，销售预测是基于历史的销售数据做运算，而生产排程是基于订单需求和实时的生产执行数据做运算，尤其是要考虑物料可用性、可用产能等约束条件的实时变动。

既然是费内存和 CPU 的活，算力和算法的支持就必不可少。当前，在内存式计算的支持下，企业可以为生产排程提供其所需的算力，而 Heuristic 等算法的优化和综合运用，可以帮助企业得到较为理想的排程结果。

当前，很多制造型企业的生产排程仍然是基于 Excel 表的手工作业，完全依靠计划人员的经验来进行，排程所需考虑的需求、生产执行、瓶颈等数据也不可能实时和全面，因此生产排程存在很大的改善空间。

(10) 基于工业互联网的供应协同　要想构建柔性和快速响应的供应链，企业不仅要做好自身的生产运营管理，更要强化与上游供应商的协同。如前所述，做好供应链的管理其实不难，无非是供需信息的集成和透明，以及基于透明信息的高效协作，而以"链主"企业为龙头的工业互联网或产业"大脑"的实施和应用，有助于企业及其所在产业中供应链的优化和提升。

通过实际观察，作者发现，如果下游原始设备制造商（Original Equipment Manufacture，OEM）厂家能够为上游供应商提供较为准确的采购计划和要货指令，如果采购计划能够滚动发布，如果要货指令能够得到实时更新，那么上游供应商订单交付体系的改善就会容易很多。当然，供需链的高度透明和高效协同，也要求上游供应商将其生产计划、生产执行、库存和送货等信息及时准确地反馈给下游 OEM 厂商。

需要指出的是，上下游供需之间的高效协同建立在互利互惠的战略合作关系等基础上。当前，很多制造型企业，尤其是 OEM 企业，与其上游合作伙伴之间的竞争多于合作，或者表面上是合作，骨子里是竞争，仍然秉承博弈的做法来最大限度地压榨供应商的剩余价值。如果这种合作理念不改变，再高级的工业互联网也是浮云。实际上，很多企业虽然学丰田的精益生产方式，但在供应链领域仍然还普遍地采取"二轨供货"策略，就很难把精益生产方式的价值充分地发挥出来。

（11）基于物联网和位置定位服务的物流透明化　从作业的角度来看，供应链的执行活动中除了订单处理、加工和装配，剩下的主要就是物流。实际上，大量的相关研究表明，很多企业的订单交付周期之所以很长，主要问题可能不在加工和装配等环节，更大程度上是物流环节的等待时间太长。要想消除物流环节的各种等待和浪费，就必须实现物流的高度透明化，以及物流透明化基础上的物流排队和路径的优化。

物联网和位置定位服务（Location Based Service，LBS）等技术的应用，可以帮助企业实现物流全过程的高度透明。在零部件入厂物流和商品出厂物流等环节，企业可以使用车载 Tbox 和 GPS 等来跟踪物流车辆的位置。在零部件或在制品的厂内物流等环节，企业可以使用射频识别技术（Radio Frequency Identification，RFID）、嵌入式系统等来跟踪物料或料箱的位置和移动轨迹。

综上所述，随着企业在流程管理、数据管理、项目管理等基础管理能力上的逐渐提升，随着大数据、移动互联网、工业物联网、高级算法和分析、数字孪生等数字化技术和工具的日渐成熟，企业的订单交付体系一定可以实现更高层面的数字化重塑，企业在订单交付层面也将进而有更突出的表现。

1.8　S/4HANA 与订单交付

1. 设计到运营的理念

2019 年，SAP 公司正式发布了其对数字化转型时代下制造型行业供应链管理业务设想——从设计到运营（Design to Operate，D2O）的数字化供应链。在该设想中，D2O 业务框架包括 4 个子流程：创意到市场、计划到满足、采购到收货和获取到退役，具体见图 1-19。下面重点讲述创意到市场、计划到满足和获取到退役。

（1）创意到市场　作为 D2O 子流程之一，从创意到市场涵盖了产品创意的生成、新产品/改型产品的定义、设计和制造工程等一系列与产品设计和开发有关的序列工作，这其实也就是前文所说的新产品开发和导入（New Product Development and Introduction，NPDI）流程。在该流程的末期——制造工程阶段，即把产品的配置、制造 BOM、工艺路线的数据传递给制造部门等工作，是与订单交付体系紧密相关的。

第 1 章　订单交付体系与能力概述　33

创意到市场（Idea to Market）
- 生产新产品/改型产品的产品设计并维护产品主数据
- 将产品的制造BOM和工艺路线数据传递给制造部门
- 收到客户反馈并生成新产品或改型产品的概念和需求

计划到满足（Plan to Fulfill-Plan to Optimize Fulfillment）
- 计划零部件的供应
- 创建主生产计划

采购到收货（Procure to Receipt）
- 管理和跟踪内向交货
- 外购零部件收货入库
- 制订零部件需求计划

计划到满足[Plan to Fulfill-Make to Inspect（Sub-assemblies）]
- 子装配的生产排程
- 子装配生产和进度跟踪
- 子装配收货入库
- 采购子装配生产所需的零部件

销售
- 接收客户订单（ATO）

计划到满足[Plan to Fulfill-Make to Inspect（Finished Products）]
- 成品生产排程
- 成品生产和进度跟踪
- 成品序列号注册
- 成品收货入库

计划到满足（Plan to Fulfill-Order to Fulfillment）
- 成品交货前的拣配、包装和发运
- 外向运输的计划、执行和跟踪，以及交货凭证

获取到退役（Acquire to Decommission）
- 收到资产数据并投入运行
- 通过IoT数据来监控资产的运行，并分析、预测资产的失效
- 计划资产的维护和保养
- 资产检查、保养和维修
- 资产退役或报废
- 产品改进的请求

图 1-19　D2O 数字化供应链业务框架（以 ATO 模式为例）

（2）计划到满足　从计划到满足子流程的工作基本可看成是订单交付的子集，而且是涵盖了订单交付的大部分内容。

（3）获取到退役　制造型企业的成品交付给客户以后就变成了客户的资产。从获取到退役子流程从客户收到成品或资产开始，包括资产的接收、安装、运行、监控、保养、维修，直至资产退役或报废等在内的资产全生命周期的各项活动。

在SAP所建议的D2O相关技术解决方案中，支持从计划到交付子流程的系统主要有SAP IBP和SAP S/4HANA。本章先简单地介绍一下S/4HANA的功能框架。S/4HANA中与订单交付有关的具体模块及其功能，以及SAP IBP的功能介绍，将会在后续章节中介绍。

2. S/4HANA功能框架

作为SAP公司的旗舰产品，S/4HANA不仅是ERP软件，而且是常规ERP、SCM、MES、WMS等IT系统的集合。制造型企业订单交付体系的管理和能力的建设是S/4HANA软件背后的主要业务理念。SAP S/4HANA功能框架示意见图1-20。

图1-20　SAP S/4HANA功能框架示意图

SAP公司将S/4HANA称为企业的数字化内核，其支持的核心流程有6个：采购到付款、计划到成品、订单到现金、请求到服务、核心财务和核心人力资源。其中，采购到付款、计划到成品、订单到现金都属于制造型企业订单交付的内容。

（1）采购到付款　采购到付款流程中的业务活动有需求确定［来自物料需求计划（Material Requirements Planning，MRP）运行或手工创建］、确定货源供应、供应商选择、采购订单的创建和下达、采购订单执行进度的监控、采购收货，发票录入和校验、付款处理，如图1-21所示。采购到付款流程中所涉及的主数据有物料主数据、供应商主数据、货源清单、供应配额、采购信息记录、合同等，并将产生采购申请、采购订单、提前送货通知单、内向交货单、收货单、发票等业务单据。

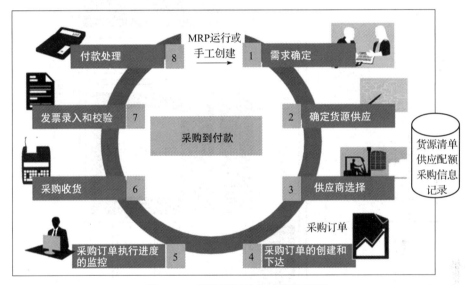

图1-21　采购到付款的流程示意图

（2）计划到成品　计划到成品子流程，包括生产计划和生产执行两部分。其中，生产计划根据计划层次、计划对象和计划展望期等不同，分为销售与运作计划、长期计划、主生产计划、物料需求计划、能力需求计划、需求驱动的物料需求计划、预测性物料需求计划、生产计划与详细排程等。

生产执行的作业，根据生产工艺的不同（离散制造、流程制造、重复制造或项目制造），在细节上会有不同。以离散制造为例，生成执行作业包括：生产订单的创建和下达、工单打印、零部件配送、过程和进度确认、（半）成品收货入库等。

计划到成品流程所涉及的S/4HANA功能示意见图1-22。

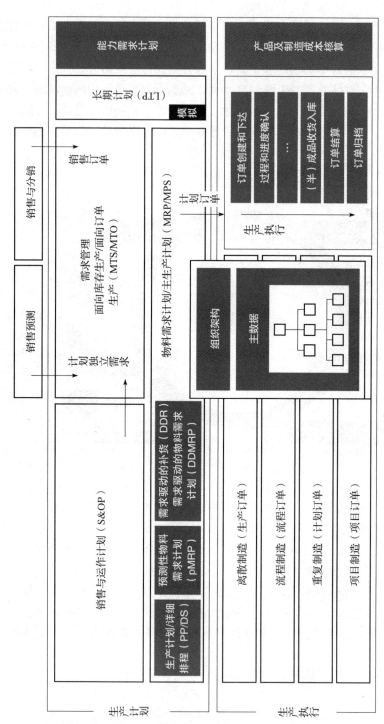

图 1-22 S/4HANA 中与计划到成品有关的功能示意图

（3）订单到现金　订单到现金流程所涵盖的业务活动有客户询价、报价、客户订单的创建和审核、外向交货单创建、拣配、包装、发货和运输、销售开票和收款等。订单到现金的流程示意见图1-23。虽然流程示意上比较简单，但在订单到现金的流程运行中，涉及很多复杂的业务决策，如客户的信用管理、销售定价和商务促销政策的落实、订单需求的可承诺量检查等。

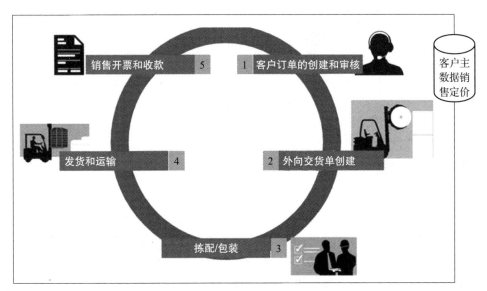

图1-23　订单到现金的流程示意图

（4）S/4HANA的技术特点　在快速变化的时代，SAP公司认为，企业的数字化转型有以下几个方向。

1）采用新型的技术解决方案，实现局部运营速度和效率的提升。

2）改进业务决策，包括提升业务透明度、提升业务洞察的及时性，以及部分业务决策的自动化。

3）改进流程，包括单个流程的改进、替代和消减不必要的流程、流程端到端的改进。

4）改进产品或服务，包括产品的优化，或是提供新型的产品或服务。

5）新的商业模式，包括业务模式的创新、开发新的客户和新的市场等。

就企业的订单交付体系和能力而言，转型内容和方向主要体现为采用新型的技术解决方案、改进业务决策和改进流程等方面。为此，SAP S/4HANA在技术架构上重新进行了设计和改造，这主要体现在更快的运行速度、新的用户体验、实时的报表分析、规模可扩展的架构等，具体见图1-24。

图 1-24　S/4HANA 的技术特点

1.9　本章小结

订单交付是制造型企业卓越运营的主要支撑。"6+1"的模块化剖析让我们对企业的订单交付体系和能力有了更系统的认识。为了持续优化企业的订单交付，我们可以借助流程管理、供应链管理、精益生产、六西格玛、社会技术系统、数字化等管理体系、工具和技术来进行。就数字化而言，在流程管理、供应链管理、精益生产等思想和体系的指导下，通过数字化技术的应用，围绕作业自动化、运营数字化和决策智能化三个方向，可以对企业的订单交付体系和能力进行重塑。

Chapter 2 | 第 2 章

产品管理与制造工程

当前,很多制造型企业谈转型,有的在谈精益转型,有的在谈数字化转型,也有的尝试将上述两种转型范式进行结合。不管是何种形式的转型,具体的做法有很多,但很少有从产品数据管理的角度来认识和切入的。实际上,产品数据管理对制造型企业的订单交付和运营效率,有着非常关键的影响,也对企业的精益转型或数字化转型,有着决定性作用。

2.1 产品数据管理的要求

为了让读者对产品数据管理的重要性有清晰的认识,首先让我们简单地回顾一下过去近 100 年中,在生产方式和运营理念上,制造业所经历的几次主要的变革,如大规模制造、职能组织与事业部制、丰田生产方式(精益生产)、大规模定制等。

1. 生产方式的变革

在 20 世纪初,制造业的主要挑战是如何提高生产效率和降低制造成本。为此,人们做了很多努力,典型的如操作研究和科学管理、双因素激励理论等。但最具革命性的,无疑是福特的 T 型车生产流水线,以及在此基础上,再结合零部件和人员的可互换等所诞生的大规模制造。

随着社会和经济的发展,人们的消费能力也大大提高,不再满足于款式单一的产品,而是对产品的功能、造型等方面提出了更多样化的要求。为了响应上述趋势，通用汽车应运而生，它通过组建不同的部门来负责不同型号的产品生产，从而为市场提供更丰富的产品。有人把通用汽车的这种做法，称为面向多样性的职能组织与事业部制。

职能组织与事业部制虽然解决了多样化产品生产的难题，但也不可避免地带来了组织架构的冗余、臃肿和部门墙，进而增加了间接制造成本。丰田公司进入汽车行业以后，考虑到日本这个国家的资源禀赋，照搬通用汽车的做法可能行不通，因而开发了既能生产多种产品，且效率更高、成本更低的丰田生产方式，也就是欧美国家所谓的精益生产。

人们现在谈丰田生产方式（TPS）或精益生产时，耳熟能详的不外乎准时化、自働化、单件流、消除浪费、价值流程图等，却很可能忽视了 TPS 的几个前提条件。比如，产品定义的模块化、重复式生产、节拍式流水线等。尤其是产品定义的模块化，对于 TPS 或精益生产的推进具有非常重要的影响。

另外，从生产方式上来讲，精益生产代表了某种先进的生产方式。从运营模式的角度看，在市场需求日益个性化的时代，企业要想在需求满足和经济性生产之间寻求平衡，需要拥抱大规模定制（Mass Customization），即以模块化的产品定义、工艺定义，以及精益或敏捷的生产运营来响应个性化的市场需求。

2. 模块化产品定义

很多制造型企业，导入精益生产方式已有数年，甚至十几年，但运营质量仍然是"一长三低"，即订单交付周期较长、订单满足率较低、设备综合运营效率较低、库存周转率较低。究其原因，一方面是精益改善的措施没有充分落地，另一方面很可能与企业的产品结构不合理有关。

根据作者的观察，有些制造型企业年产值可能也就几个亿或十几个亿，产品种类却多达上万种，产品所需的物料更是多到数万或上十万。这样一来，从供应链等角度，如此多的产品数量和物料种类，根本谈不上规模化，也很难保证运营的高效率和低成本。在这种情况下，企业即使在加工或物流搬运等环节的精益改善中达到了一定的效果，也必将被供应链等环节的冗余和低效所侵蚀。

对制造型企业而言，一边是外部市场需求的多样化或个性化，另一边是内部生产运营的规模化和高效率，单纯地采取增加或减少产品种类的举措都行不通，更合理的做法是模块化产品定义。在模块化产品定义中，虽然产品的种类很多，但所需的物料种类却不是很多，这就可以兼顾和解决外部市场需求的多样性与内部生产运营的规模化等之间的矛盾。模块化产品定义的框架示意见图 2-1。

在模块化产品定义中，企业把产品的构成要素进行模块化分类和封装，部分视为跨产品型号的通用件，部分视为某产品型号所特需的专用件。企业通过通用件与专用件的不同组合，以实现功能和造型各异的多样式产品。这样一来，通过一定比例的通用件，企业可以实现生产运营的规模化；通过选择特定属性的专用件，企业可以满足多样性市场需求。

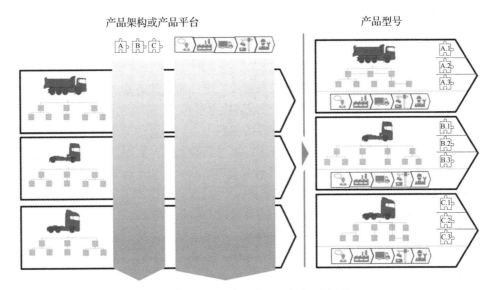

图 2-1 模块化产品定义的框架示意图

如果说模块化产品定义是一种概念设计，它的挑战主要体现在产品定义的抽象化、模块化、系统化、扩展性和可持续等方面；作为实现手段的产品数据可配置，其挑战则主要体现在技术方案的成熟度、集成性和简便性等方面。

首先，产品数据管理贯穿于研发、市场、销售、生产、仓储、采购、物流、财务、服务等各业务环节或职能领域，要求能根据业务或管理的需要，在主数据维护、计划独立需求录入、主计划与排程（Master Planning and Scheduling，MRP/MPS）运行、订单选配和创建、成本核算、包装和发运等业务环节，在超级 BOM 与单一 BOM 之间，在超级工艺路线与单一工艺路线之间，在超级工厂布局与单一工厂布局之间，进行准确、一致和稳定的解析，这要求相应的解决方案要有高度的成熟度。

其次，制造领域所需的制造型产品数据来源于产品设计和开发环节的工程型产品数据，也将作为售后型产品数据的参考。故此，上述类型的产品数据之间必须保证高度的集成性。以产品 BOM 为例，有面向产品设计的原型 BOM，有面向工程开发的工程 BOM（EBOM），有面向生产计划和制造执行的制造 BOM（MBOM），有面向售后服务的售后 BOM（SBOM），也可能有面向 KD/CKD 等业务的BOM（KDBOM）。上述类型的BOM虽然用途不同，但在结构和细节上存在着上下游之间的继承、分解、替代等关系，这对BOM管理系统的集成性要求很高。

再次，再理想的概念设计，再完美的解决方案，要想真正发挥出其所主张的功能和价值，还必须被使用人员所接受。如果它们做不到良好的人机交互，做不到操作简单，而是学习成本很高，就很难被人们快速和完整地掌握。从技术特性的角度看，产品数据的管理，尤其是产品数据可配置的解决方案，是非常复杂的，存在大量的多对多关系，不是简单的二维或三维，而是动态的多维。如何把复杂的结构进行简单化呈现，对产品数据管理解决方案提出了很高的挑战。

根据作者的观察，在产品数据管理的实践中，企业要么是缺乏模块化产品定义的概念思维，要么是缺乏有效的技术解决方案做支撑，从而导致很多企业依然用简单的"加法"，增加产品品类、物料数量等方式来响应个性化市场需求，进而只能在"一长三低"的生产运营和订单交付中挣扎。

在实际落地时，模块化产品定义需要通过产品结构管理、特性分类和配置管理、可配置物料清单、可配置工艺路线等产品数据管理解决方案予以落地。以可配置物料清单为例，我们又称之为超级BOM（Super BOM），它是企业中所用到的全部物料的集合。通过它，企业可以非常清楚地识别出哪些是通用件，哪些是专用件，并在产品型号、配置特性与所需物料之间建立清晰的结构定义。

下面，作者以产品的结构管理入手，详细地谈谈订单交付体系和能力中产品和数据管理的特点及内容，并以SAP S/4HANA中的分类管理、变式配置、集成产品与工艺工程、扩展制造工程与生产作业等功能模块的解析做进一步的说明。

2.2 产品结构管理

制造型企业市场竞争力的根本依托在产品（所谓产品为王），而产品竞争力的"面子"在产品的创新性。创新性的背后是产品竞争力的"里子"——产品的结构。下面，我们就来看看制造业产品竞争力的"里子工程"——产品结构的管理。

1. 产品结构的基本含义

产品结构是企业对其产品构成的主要描述或定义。在制造型企业中，最主要，也最被大家所熟知的产品结构是产品的物料清单（Bill of Material，BOM）。

产品结构是产品开发领域的主要工作成果，是制造、采购、供应链、销售、服务等部门的核心业务数据和工作依据。我们可以这么说，没有清晰、准确的产品结构，企业的各种经营活动就难以开展；而企业的运营效率、成本、质量等业绩指标的达成，表面上取决于相关领域的业务流程，深层次上则取决于产品结构的管理水平。

据德国工程师协会（Verein Deutscher Ingenieure，VDI）的统计，每增加 1 种新零部件，将增加年固定成本 600～1000 德国马克；据 IBM 公司的统计，冗余部件需大量减少，每减少 1% 的冗余部件，可以使 IBM 公司减少过量的库存，废品、返工和供货限制方面增加 2 亿美元以上的产出。可见，对制造型企业而言，实现高度结构化、高复用度的产品结构是极其重要的。实际上，对制造型企业而言，做"加法"容易，做"减法"才真正体现企业的管理水平。

2. 产品结构的主要形式

在产品生命周期的不同阶段，产品结构的表现形式会有很大的差别。比如，在产品策划阶段，以需求定义为主，我们称之为需求结构；在产品概念阶段，企业需要将市场需求转化为产品功能，这时所使用的是功能结构；在开发测试阶段，产品的功能要落实到具体的构件中，企业需要定义产品的工程结构……大体上，我们可以从产品结构的用途、层级、复杂度等角度来认识和划分，这尤其体现在 BOM 的分类上。

（1）按用途来划分　按产品结构或 BOM 的用途来划分，有所谓的文档 BOM 或 CAD-BOM、工程 BOM、制造 BOM、售后 BOM，以及 KD 等业务的 KD-BOM 等。

CAD 软件或 PDM/PLM 系统可以根据产品的装配关系生成产品的装配结构。因为这种结构是 CAD 原生的，是产品结构的雏形，主要用于产品的开发设计阶段，故而称为文档 BOM（在 PDM/PLM 系统，产品或零件的 CAD 模型是以文档的形式来管理的）或 CAD-BOM。

CAD 模型携带的主要是产品的几何信息，我们还需要以对象的形式将它的材质、重量、版本号等其他信息管理起来，以满足工程和验证的需要，这就需要有面向工程的产品 BOM，它简称 EBOM。企业可以手工创建和维护产品的 EBOM，也可以在文档 BOM 或 CAD-BOM 的基础上进行二次加工来实现。

EBOM 是从功能结构上对产品的定义，在产品的生产制造过程中则需要考虑工厂和工艺布局、自制或外协等生产要求对产品结构进行其他形式的定义。这就是所谓的制造 BOM，它简称 MBOM。相比较，EBOM 的结构单元叫零件，MBOM 的结构单元叫物料。另外，EBOM 中通常不会考虑产品或零件的中间状态，也不会有颜色件或虚拟装配，这些都是 MBOM 根据制造的需要所定义出来的。

从 EBOM 到 MBOM 的转换，是很多制造型企业在技术和数据管理上所面临的第一道坎。有些企业，对 EBOM 和 MBOM 没有清晰的定义，对零件和物料也没有严格的区分，导致一件多号或多件一号的情况非常普遍，而 EBOM 不能高效、有序地转换为 MBOM，所谓的端到端的集成也就无从谈起，敏捷、准确的业务运营也就不可能实现。

售后 BOM 和 KD 业务的 KD-BOM 分别是面向售后服务和 KD 组装业务而存在的，在结构上与 EBOM、MBOM 都有一定程度上的不同。例如，只有在售后环节才存在的更换件不会出现在 MBOM 中，而很有可能是 MBOM 中某个分总成或组件的一部分。

（2）按层级来划分　按层级来划分，产品结构或 BOM 可以分为两层、三层或多层。两层的 BOM，在成品下面直接挂的是零部件，而多层 BOM 则是成品下面挂总成，总成下面再挂子总成，子总成下面再挂子子总成，直至具体的零部件或原材料。

从计划和供应链管理的需求出发，产品结构或 BOM 应该尽可能地扁平化，能做成三层，就不要做成四层。BOM 的扁平化要求主要是为了尽量消除供应提前期的负面影响。因为从计划的角度看，从下一级零部件的供应（采购或自制）到上一级成品或分总成的装配有一个提前期，而 BOM 层级越多，供应提前期的叠加次数就越多，将导致整个供应链延长，供应链的"牛鞭效应"也就更明显。因此，制造 BOM 通常是两层或三层，如果层级再多，就需要考虑工艺优化了。

（3）按复杂度来划分　为了应对日益个性化的市场需求，为了实现大规模定制的生产模式，有些制造型企业在其产品结构中会采用产品变式的做法，即对于某个具体结构，针对不同的市场需求，会通过不同的零件或物料来实现，因此而形成的产品结构就被称为可配置 BOM 或超级 BOM。与之相反，产品结构中不存在可选项的，我们称这种产品结构为单一结构或单一 BOM。从超级 BOM 到单一 BOM 见图 2-2。

在超级 BOM 中，企业的所有型号或种类的产品都以一个可配置物料来表示，而各种产品所用到的物料都归集在该可配置物料的物料清单，也就是超级 BOM 中。在超级 BOM 中，有些是各种产品都要用到的通用件，其他则是某个特定产品才会用到的专用件。每一个专用件都带有一个特性定义，表示了它是何种特性的产品才会用到的物料。

在超级 BOM 中，同样功能的物料，因为产品特性不同，可能会存在多个。例如，对于一个可配置的汽车产品而言，轮胎可能有轮毂为钢的轮胎和轮毂为铝合金的轮胎，座椅可能有表面为帘布的座椅和表面为真皮的座椅，动力有排量为 1.8T 的发动机和排量为 2.0T 的发动机等。

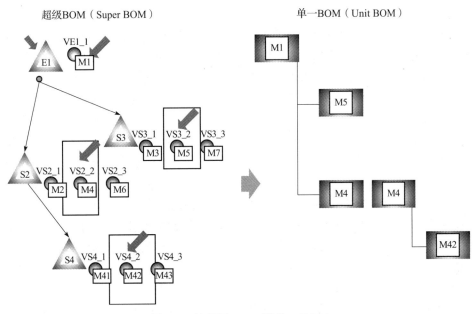

图 2-2 从超级 BOM 到单一 BOM

在实际应用中,客户只需要指定产品的相关特性,企业就可以根据产品的超级 BOM,找到具体产品所需要的通用件和专用件。我们也把这个过程称为超级 BOM 的解析,即根据客户的需求,将产品家族的超级 BOM 解析为特定订单的单一 BOM,以支持后续的物流配送、加工或装配等作业。

通过超级 BOM,企业可以结构化、模块化的方式来定义和管理各类产品及其所需物料。如果要开发和导入一个新产品,除了增加一个产品种类外,另需增加的只是与该产品特性相关的专用件。如果产品的模块化设计做得足够好,物料的通用化率将很高,专用件的数量自然就能得以大幅地减少,就不会像某些企业那样,指数级地增加新物料。

在生产运营中,除了超级 BOM 外,还需要与之配套的超级工艺路线和可配置工厂布局,它们统一组成了模块化的产品定义,并以可配置的产品数据等形式来实现。

在制造型企业中,可配置 BOM 的应用可以达到以下几个效果:①简化客户选购产品的操作,客户只需要选择自己中意的功能即可,至于具体购买的是哪一个产品则由后台去解析或确定;②减少了产品 BOM 的数量,极端的做法是用一个超级 BOM 去定义所有的产品和变式;③有助于实现模块化的产品谱系和产品定义,以提高产品谱系中零部件的通用化和复用率,从而明显地缩短新产品的研发周期，并大大地降低产品的制造成本。

产品结构的可配置可以为企业带来多种竞争优势，管理上所带来的则是产品结构复杂度的增加，考验的却是企业的管理能力。在现实生活中，很多企业因为自身的管理能力跟不上，难以驾驭复杂的产品结构，只能退而求其次，选择单一结构的产品定义，带来的结果是年产值虽然不大，成品 BOM 却有数千个，物料的种类则有上万种。

（4）多角度综合　在企业实践中，上述几种角度的产品结构划分，往往会综合起来使用。例如，可配置的工程 BOM，从用途上看是工程 BOM，从复杂度上看是可配置 BOM。

认清了上述不同角度的产品结构划分，在与人交流时，就不会一头雾水。例如，如果有人说他们公司采用了可配置 BOM，那就要再进一步地问，是可配置 EBOM，还是可配置 MBOM，或是其他。通常来看，可配置 EBOM 对企业管理的挑战很大，可配置 MBOM 对企业管理的挑战更大。因此，有的企业会在工程设计环节用可配置 EBOM，以支持模块化产品开发，而在制造和供应链环节则采用单一 MBOM。这就可以在降低管理复杂度的同时，获得可配置产品结构的某些优势。

3. 产品结构的管理挑战

除了前文所述 EBOM 转换为 MBOM、产品结构的模块化和可配置等方面的管理挑战，智能互联产品等新形态的出现，产品中电子电气、软件、云服务等成分的增多，为制造型企业的产品结构管理带来更多、更复杂的挑战，企业需要有新的思维和新的方法去应对。

面向模型的系统工程（Model-Based System Engineering，MBSE）为产品结构的定义和管理提供了新的思路。MBSE 从需求的角度来看待机械、电子电气、软件等不同形态产品构件，用模型对它们进行统一的定义和管理，从而打破上述不同构件在不同专业领域的界限。具体来说，在 MBSE 中，各种形式的产品构件首先是模型，其次才是机械部件、电子电气件，或是软件或云服务。

通用产品结构（Generic Product Structure，GPS）则是以更抽象、更哲学的方法，从用户的视角和功能的角度，对产品的结构进行抽象和重构，将产品结构中的"不变"和"简变"识别出来并进行清晰和有序的管理，再通过每个产品的具体开发和制造活动进行衍生和迭代，从而以"不变"和"简变"来实现"万变"。

总体来说，产品结构的科学定义和有效管理是企业智者们的思维游戏，是工程哲学家的竞技场，是从平庸走向卓越之门的金钥匙。具体到订单交付的数字化实践中，数字化的产品结构定义和管理，数字化只是工具和手段，决定其成效高低的是背后的业务思维。

2.3 分类管理与变式配置

为了应对市场需求的多样性和个性化,企业需要不断地变革自己的生产运营模式。以汽车行业为例,从 MTS(Make to Stock,面向库存生产)到 ATO(Assembly to Order,面向订单装配),从 ATO 到 CTO(Configure to Order,面向订单配置),有些细分市场甚至采取 ETO(Engineering to Order,面向订单工程),随之而来的则是产品多样性和生产复杂度的增加。不同生产模式下的产品多样性和生产复杂度见图 2-3。

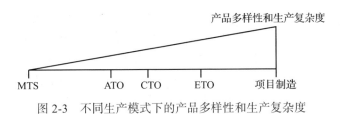

图 2-3 不同生产模式下的产品多样性和生产复杂度

在 CTO、ETO 等生产复杂度较高的生产运营模式下,在产品数据管理等方面,企业的销售、技术、制造等部门面临着以下情形的挑战:

1)销售部门面临如何把多样性产品呈现给客户,让客户得以清晰地理解并准确、容易地选择出他(她)想要的产品的情形。产品多样性的呈现不应是随意的,客户的选择也应该有规律可言。换句话说,产品多样性的呈现和客户的选择必须是既容易而又有结构性的。

2)技术部门面临多样化的产品,其种类或变种可能是数千,乃至数万,而如何去定义和维护这些产品变种的结构的情形。例如,产品的主数据、产品的物料清单、产品制造时所需的工艺路线等,是一个非常头痛的问题。这需要考虑到产品的可制造性、产品数据的可读性、数据维护的准确性和工作量等。

3)制造部门面临不可能等到客户订单下达后才去做各种生产准备工作的情形。例如,原材料的采购、设备的准备等,那样的话,订单的交付周期会很长,客户通常也不愿意等。因此,制造部门需要借助生产计划来提前进行某些准备工作,而这需要有可用的产品数据做支持。

如上所述,在 CTO、ETO 等生产模式下,企业需要有相应的手段来管理复杂产品的相关数据,以满足销售、技术和制造等部门在产品数据管理等方面的要求。为此,企业可以考虑和采用分类管理、变式配置等数字化产品数据管理解决方案。

1. 分类管理

所谓分类管理,就是以特征来描述产品的属性,并据此对不同的产品进行分类。借助特性，客户可以非常直观地了解到产品的相关属性或功能，且这些特性经过了企业有意图的结构化整理。借助分类，企业也可以将各种产品进行结构化整理，并容易通过特性来寻找相关产品。

企业可以从市场需求或产品功能等角度，以特征的形式来描述产品的各种特征。然后再根据产品分类的需要，将某些特征组合定义为某个产品类。将具体的产品分配给某个产品类，它就具有该产品类所涵盖的产品特征。通过产品类和产品特征，企业就可以以清晰的属性定义向客户展示其多样化产品，而企业内部也得以结构化地管理各类产品定义数据。

以汽车行业为例，客户重点关注的产品特征有汽车的发动机排量、变速器的特征（手动或自动）、内饰及座椅的材质、轮胎大小和轮毂材质、车身颜色等，具体见图2-4。企业可把上述特征定义为汽车产品的特征，然后将之组合为某个汽车产品类。通过将具体的产品分配给汽车产品类，就可以用上述特征来描述这些产品，从而对产品进行分类、展示和查找。

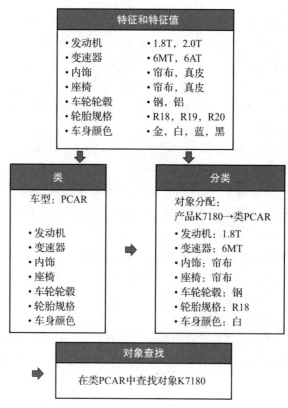

图2-4　分类管理的框架示意图

分类管理还可用于产品中各零部件的分类和管理。通过分类，企业可以清晰地知道，哪些是各产品都要用到的通用件，哪些是特定产品所需的专用件，从而有助于新产品开发时通用件的查找和产品零部件通用化率的提升，以提高新品的开发效率，并降低开发成本。

分类管理主要解决的是产品的属性定义和产品分类，基本可以满足外部客户和企业的销售部门对产品数据管理的要求。对于企业的技术、制造等部门而言，只有分类管理还远远不够，还需要有相应的手段来定义产品的结构和工艺过程，这就需要通过变式配置来实现。

2. 变式配置

变式配置是分类管理上的延展和增强，是为了帮助企业进行多样化产品的数据管理，为了企业中销售、技术和制造等部门之间的数据沟通，为了销售、技术、生产、供应、物流等业务的无缝集成而开发的数字化产品数据管理解决方案。

为了以经济的方式来满足市场的多样化需求，企业通常会在现有产品的基础上，通过局部的结构或功能调整来衍生出新的产品变种。新的产品变种虽然有新的产品结构（物料清单）和工艺过程（工艺路线），但不可能是全新的，这就需要企业根据产品特性的变化来调整相应的产品定价、产品结构和工艺过程，变式配置的目的就在于此。

对于产品的数据管理而言，变式配置也可称为产品配置，它是大规模定制生产模式的主要技术支撑之一，而产品定义和工艺过程的可配置，是其核心内涵。我们也可以这么理解，通过变式配置，企业在无须开发全新产品的前提下，通过产品结构或工艺过程的重新配置，就可以满足市场的个性化需要，从而实现市场需求面的个性化和产品要素面的标准化（规模化）。

变式配置的主要要素有特征、分类、相关性、配置参数文件、可配置物料、超级 BOM、超级工艺路线等，如图 2-5 所示。其中，可配置物料起着承上启下的核心作用。

所谓的可配置物料，指的是物料（包括最终产品）的属性、结构和工艺过程等要素有待指定的物料，而物料属性的选择将决定物料的结构定义和工艺过程。在实际应用中，可配置物料可以代表某一类或某一序列的产品变种。

为了描述物料或产品具有哪些属性，就需要进行分类管理，即物料的特征定义和物料所指定的物料类。在实际应用中，企业首先定义可选的物料特征及特征值，把相关特征组合为某个物料类，然后把物料类分配给相关的可配置物料，就可以用之前定义好的特征和特征值来定义或配置可配置物料。

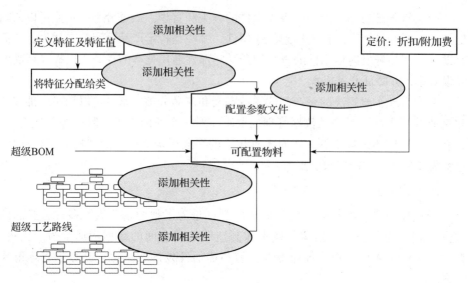

图 2-5　变式配置的框架示意图

具体到实践中，不同的特征及特征值不可能是随意或无限制地组合。例如，以图 2-4 中的示意为例，企业可能会规定，选择了 1.8T 排量的发动机，就不能再选 6AT 的变速器。为了管理和控制特征之间的组合，变式配置通过相关性定义来实现，具体包括前提条件、选择条件、过程、约束等形式。

可配置物料的特征和特征值选择，可以是销售订单创建之前就已经由技术部门事先定义好的，也可以是销售订单创建时由客户或销售人员人工指定的，甚至是销售人员可以手工修改事先定义好的特征和特征值选择，至于允许上述何种形式的配置方法存在，就由配置参数文件来规定。换句话说，配置参数文件的用途是规定可配置物料是如何配置出来的。

为了定义可配置物料的结构，需要维护可配置物料的超级 BOM，它是可配置物料可能用到的所有零部件物料的集合。为了定义可配置物料的工艺过程，需要维护可配置物料的超级工艺路线，它是可配置物料制造时可能用到的所有工序的集合。

当可配置物料的相关特性和特性值选定以后，选定结果就是可配置物料的某个变式（或变种），或简称为物料变式（或物料变种）。通过特性、特性值选定和相关性定义，变式配置可以将可配置物料的超级 BOM 和超级工艺路线转化为物料变式的单一 BOM 和单一工艺路线，上述过程也称为超级 BOM 和超级工艺路线的解析。根据解析好的单一 BOM 和单一工艺路线，企业就可以进行后续的物料供应和生产执行等作业。

作为配置型的产品数据管理解决方案，变式配置的应用贯穿于企业的售前、销售、计划、生产、采购、发运等全价值链。变式配置的应用场景见图2-6。

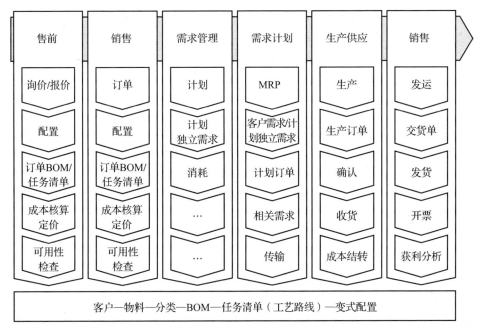

图2-6 变式配置的应用场景

在售前的询价/报价等环节，客户选定其所需的产品及产品特征，变式配置要能够解析出相应的订单BOM、订单成本和产品定价，并能检查出订单中所涉及的物料的可用性。在需求管理环节，变式配置要能支持基于特征的需求计划等计划策略，以便于企业做相关物料的供应准备。在需求计划等环节，变式配置要能将客户需求/计划独立需求转化为相关物料的相关需求。

如上所述，要想将大规模定制的业务理念变成现实，要想平滑地支持CTO、ETO等生产模式的实现，CTO、ETO等模式下的订单交付要想实现好的表现，企业需要有相应的产品数据管理解决方案做支撑。SAP S/4HANA中的分类管理和变式配置，紧紧围绕"可配置"的架构思想，以特征、分类、相关性定义、配置参数文件、可配置物料、超级BOM、超级工艺路线等具体手段，为企业的销售、技术、生产等部门提供了贯穿全价值链的数字化产品数据管理解决方案，值得广大制造型企业学习和实践。

2.4 集成产品与工艺工程

数据管理是企业数字化（信息化）建设的基础。在 ERP 等管理信息系统实施时，有一项非常重要的数据管理工作——物料编码。物料编码需要有相应的编码规则做指导，这项工作看似简单，却经常折磨着企业的编码人员。有些企业，因为物料编码比较随意，或是编码规则不合理，时常导致一料多码或一码多料的情况。

1. 物料编码规则

大体来说，物料编码的规则主要有以下三种：

（1）流水号　物料编码全部采取流水号，先产生的物料先编号，后产生的物料，则依照其顺序依次递增编号。如果企业的物料不多，可以考虑采用流水号式的编码规则。一旦企业的物料很多，全无结构和意义可言的流水号，越往后发展，物料编码越容易混乱。

（2）分类号　分类号式编码规则，根据物料的相关特性，分别按其所属的大类、中类、小类各自编码，大类编码、中类编码和小类编码的组合就是该物料的物料编码。以汽车发动机活塞为例，它在大类上属于动力总成件，对应的大类编码为 20；它在中类上属于发动机件，对应的中类编码为 10；它在小类上属于发动机活塞，对应的小类编码为 009。组合起来，它的物料编码为 2010009。按分类号来做物料编码，结构化很强，但随着物料的增多，有可能号码不够用，其扩展性比较差。

（3）分类号与流水号的组合　这种编码方式，兼顾了分类号和流水号的优点，即物料编码的前半段采用分类号（大类编码 + 中类编码，或 + 小类编码），后半段采用流水号。通常来说，分类号与流水号的组合式物料编码规则，是大多数企业所采用的编码方式。

2. 产品结构系统

分类号与流水号相组合的物料编码规则，如果要具有更强的结构化和系统性，且在产品的全生命周期都能有较好的一致性和扩展性，分类号就必须保持长时期的一致和稳定，这需要通过产品的模块化设计来保证。在制造行业的领先企业中，又把模块化产品结构称为产品结构系统（Product Structure System，PSS）或通用产品结构（Generic Product Structure，GPS）。

产品结构系统分别从模块、功能组、功能位置等三个层次，从大到小，由粗到细，高度抽象地描述了产品的结构化模型，具体见图 2-7。对于某个产品家族而言，该结构模型是一致和唯一的，应用于该产品家族的全生命周期，以后即使有调整，也只能是局部新增，而不能删除或修改。

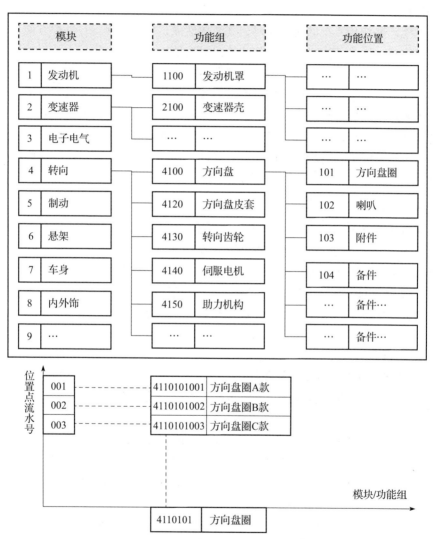

图 2-7 某汽车企业产品结构系统示例

对于某个具体物料而言，该产品结构系统类似于物料在产品上的坐标系，同一坐标下的不同物料，根据物料产生的先后顺序（位置点），分别以流水号表示。这样一来，某个物料的物料编码就等于该物料的产品结构编码（坐标）与位置点流水号的组合。

以某车型的方向盘圈 A 款为例，它所对应的产品结构代码是 4110101（模块＋功能组＋功能位置），其位置点流水码为 001，于是方向盘圈 A 款的物料代码为 4110101001。

基于产品结构系统的物料编码，其结构性强，可读性强，且维护方便。对于现有的物料，通过其物料编码的前几位，也就是其产品结构代码，就可以知道该物料属于哪个产品家族的哪个模块的哪个功能组的哪个功能位置，该物料所具有的功能也就清楚了，再根据其物料编码的后几位，就可以大体知道该物料在其所在产品家族中的生成顺序。如果要给一个新的物料制定其物料编码，只要找到它所对应的产品家族、模块、功能组和功能位置，就可以知道其所对应的产品结构代码，再根据同类物料的存在情况，就可以非常方便地给出所对应的功能位置点流水码。

3. 集成产品与工艺工程

根据上述架构设计理念，很多软件厂商也开发了相应的产品数据管理解决方案。本文中，作者就以 SAP 公司所开发的集成产品与工艺工程（Integrated Product and Process Engineering，iPPE）为例，谈一谈此类解决方案的特点。

iPPE 是 SAP 公司针对汽车、家电、工程设备等产品变式（种）比较多、物料数量很大、生产工艺是基于节拍的重复式制造等细分行业的产品数据需求而开发的数字化解决方案。在作者看来，iPPE 中所谓的"i（Integrated，集成）"，主要指以下几个方面：

1）在同一个数据模型和操作界面中将"可配置"与"变式"等结构要素进行集中式管理。以产品结构为例，它将可配置物料及其对应的物料变式进行集中式管理。

2）在同一个数据模型和操作界面中将产品结构、工艺过程和工厂布局等产品核心数据进行集中式管理。其中，产品结构表示产品是怎样构成的，工艺过程表示产品如何生产的，工厂布局则代表加工作业在哪里进行。这样一来，iPPE 可以在同一个操作界面中管理所有与产品制造有关的基础数据。

3）在同一个数据模型和操作界面中，将产品生命周期各个阶段的产品数据，比如概念阶段的需求结构、设计阶段的功能结构和生产准备阶段的物料结构等，集中地进行管理。

从数据类型和应用领域来看，iPPE 中的产品数据包括产品结构、过程结构和工厂布局。下面，作者先以产品结构为例，来看看 iPPE 是如何来管理产品结构数据的。

从形式上看，iPPE 的产品结构采用的是树形结构，分别以访问节点（Access

Node）、视图节点（View Node）、结构节点（Structure Node）等形式的节点来描述产品的结构，具体见图 2-8。

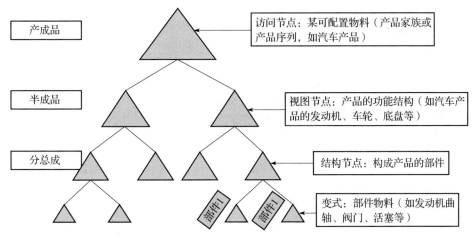

图 2-8　iPPE 中的产品结构示意

访问节点是树形产品结构的最顶层节点。在实际应用中，访问节点可以代表某个产品家族，它可以用可配置（产品）物料来表示。视图节点类似于前文所讲的模块或功能组，它也可以根据实际需要采用多级（多层）。另外，视图节点也可以根据产品数据的用途来组织，比如针对特定工厂的 MRP 运行等。结构节点类似于前文所讲的功能位置。在实际应用中，它对应的是构成产品的各种部件，它们也可以是可配置物料，可以有不同的物料变式。

从数据类型来看，iPPE 产品结构中的数据类型有节点、变式、关系和替代或借用。所谓变式，指的是该节点可能有多种变种，访问节点和结构节点等类型的数据都可以有变式。所谓关系，指的是不同节点之间的关系，比如上下关系、先后关系等。替代或借用，主要用于产品结构中的通用件，它们可以以总成的形式来维护。

图 2-9 所示的图形界面的左边是以树形结构所表示的各类节点（访问节点、视图节点和结构节点），及其各节点之间的关系（图 2-9 表示的是节点之间的上下关系，如果是工艺过程结构，则还存在不同作业或工序之间的先后关系、替代关系）。在图形界面的右边，右上部显示了选定节点的抬头信息，比如节点的名称、描述、所属分类等；右下部是详细信息区，显示了选定节点的详细信息，如该节点所存在的变式及变式所对应的物料、对象的相关性、分类特性、关系等。

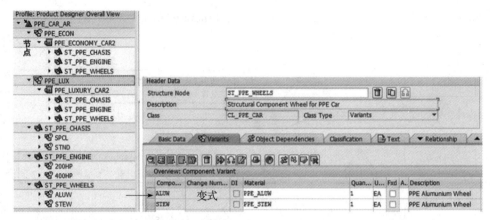

图 2-9　iPPE 中的节点、变式和关系

在企业的产品家族中，不同产品之间往往会尽量共享某些通用件，以提高零部件的通用率。在 iPPE 中，这些通用件可以特殊的节点——总成的形式来表示。如果这些总成借用的是其他产品家族的，则可以替代或借用件的形式来维护，其结构示意见图 2-10。

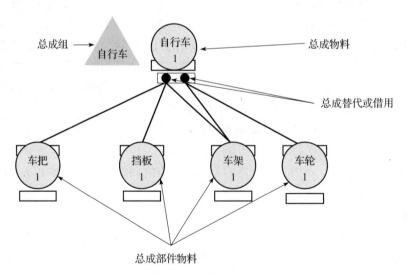

图 2-10　iPPE 中的总成和替代

除了产品结构，iPPE 还可维护产品制造所需要的工艺路线（过程结构）和工厂布局，它们组合在一起，形成了产品的生产版本或产品数据结构，具体见图 2-11。

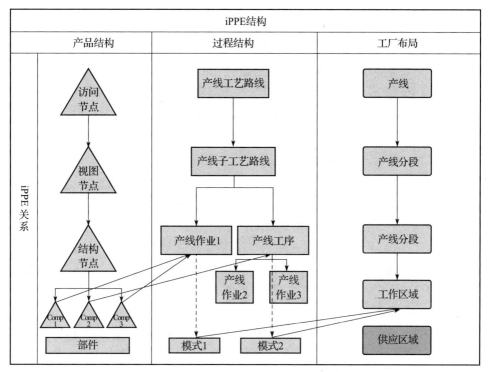

图 2-11 产品结构、过程结构与工厂布局之间的关系

过程结构也就是产线形式的工艺路线，在 iPPE 中同样以树形结构来表示，它的结构要素有产线子工艺路线下的产线工序和产线作业，而每个作业可以维护其操作模式数据，用于描述该作业所需的人员、工具等。工艺路线中的工序或作业，可以是串行或并行，也可以是相互替代的关系。工序或作业可维护其分类和相关性，以形成超级工艺路线。

工厂布局所表示的是工艺路线中各作业所执行的场所，其作用类似于离散型制造中的工作中心。工厂布局的结构要素有产线分段和工作区域，其层次和数量划分可以根据作业管理的需要来定。

最后，需要指出的是，iPPE 与 S/4HANA 中的分类管理、物料主数据等其他形式的数据管理解决方案高度集成，它实际是基于物料主数据、分类管理、变式配置等产品数据管理解决方案之上的集成化解决方案包，其核心内涵是树形结构的集成数据模型和用户界面。借助 iPPE 的应用，企业不仅可以实现数字化产品结构系统，还可实现数字化工艺结构和工厂布局，为准确、高效的产品数据管理提供了坚实的技术和工具基础。

2.5 制造工程与生产作业

在制造型企业的 IT 应用框架中，PLM、ERP、MES 等 IT 系统属于"黄金三剑客"，每个制造型企业的数字化建设基本上都离不开它们。那么，选择什么样的 PLM、ERP 或 MES 系统，就成了企业和数字化决策者们必须而且要慎重做出的重大决策。

1. PLM、ERP、MES 的选型决策

从解决方案的角度来看，PLM、ERP、MES 等 IT 系统的选型决策，大体有两种思路：商业套件（Business Suite）或冠军选手（Best of Breeds）。

所谓的商业套件，指的是功能高度整合的解决方案，即在该解决方案或套件中，具有常规 PLM、ERP、MES 等 IT 系统所主张的大部分功能，它遵循的是 All in One 的架构理念。实际上，从功能的角度来看，PLM、ERP、MES 等 IT 系统的功能界面并不是那么清晰的，不同厂商的 PLM、ERP 或 MES 系统通常存在不同程度的功能重叠。

所谓的冠军选手，指的是在每一个技术解决方案领域，都选择行业公认的最佳软件，然后再通过企业服务总线等系统集成方式，将上述有可能来自不同软件厂商或采取不同架构的软件系统整合在一起。毕竟，在企业中，PLM、ERP、MES 等系统往往有着各自不同的业务 Sponsor（发起人、赞助人）和用户，而不同的 Sponsor 和用户，有着不同的口味和偏好。

上述两种不同形式的选型决策，各有各的优缺点。商业套件式系统选型，数据和流程的高集成性往往容易实现，但在功能特点、用户体验等方面很难兼顾到不同部门的业务需求。冠军选手式系统选型，比较容易根据特定的业务需求来做分散式决策，也比较容易得到业务部门的认可，但企业往往需要不菲的代价来做系统集成，否则将导致大量的系统"烟囱"。

具体是采用商业套件，或是采用冠军选手，需要考虑多种因素。例如，网络等基础设施的支持、数据架构和数据模型、系统稳定性和扩展性、解决方案的可行性、业务数据量、信息安全策略等。在作者看来，最为关键的选型考量应该是企业的业务模式，即企业应该选择最贴合其业务模式的解决方案和应用架构。

2. 业务模式对软件选型的影响

我们知道，从生产运营的角度来看，制造型企业的业务模式主要有 MTS、MTO（又可细分为 LTO、ATO 和 CTO）和 ETO 三种，其不同之处主要表现在生产准备和生产作业是如何做的。如果生产准备和生产作业等工作在接到客户订单之前就已经完成，那就是 MTS 式生产。如果生产准备是在接到客户订单之前就已经完成的，但生产作业的全部或部分是在接到客户订单之后才开始的，那就是 MTO 式生产。如果生产准备和生产作业都是在接到客户订单之后才开始的，那就是 ETO 式生产。在这里，生产准备主要是指物料主数据、制造 BOM、工作路线、合格供应商/制造商清单（AVL/AML）等数据准备工作。

如果说在 MTO 式生产中，业务的重点和难点主要体现为销售预测、滚动生产计划、生产均衡性、库存周转、订单及时交付等方面，那么在 ETO 式生产中，业务的重点和难点还体现为产品的制造数据（BOM、工艺路线、工程变更、AVL 等）如何从设计和工艺部门准确、快速地传递给生产作业部门。换句话说，在 ETO 式生产模式中，设计、工艺、质量和制造等部门之间的协作要求更频繁、更紧密，对数据和流程的集成度也更高。

在汽车行业中，为了将新产品快速地导入市场中，使产品开发向大规模量产平滑过渡，企业往往会设置一个名为"制造工程（Manufacturing Engineering，ME）"的团队。团队成员的职责包括工厂设计和工艺规划、设备和工装夹具的标准化，新产品量产验证等。在数字化建设中，制造工程的主要内容还包括制造 BOM 和工艺路线的编制、工程变更管理等。

结合起来看，我们会发现，在 ETO 式生产模式中，制造工程的角色很重要，它们要负责准确、快速地把设计开发部门的设计成果转化为制造部门所需的产品和过程数据，这重点包括制造 BOM 和工艺路线的准备、工程变更管理和现场作业指导等。因此，对于 ETO 式生产模式而言，数据和流程的高集成度更容易实现的商业套件，可能优于冠军选手式 IT 系统选型策略。

下面，我们就以 S/4HANA 中的扩展制造工程与运营（Extended Production Engineering and Operations，PEO）为例，来看一看面向 ETO 模式的商业套件式解决方案的特点。

3. 扩展制造工程与运营

扩展制造工程与运营（PEO），是 SAP 公司所开发的，以帮助企业管理那些高度工程化和复杂产品的生产准备和生产作业的数字化解决方案，它是 S/4HANA 的内嵌式功能扩展。通过 PEO，企业可以实现工程与制造之间的高效协同和平滑过渡，尤其是当工程与制造之间存在频繁的工程变更时。

S/4HANA PEO 的功能大体分为两块：制造工程和生产作业，具体见图 2-12。制造工程与企业的 PLM 系统对接，具体包括工程变更管理、BOM 管理、制造工艺计划等子模块。生产作业与 S/4HANA 的 PP、PP/DS 等模块或 MES 系统对接，具体包括生产订单管理与控制、复杂装配执行等子模块。

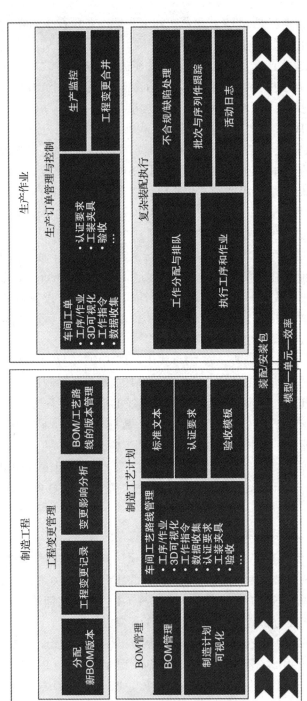

图 2-12 S/4HANA PEO 的功能示意图

（1）制造工程　在 ETO 生产模式中，企业需要根据客户的订单需求来做相应的产品和工艺设计，或者是基于现有产品和工艺的改型设计。产品和工艺设计完成以后，需要把相关的产品规格和工艺要求准确、快速地传递给生产部门，以指导具体的生产作业。另外，当产品或工艺存在设计变更时，企业需要及时地评估变更可能导致的影响，进而做出是否要变更，以及变更应何时生效等工程决策。

为了将产品和工艺设计等数据准确、快速地传递给生产部门，理想的做法是基于设计开发部门的工作成果，即工程 BOM 或初始化制造 BOM 等数据，通过适当地调整，进而转化成制造 BOM 和工艺路线，并下发到下游的生产计划和控制等模块。

鉴于在 ETO 生产模式中，设计、开发和制造等部门之间存在频繁的数据协作，所以协作机制的选择就非常重要。在 PEO 的制造工程管理中，不同部门的数据协作主要以工程变更的形式来进行。换句话说，通过工程变更，企业不仅可以将 MBOM、工艺路线等产品制造数据从设计、开发等环节，准确、快速地传递给生产环节，还可以通过变更影响分析，确保工程变更的有效。

从图 2-13 所示的 S/4HANA PEO 制造工程管理流程中可以看出，S/4HANA PEO 实际承接或替代了常规 PLM 系统的部分功能，至少是工程变更管理、BOM 管理、工艺路线管理等原本属于 PLM 子模块的功能。其实，我们也可以换个角度来看，如果选择了 S/4HANA PEO，企业的 PLM 系统就没必要很复杂了，主要侧重于 CAD 文档管理、项目管理、零件分类管理等需求即可。

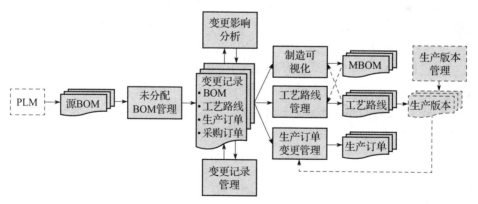

图 2-13　S/4HANA PEO 制造工程管理流程

（2）生产作业　在 ETO 生产模式中，每一个生产订单所生产的产品都很可能不同，相应的产品 BOM、工艺路线、现场作业、质量要求等也可能不一样，如何让生产一线的作业人员按产品的要求来操作就显得非常重要，需要有相应的 IT 系统为员工提出准确的作业指导。

S/4HANA PEO 生产作业管理流程把生产订单中的工序与作业分解和转化为工作中心排队及个人工作排队，再提取制造工程中 3D 装配指导等信息并将之展示在车间现场的计算机终端，具体见图 2-14。当然，3D 装配指导的内容会根据工作排队进行动态切换，这就可以为现场操作人员提供准确和详尽的作业指导。

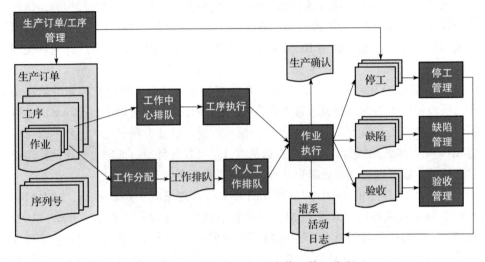

图 2-14　S/4HANA PEO 生产作业管理流程

另外，因为不同生产订单的产品不同，其质量要求和验收标准也不同。通过 S/4HANA PEO 生产作业管理，现场操作人员可以实时和按单记录制造缺陷，必要时进行停工管理，或者是根据产品的质量要求进行验收管理。

通过图 2-14 所示的 S/4HANA PEO 生产作业管理流程，我们还可以发现，S/4HANA PEO 的生产作业管理模块承接或替代了常规 MES 系统的部分功能。应用了 S/4HANA PEO 的生产作业管理模块以后，企业再实施 MES 系统的话就不需要那么多功能了，甚至无须另行部署其他的 MES 系统。

2.6　本章小结

有人经常用"软件定义世界"来概括数字化时代的特点，却很少人深入地问这么一个问题：什么定义软件？如果这个问题不问清楚，就容易把所有的问题技术化，容易视数字化技术为万能，甚至在数字化转型工作中，有的企业把建立自己的软件开发团队视为数字化转型的主要举措。

在作者看来，如果软件真能定义世界，那么定义软件的则是数据、流程、算法、模型和场景，而数据与流程，就不只是技术问题，更多的则是管理问题。实际上，我们说某企业的管理基础薄弱，主要是指该企业在数据管理和流程管理等方面的基础和能力比较弱。

对制造型企业而言，数据管理上的挑战，主要体现为产品数据管理上的挑战，这包括企业如何去定义和管理产品，以及产品的制造过程。用专业术语讲，就是企业中物料清单和工艺路线的管理。

物料清单不是简单地将构成产品的零部件罗列出来，而是要进行结构化、模块化管理。从客户和营销部门的角度来说，结构化、模块化物料清单就是产品的可配置。从物流和供应链部门的角度来说，结构化、模块化物料清单就是要提高零部件的通用化率。对技术和研发部门而言，物料清单描述了从产品创意到量产准备的新产品开发和导入（NPDI）流程中产品定义的不断迭代，具体形式包括需求结构、功能结构、工程 BOM、制造 BOM 等。

可以毫不夸张地讲，包括分类管理、配置管理、BOM、工艺路线、工程变更等在内的产品数据管理，从根本上决定了制造型企业的供应链管理和订单交付能否高效，企业应对此领域给予足够的重视，并付诸实际行动，结合数字化产品数据管理解决方案的实施和应用来补上数据管理这门课。

第 3 章 | Chapter 3

销售预测与需求感知

古代形容一个人的神奇之处，通常会用到这么一句话："运筹帷幄之中，决胜千里之外。"

3.1 背景、流程与方法

在企业的经营管理实践中，企业的"计""知己知彼"，首先是对市场需求和销售的预测，其次是各种形式的经营计划，它们在企业中起着"指挥棒"的作用。

1. 销售预测的难点、盲点和误区

从运行情况来看，虽然大家都意识到了市场需求和销售预测的重要性，但在很多企业的实际工作中，却存在着以下方面的难点、盲点或误区。

有的企业主要通过市场、销售等部门的业务人员、经理或管理层凭借个人经验，甚至用"拍脑袋"的方式来做市场需求和销售预测。这种方式做出的预测具有非常大的主观性、随意性和局限性，难以有很强的指导性和可操作性。

有的企业在做市场需求和销售预测时，虽然也应用某些简单的统计性分析技术或工具，但预测的结果（统计性分析预测基线）在接受评审和确认过程中，仍然会受到很多人的主观人为式修改，有些修改基本是毫无数据支撑或现实依据可言的。

有的企业在制定市场需求和销售预测时，难免会受到某些部门的某些个人出于"本位主义"的干扰或修改。例如，市场部门倾向于夸大预测数据，以获得更多的市场活动资源或预算，而销售部门倾向于保守地估计市场形势，以避免承担太大的销售指标。

有的企业直接把销售目标当成销售预测。市场需求和销售预测是企业对市场的未来状况做出的、尽可能真实的推断或投影，是企业进行财务、运营、供应等计划的决策基础。销售目标是企业基于未来的市场形势、企业的发展战略或经营追求等相关考量做出的目标设定。销售预测和销售目标之间虽然有逻辑关系，但不能视为同一件事。

有的企业所做出的市场需求和销售预测，维度上比较笼统，比如只是基于整个区域、整个月份或产品家族做预测，而没有具体到城市、渠道、门店、产品或按周来做预测，预测数据的颗粒度太粗，难以指导后续相关经营计划的制订。

有的企业在做市场需求和销售预测时，只是每个月做一次，做完之后的当月中不进行更新。这在市场快速变化的环境下，显然是不够的。实际上，有些领先的企业，不仅做月度的销售预测，还每周，甚至每天都动态地更新销售预测。

有的企业做出市场需求和销售预测以后，只是被动地通过运营或供应计划去尽量满足，而不是考虑借助新产品导入、销售价格调整、营销计划、促销活动、展会展览、广告宣传等工作去主动影响（提升或减缓）未来的销售形势，这就仍然是低水平的销售预测。

有的企业虽然尝试了很多办法去做市场需求和销售预测，但预测的准确性实在太差了，指导不了后续经营计划的制订。于是，这些企业干脆放弃了做好销售预测的努力，而是把管理资源和精力全部放在供应链的改善上，期望通过供应链的快速反应来满足变化的市场需求，这是只"治标"而不"治本"的，是"刻舟求剑"，是经营管理上走了极端。

诚然，在外部环境日益具有"VUCA"，即易变（Volatility）、不确定（Uncertainty）、复杂性（Complexity）和模糊（Ambiguity）的时代，企业要想做好市场需求和销售预测不是一件容易的事情，但这不意味着不值得去尝试，更不能直接放弃。积极的做法是树立起全员对销售预测的正确认知，开发并不断完善出一套有效的预测流程，以及采取合适的预测方法来做好销售预测。

2. 正确地看待销售预测

首先，市场需求和销售预测是企业经营管理工作的起点，它对运营和供应等计划的制订，具有决定性影响。实际上，相关数据表明，销售预测的准确性提高5%，企业在订单交货周期、订单满足率、库存周转等运营绩效指标上就可能得到30%以上的提升。

或者，我们换个角度，从管理原理和共识的角度来看，大家都知道管理上有所谓的"80/20"法则，销售预测就属于那个能在 80% 的程度上决定企业业绩的关键少数。因此，企业必须努力去做好它。

在实际工作中，因为销售预测比较难做好，所以很多企业"舍难就易""舍本逐末"，把管理改善的重点全部聚焦在供应链优化上。但是，从微观经济学中边际收益原则的角度来看，企业在供应链方面的改善举措越多，其边际收益将越逼近于零，而销售预测方面的提升空间则往往很大。

当然，不同的行业、不同的企业，比如快速消费品企业与为下游原始设备制造商（Original Equipment Manufacturer，OEM）做生产配套的制造型企业，销售预测的内容和形式会有很大的不同，决定预测准确性的因素也会差异很大，但做好销售预测的重要性是基本相同的。

其次，任何企业的市场需求和销售预测，都不可能是 100% 的准确。但是，哪怕其准确度能达到 60%，甚至 50%，对企业的经营、供应等工作也能起到很大的指导作用。至少，如果销售预测的准确性能达到 50% 以上，企业就可以把供应的柔性留给另外不到 50% 的不确定性。因此，企业在设定销售预测准确性目标时，不能期望太完美，更不要指望"一步到位"，哪怕是每月提升一点点，其达到的效果就非常巨大。

如果再进一步看，虽然所有产品的预测准确性可能比较低，但具体到某个产品、某个区域、某个渠道，或是在最近的一段时间，销售预测的准确性就有可能大幅度地提高，这就要求企业以"具体问题具体分析"的态度和方式来看待销售预测中存在的问题。

又或者，虽然具体到每一个产品层面的预测准确性可能比较低，但如果往上汇总到产品组或产品家族层面，它们的预测准确度可能会大幅度提高，而产品组或产品家族的销售预测，对于该产品组或产品家族中通用件的物料需求计划运行是非常有帮助的。

再次，市场需求和销售预测既不是 100% 的艺术，也不是 100% 的科学。说它不是 100% 的艺术，指的是企业中销售预测的工作还是有规律可循的，有很多明确的方法和工具可供使用。说它不是 100% 的科学，指的是销售预测中所使用的方法或工具，仍然还有一定的局限性，不能保证所得到的销售预测能 100% 的准确，其中，还是会有部分解释不清楚的地方或随机的变动性。

最后，市场需求和销售预测的准确性提高，需要有高质量的数据做保证。科学的销售预测有几个要素：数据、流程、统计性模型、高级分析技术、领域知识或技术诀窍（Know-How）等。其中，数据是第一位的。通常，销售预测是根据过去来推测未来,这里的过去,指的是过去某个时间段的历史销售数据,且数据源越接近客户,数据采集与数据产生的时间延迟越小,所做出的销售预测就越准确。在实际工作中,根据销售预测的需要,客户在做出购买决策前的选购行为数据通常要优于下单数据,下单数据通常要优于渠道终端的交付数据,终端交付数据通常要优于企业的销售发运数据。

因此,基于以上认识,企业要做的是,倾注必要的注意力和管理资源,持续地学习、总结和完善市场需求和销售预测中所采取的工作流程、方法、工具和知识,以得到尽可能准确的销售预测,进而指导其他经营工作的开展,帮助企业实现更大的经营效益。

3. 销售预测的工作流程

为了尽可能主动和有针对性地响应市场需求,企业需要不断地提升其销售预测的能力和预测结果的质量。这有赖于适合的工作流程来进行,也就是所谓的需求驱动的预测流程,它包括需求感知、需求影响、需求切换和需求响应等工作步骤,具体如图 3-1 所示。

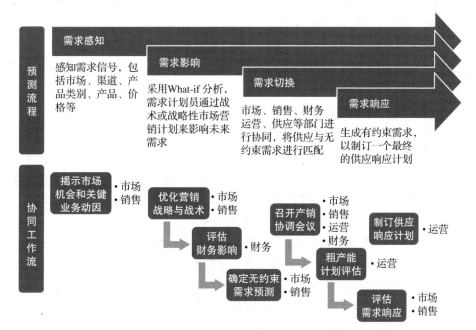

图 3-1 需求驱动的预测流程

所谓需求感知(Demand Sensing),指的是以最小的时间延迟来获取下游的数据,以理解企业在什么时间、哪个渠道卖出了什么产品或服务,购买产品或服务的客户是谁（包括客户的身份标识、社会属性、经济属性等），以及产品或服务的功能、销售价格、市场活动、促销政策、展览展示、商业广告、渠道选择等因素是如何影响客户的购买行为和产品销量的。

所谓需求影响（Demand Shaping），指的是企业采用 What-if 分析（先假设影响因素的变化，然后再模拟和验证其对销量的影响），模拟和分析销售价格、市场活动、促销政策、展览展示、商业广告、新产品导入等企业内部可控因素对市场需求和销量的影响，以指导企业制订有针对性的市场战略或战术，按照企业的期望来影响（提高或降低）未来的销量。

所谓需求切换（Demand Shifting），指的是市场、销售、财务、运营、供应等部门进行高效协同，按照企业的期望，将客户对 A 产品的关注和需求切换到 B 产品的购买上来。例如，通过在线订购网站的订购导航，通过更优惠的产品定价或优惠政策，或是更短的交货时间，引导客户去购买那些企业能更快交货的产品，或库存比较高的产品，或销售毛利率比较高的产品。

所谓需求响应（Demand Responding），就是把经过前面三个步骤所得出的销售预测传递给财务、运营和供应等部门，指导他们制订出有针对性的财务计划、供应计划、采购计划、运输计划等。

在制定销售预测的过程中，需求感知、需求影响、需求切换和需求响应是依次进行、环环相扣的四个工作步骤，需要市场、销售、财务、运营、供应等相关部门的实时、高效协同。

4. 销售预测的方法和工具

一般来说，销售预测的方法大体有两类：一为定性的方法，即相关人员凭借自己的领域知识和工作经验，对未来的市场需求和销售情况做判断，其主观性比较强；二为定量的方法，即相关人员以过往的销售数据作为"原料"，借助统计性分析模型或高级分析技术，对未来的市场需求和销售情况做出推断。本书中，我们重点来看看与销售预测有关的定量化预测方法。

销售预测的定量化分析方法有很多种，不管是哪一种，它都有以下类似的假设：

1）事物在历史时期的表现，都会在未来的某个时间段，以某种形式的规律或样式来重演，且未来的时间段距离"今天"越近，其规律或样式的可靠性越高。

2）如果某个因素（售价调整、促销政策、商业广告、消费品价格指数、消费者信心指数等）对历史销量有某种程度的影响（因果关系），在未来的某个时间段，这种影响必将持续存在，且未来的时间段距离"今天"越近，影响的可靠性也越强。

统计学分析模型或高级分析技术，就是建立在上述假设基础上的，而与销售形势中规律或样式的识别有关的统计性分析模型，主要是数据序列模型；与销售形势中因果关系的识别有关的统计性分析模型，主要是因果模型。在实际的销售预测中，规律或样式、因果关系等，都会在未来的销售数据中得到体现。

未来销售预测数据＝样式性规律（趋势/周期＋季节性）＋因果性影响＋随机变动性

根据上面的公式，我们假设，未来的销售预测数据由三部分构成：样式性规律（包括趋势性规律、周期性规律或季节性规律，趋势性规律有增长或下降）、因果性影响和随机变动性。我们只要找到样式性规律和因果性影响，就可以对未来的销售情况做出预测。当然，因为还存在随机变动性，销售预测就不可能100%准确，而随机变动性越小，所做出的销售预测的准确度就越高。

根据相关机构的研究，销售的随机变动性，与产品所处的生命周期（导入期、成长期、成熟期或衰退期）、市场的特点（区域性市场、细分市场、市场竞争的激烈程度）等因素有关，具体见图3-2。通常，处于导入期的产品，其销量的随机变动性要远大于处于成熟期的产品，而产品所在的市场竞争越激烈，其销量的随机变动性就越大。

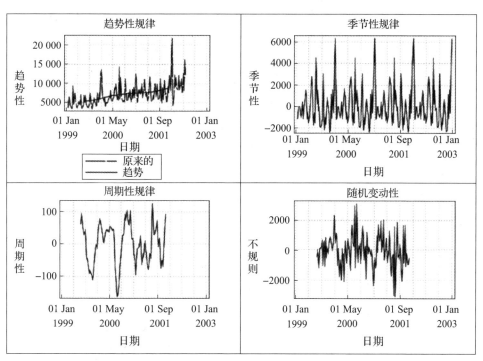

图3-2　不同形式的数据表现

就统计分析模型和技术而言，规律或样式性的识别、因果关系的识别等，有着各自相对应的统计分析模型供大家使用。

用于识别销售数据中规律或样式性特点的统计分析模型主要是时间序列模型，包括平均法（简单平均、移动平均、移动加权平均等）、指数平滑法（单指数平滑、双参数指数平滑、三参数指数平滑）、ARIMA（Autoregressive Integrated Moving Average Model，自回归滑动平均模型）等，它们可以帮助企业预知未来市场需求的是什么，具体见图3-3。

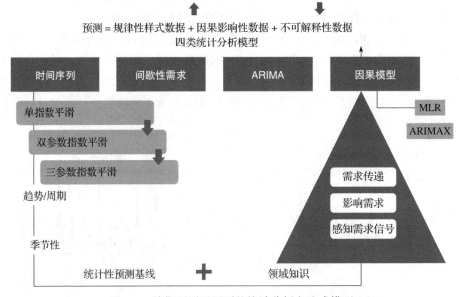

图3-3　销售预测可用到的统计分析方法或模型

用于识别销售数据中，产品定价调整、优惠政策、广告宣传、消费者信心指数等因素（自变量）与产品的销量（因变量）之间因果关系的统计分析模型，又称因果模型，主要有回顾分析模型，包括简单回归、多元线性回归（Multiple Linear Regression，MLR）、ARIMAX（Autoregressive Moving Average with Extra Input Model，带额外输入的自回归积分移动平均模型）等，它们可以帮助企业预知未来市场需求的原因。

另外，在上面的统计分析模型中，ARIMA、ARIMAX等复杂模型，除了能识别销售数据中的规律或样式性特点，还能识别部分因素与市场销量的因果关系。当然，其运算所需的数据量也是非常大的。

从应用的角度看，任何一个企业或用户都希望有"一招鲜，吃遍天"的统计分析模型或方法来帮助自己做销售预测，但实际上是不存在的。上文所列的各种统计分析模型，不管是简单的，还是复杂的，都谈不上这个就绝对比那个要好，企业需要根据销售数据的特点来进行验证并做出选择。有时候，对于特定的数据集，简单的模型也可能比复杂的模型更适用。

根据统计分析和销售预测领域的专家 Charle W. Chase Jr.（查尔斯·W. 蔡斯·Jr.）的建议，企业可以根据所需预测的市场和产品的特点来选择合适的预测方法和统计分析模型，具体见图 3-4。

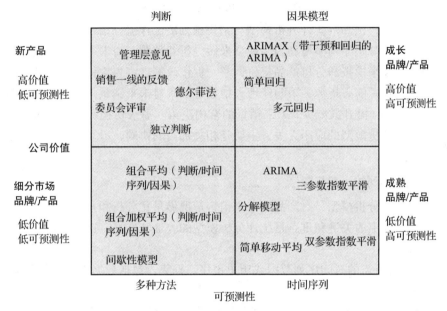

图 3-4　销售预测中预测方法和统计分析模型的选择

具体来说，对于处于成长期的产品或品牌，其销售的可预测性高，预测的价值也大，企业可以采取简单回归、多元回归或 ARIMAX 等因果模型，以对该类产品的未来销售情况做预测。

对于处于成熟期的产品或品牌，其销量通常比较稳定，销售的可预测性高，但预测工作的价值一般，可供选择的统计分析模型有分解模型、简单移动平均、双参数指数平滑、三参数指数平滑、ARIMA 等。

对于面向细分市场的产品或品牌，其销售的可预测性低，采用统计分析模型做销售预测的价值一般，推荐选择的统计分析模型有组合平均、组合加权平均、间歇性模型等，同时也要求相关人员凭借其掌握的该领域的知识对统计分析的预测基线做相应的手工调整。

对于处于市场导入期的新产品，其销售预测的价值虽然很高，但销售的可预测性较低，建议以人工判断为主，比如管理层意见、德尔菲法、委员会评审或独立判断等。当然，企业也可以选取与新产品的功能特点类似的老产品，以老产品导入市场时的历史销售数据做参考。

考虑到预测模型需要用到大量的数据和多次模型验证，数据的采集、清洗、存储和模型验证、人工判断等工作量较大，基于统计分析模型的销售预测也要考虑其投入/产出。因此，建议企业将资源优先投入预测价值大，即成长性产品或品牌，或是即将导入市场的新产品的销售预测上。

如果把销售预测的统计分析模型与销售预测的工作流程结合起来看，需求感知环节可采用时间序列模型和因果模型来做分析和预测，需求影响环节则主要是采用因果模型来模拟和分析产品售价调整、促销政策、广告宣传，乃至消费品价格指数、消费者信心指数、采购经理人指数等因素对未来销量的影响，从而帮助企业做出影响（提升或减少）未来销量的营销决策。需求切换和需求响应等环节基本与统计分析模型的应用无关，主要是相关部门的协同，以及销售预测与运营计划等的衔接。

5. 量化预测的一般步骤

采取统计分析模型，对产品的未来销售情况做量化分析和预测，需要遵循一定的步骤，其中的关键和重点是统计分析模型的验证和选择，这可以通过以下几个步骤来完成：

1）确定所需的时间序列数据或历史销售数据集，包括数据定义、数据采集、数据清洗等。

2）将数据集分成两部分，一部分作为样本，用于统计分析模型的运行模拟（简称样本数据集，通常是前半时间段的销售数据）；另一部分用于统计分析模型的有效性验证（简称验证数据集，通常是后半时间段的销售数据）。

3）根据上文的建议或使用者的使用经验，选择相应的量化统计分析模型。

4）使用样本数据集，运行所选定的统计分析模型，以得到相应的预测结果。

5）将第4步所得到的预测结果与后半时间段的历史销售数据，也就是验证数据集进行比较。

6）评估比较结果，以验证并决定所选定的统计分析模型的有效性。如果评估结果不理想，需要重复第3~5步的工作，直至得到符合使用者期望的统计分析模型。

7）统计分析模型选定后，把样本数据集和验证数据集进行合并。

8）基于合并后的所有数据，应用最终选定的统计分析模型，对未来销量做出预测。

9）持续地优化所选定的统计分析模型，以提高销售预测的准确性。

3.2 企业数据管理与 SAP BW

在应用统计分析模型做量化销售预测时,企业需要有相关的产品历史销售数据或客户行为数据等作为"原料",而这些数据在应用前,必须进行数据建模,并通过提取、转换和加载(Extract-Transform-Load,ETL)等方式,从企业的 ERP、CRM、数字化触点等 IT 系统中获取并存储到数据仓库或 Hadoop 存储中,再以数据集市等形式供分析调用,这都需要 SAP BW 之类的数据仓库等数字化系统或平台做支撑。

SAP Business Warehouse,简称 SAP BW,是 SAP 公司推出的企业级数据仓库(Enterprise Data Warehouse,EDW)管理软件,其管理对象是企业的各种业务交易类数据,以支持业务分析、报表展现、销售预测、业务计划、全面预算报表合并等应用场景。随着大数据技术和解决方案的日益成熟,曾有人说:Enterprise Data Warehouse is Dead,Long Live Big Data(企业数据仓库已死,大数据永生),似乎 EDW 就不再需要了。近年来,随着 AI 技术的兴起,又有人断言:Big Data is Dead,Long Live AI(大数据已死,AI 永生)。这年头,总是会有这样或那样的断言。对于数字化从业人员来说,我们应该用辩证的观点来看这些断言,而不要被断言所迷惑。实际上,判断 EDW 或大数据是否真的已经死了,我们首先要认识清楚企业运营会涉及哪些数据,以及这些数据的特点。

1. 数据的类型和特点

我们知道,从数据的存在形式和格式等方面看,企业经营所涉及的数据有结构化数据、半结构化数据和非结构化数据,三者之间的差别可参考表 3-1。

表 3-1 结构化数据、半结构化数据和非结构化数据的比较

类型	结构化数据	半结构化数据	非结构化数据
特点	可以高度地予以组织,事实和准确	居于两者之间	无预定义的结构,形式多样
内容	文本、数值的	序列或流数据	文本、图片、图像等
元数据	语构类 Syntax	语构类 Syntax	语义类 Semantics
集成工具	ETL/ELT	批处理	批处理/手工
定性或定量	定量	定量或定性	定性
储存方式	关系型数据库	数据流	文件等形式
数据库	MYSQL、EDW 等	实时数据库等	Hadoop、MongoDB 等
应用场景	统计性分析/预测	分类/统计分析	分类

简要来说，结构化数据在形式上比较单一和精确，其管理方式比较规范和死板，可以做精确型的统计性分析；非结构化数据则在形式上相对多样和模糊，其管理方式比较多变和灵活，只能做分类、特性、标签等模糊型计算；半结构化数据则居于结构化数据和非结构化数据之间。

在企业运营中，结构化数据主要指的是业务交易型数据，企业通常用 ERP、CRM、PLM 等管理系统或数据仓库来管理结构化数据；非结构化数据的涉及面则更广，除了内部的会议纪要、技术资料、产品图片等文件数据，也包括外部的资讯、客户投诉、市场活动等数据；半结构化数据则包括通过设备的 PLC、物联网传感器、社交媒体等所获得的设备运行数据、智能互联资产数据、社交媒体流数据等。

2. SAP BW 的基本功能

作为企业级数据仓库，SAP BW 中所管理的主要是与企业运营有关的结构化数据，管理方法或过程主要包括数据建模、数据获取、报表和分析，以及数据周期管理、数据安全管理等。

数据建模就是定义某些规则和要求，以将数据实现结构化管理。以 SAP BW/4HANA 为例，数据建模的实体主要有 Info Objects、Advanced DSO（ADSO）、Composite Providers 和 Open ODS View，后三者的功能基本类似，都是 Info Provider（信息提供者），不同的是其数据管理的实现方式。

Info Objects 是最基本的信息构件，是 ADSO、Composite Providers 等其他数据建模实体的基础。在 SAP BW/4HANA 中，有四种类型的 Info Objects：特性（Characteristic）、关键值（key Figure）、单位（Unit）和 XXL。如果要做类比的话，特性描述的是业务背景或维度，类似于事物的 When、Where、What 或 Who；关键值则代表业务交易或活动的度量，类似于事物的 How Many 或 How Much；单位用于度量比较的标准参考，类似于事物 How Many 或 How Much 的计量单位；XXL 则用于长文本或字段的存储，类似于对事物的详细描述。

ADSO 类似于数据建模中的物理层，用于各种场景的数据保持。ADSO 通常由三张表组成：内向表（Inbound Table）、活跃表（Active Table）和变更表（Change Table），SAP BW/4HANA 可以根据数据保持的场景需求，来决定上述三张表是如何生成及相互影响的。

Open ODS View 是 SAP BW/4HANA 中代表外部数据源的元数据对象，它主要充当数据的虚拟层（外部数据源的数据虚拟化），在外部数据源和 Info Objects 等之间建立联系。Open ODS View 的外部数据源可以是多样的，可以是 SAP HANA 表，也可以是存储在外部数据库的第三方表。

Composite Providers 类似于数据建模中的逻辑层，其作用是将来自不同数据集的数据组合起来。例如，部分数据来自 ADSO 型的数据集，部分数据来自 Open ODS View 型的数据集。为了用于报表和分析，Composite Providers 所用到的组合方法有 union 或 join 等 SQL 操作。

除了使用上文所述的 Info Objects 为基本单元或构件来进行数据建模，SAP BW/4HANA 还支持基于字段（field-based）的数据建模，以拿来即用（as-is）的方式，灵活、敏捷地使用外部数据源的数据，而无须做数据的提取或集成。

SAP BW/4HANA 中数据建模的原则是 Less is More（少即多），并采用基于 Eclipse 的 UI 界面，以贴合大多数软件工程师的操作习惯。这里说句题外话，SAP 近 10 年的技术路线日渐开放，在程序开发等方面都支持 JAVA 等主流语言，有人曾戏言，HANA 的名称也许就是 SAP 公司的技术人员从 JAVA 中得到的灵感（JAVA → HANA）。

大体上，数据建模类似于盖房子时的框架搭建，数据获取类似于墙体砌砖、空间布局、硬装、软装等。数据获取的过程主要是数据提取、转换和加载（Extract Transform Load，ETL）。不管是数据的全量提取还是增量更新，有了数据后就可以针对数据做分析和报表展现，以及数据使用中的安全管理等，这其实也是 BI 的部分工作。本书不讨论专门性的技术细节，不对 SAP BW/4HANA 中数据获取、报表和分析等技术和操作细节做详细的介绍，有兴趣的读者可自行查阅相关的技术资料。

3. 因果性与相关性

企业之所以对各种数据进行有效管理，就是希望通过数据的运算和分析，从数据中"挖矿"，这就涉及两种形式的数据分析：因果性分析和相关性分析。

因果性分析指的是通过数据分析，以找到事物与事物之间的因果关系。假设有两个事物：A 和 B，事物 A 发生或出现后，事物 B 就一定会发生或出现，或者说，如果 A 为真，B 为真的概率为 100%，那么，A 与 B 之间就存在因果关系。A 是因，B 是果。在企业的经营管理活动中，事物之间的因果关系可以用于业务预测和业务计划。换句话说，只有 A 和 B 之间存在因果关系，企业才有可能通过 A 的发生来预测或计划 B 的发生。在实践中，A 类似于企业的经营管理活动，B 类似于企业所期望的经营结果。在销售预测所涉及的统计性分析方法论、线性回归类因果分析，以找出产品售价调整、市场推广等活动因素对产品销量的影响，就属于典型的因果性分析。

相关性分析指的是通过数据分析，以找到事物与事物之间的相关关系。假设有两个事物：A 和 B，它们有时会同时存在；有时先发现了 A 的存在，又发现了

B 的存在；有时是先发现 B 的存在，又发现了 A 的存在；或者说虽然分不清楚孰先孰后，但两者会有伴随关系。虽然分不清孰先孰后，或者说这种伴随现象不必是 100% 的概率，我们就说 A 和 B 存在相关性。如果伴随的概率比较大，超过 50%，那就可以认为 A 和 B 之间存在强相关。相关性分析也可以帮助企业做业务建议、预测和计划，只不过确定性不如因果关系那么强。

如果将结构化数据、半结构化数据和非结构化数据等三种数据类型，与因果性分析和相关性分析等两种数据分析方法进行联系，我们会发现，因果性分析一般需要有结构化数据或半结构化数据做支撑，而相关性分析在半结构化或非结构化数据的基础上就可以进行。

另外，还应该看到，作为数据分析的两种方法，因果性分析和相关性分析之间不是替代关系，不是有了因果性分析就不需要相关性分析，或者有了相关性分析就不需要因果性分析。实际上，因果性分析和相关性分析是实践中数据分析在可行性等方面的不同平衡和现实选择，两者更应该是相互补充的。

4. "知己"与"知彼"

根据数据的价值路径（Data Information Knowledge Wisdom，DIKW），企业数据管理的首要目标是"知"，即对自己、环境、市场、同行知道得越准确、具体、全面和及时，企业做出高质量经营管理决策的可能性就越大。另外，企业要获得所谓的"知"，还要考虑其是否经济的问题，因为任何企业都做不到不计成本地去做数据的收集和分析等数据管理工作。

在实践中，企业的"知"在准确、具体、全面、及时和经济等方面不可"兼得"。举例来说，为了做到尽可能地准确、具体和全面，在及时和经济上就可能打折扣。尤其是及时性太差的"知"，即使很准确、具体、全面，其价值也可能不如相对准确、具体、全面，但及时性很好的"知"。因此，企业的"知"，必须针对不同的应用场景，在准确、具体、全面、及时和经济等方面做适当的平衡。

一般来说，企业对于自身的产品、研发、销售、生产、物流、财务等的"知"，在有 PLM、ERP、CRM、MES 等 IT 系统的应用和支持下，可以在"知"的准确、具体、全面及及时等方面做到更高程度的"兼得"。企业对于外部环境、市场，以及对同行的"知"，因为数据获取和分析的难度比内部要大得多，那就要首先确保"知"的准确、具体和及时，再寻求尽可能地全面和经济。

如果将数据的类型、因果性分析和相关性分析、"知己"和"知彼"等数据管理的不同角度综合起来看，我们基本可以明确的是，企业可以通过以结构化数据为主的因果性数据分析，以实现更好地"知己"，可以通过以非结构化数据为主的相关性分析，以实现更好地"知彼"。

5. 从数据到洞察

数据的 DIKW 价值流程，其实也可以用"从数据到洞察"来概括，其中的关键要素有三个：数据、模型和洞察，数据是"原料"，模型是"熔炉"，洞察是"产出"。

（1）数据　不同类型的洞察，所需的数据内容、数据格式、数据量等，也不一样。从格式的角度来看，数据分析所涉及的数据主要分为结构化数据和非结构化数据。非结构化数据的典型代表如社交媒体的流数据、文本、图片、视频等。

结构化数据主要来自 ERP、MES 等联机事务处理（On-Line Transaction Processing，OLTP）系统。从变化的频率等特点来看，结构化数据又可分为相对静态的元数据和主数据（元数据是用于描述主数据属性的数据），以及相对动态的交易数据。

在数据分析中，主数据又称为维度数据，用于描述业务对象、空间、时间等，其典型代表如业务伙伴（供应商或客户）、产品组、产品、组织架构、区域，以及时间上的日、周、月、季、年等。维度数据要能按层次来组织，以便进行数据分析时自上而下地分解和自下而上地汇总。

交易数据又称为指标数据或关键值，用于描述业务对象在某个时空场（时间和空间）的变化情况，其典型代表如客户订单量、库存量、发运量、销量、采购量、销售价格、制造成本等。

除了上面从格式和内容等角度来定义和区分数据，还有所谓数据的 4V 特点，即大量（Volume）、高速（Velocity）、多样（Variety）和价值（Value），其中的前三个 V 其实指的是数据的存量、生成数据和类型，而所谓的价值其实是指数据分析的输出——洞察。大数据的 4V 特点，其实只是一种概括性描述，对我们理解数据分析的规律和逻辑没有太大的帮助。

为了便于数据的清晰、汇总、聚合和重复使用，企业必须以相应的办法来管理数据。对于结构化数据，常用的是数据仓库；对于非结构化数据，常用的是数据湖。数据仓库和数据湖可以通过数据接口进行整合而形成数据总线。

（2）模型　从数据到洞察的转化，其过程不是必然的，而是需要借助相应的模型或算法来实现。我们可以用下面的函数式来代表数据分析所用到的模型或算法：

$$A = f(x, y, z, \cdots) + v$$

在上述函数式中，x、y、z 等代表的是数据分析的输入或自变量，也就是已有的数据；A 代表的是数据分析的输出或因变量，也就是上文所说的洞察；v 代表随机性变动或不可解释的差异。通过上述函数式，我们还可以得到以下几个初步结论：

1）数据分析所需的数据永远做不到充分必要，据此所得出的洞察也只是概率上的可能性。以销售预测为例，影响某个产品未来销量的因素太多，企业不可能准确、及时、完整地获得这些变量的相关数量，据此得出的销量预测也不可能100%准确。尤其是，外部影响因素越多，相关数据就越难获得，因此企业内部某个设备的故障预测要比产品销量预测容易做得多。

2）不同形式的洞察，其所用到的模型或算法是不一样的。通常，预测性数据分析要用到线性回归、指数平滑等统计性模型或算法，文本挖掘、图像识别等认知性数据分析则需要用聚类算法、簇类分析或决策树算法等。

3）数学是数据分析的指导，哲学是数据科学的指导。除了数据质量，所采取的算法和模型，将决定数据分析的质量，因此高级的数据分析需要统计学专家或数据科学家指导。进一步来看，不管如何尽力，我们不可能掌握所有的真相，这就需要以哲学作为指导。

（3）洞察 什么叫洞察？洞察指的是数据分析尝试要传达的意义。洞察一般有这么几种：①是什么（What）；②怎么样（How）；③为什么（Why）；④将会如何（To be）；⑤想要达成某个目的，应该如何做（If…，Then…）等。

"What"指的是给我们某些数据，期望通过数据分析来告知我们这些数据说的是什么。"是什么"型的数据分析的典型代表是基于非结构化数据的人工智能。例如，计算机视觉检测、图像识别、人脸识别、自然语言处理、文本挖掘中的语义分析等。

"How"指的是给我们某些数据，然后通过数据分析来告知我们何种对象（人或物）发生了什么事情，这也就是大家常说的描述性分析。例如，商业智能中的产品销量统计分析、渠道的库销比分析、订单满足率分析、产能利用均衡性分析等。

"Why"指的是给我们某些数据，期望通过数据分析来告知我们何种对象（人或物）发生了什么事情，为什么会发生这些事情，以及哪些因素导致上述情况的发生，这也就是大家所讲的解释性分析。例如，设备的OEE（Overall Equipment Effectiveness，设备综合效率）分析，不仅要了解OEE的表现，还要找到OEE表现不佳的原因等。

"To be"指的是给我们某些数据，这些数据通常是对象（人或物）的历史表现数据，期望通过数据分析告知我们这些对象的未来表现和变化趋势如何，这也就是大家所讲的预测性分析。例如，根据过去三个月的产品销量或发货量数据，来预测未来三个月的销售情况等。

"If …, Then …"型的数据分析，指的是给我们某些数据，通过对这些数据的分析，如果我们期望在未来某个期间达成某个目的，应该如何做，这其实就是前文所说的规则性分析。例如，期望未来 3 个月的订单满足率大于 95%，供需链应该如何来组织等。

6. SAP BW 的理想姿态

如上所述，作为企业型数据仓库，SAP BW 主要以结构化数据的建模、获取、分析和应用为主，在因果性分析和企业的"知己"型应用场景上应该大有作为。

必须看到的是，大多数企业的 SAP BW 项目都没有完全发挥出应有的作用，大多只作为报表和分析的平台，而没有用于业务计划和预测等高价值的商业场景，没有作为企业数据资产管理的平台，没有从数据资产化、资产服务化、服务价值化的角度去使用已经掌握的数据。也许正因为此，SAP 公司才把 SAP BW 作为 SAP IBP、SAP BPC 等商业套件的技术和数据支撑，以支持销售预测、业务计划、全面预算等业务场景，其实这也为 SAP BW 的应用深化指明了方向。

3.3 SAP IBP 功能概览

IBP 全称为 Integrated Business Planning（集成业务计划），是在 Sales & Operation Planning（S&OP，销售与运作计划）的基础上发展而来的。实际上，理论和实践界对 S&OP 的研究、学习和应用至少已有几十年的历史。简要来说，IBP 并不是 SAP 公司的独创，而后者只是借用了这个术语，并基于 IBP 的管理理念，开发了一种用于业务计划的软件，称为 SAP IBP。

IBP（或 S&OP）在企业的经营管理中具有重要的作用，我们可以通过一个自驾远行的比喻来了解。假设我们要做一次自驾远行，首先是选择一个目的地，以及计划到达时间；其次是通过导航软件了解可能的出行路径，估算不同路径下所需花在路上的时间，选择合适的路径并决定出发时间；最后是在导航软件的指引下驾驶汽车，并根据实时路况等信息来修正实际出行路线和驾驶行为。如果把企业的经营管理比喻成自驾远行，IBP 所起到的作用就类似于导航软件的作用。

1. IBP 的作用和内涵

在企业的经营管理和计划体系中，IBP 能够起着承启（或对齐）、平衡、协同和动态等作用，其重要功能之一就是帮助企业做好销售预测等工作，这可以通过图 3-5 所示的框架来概括和诠释。

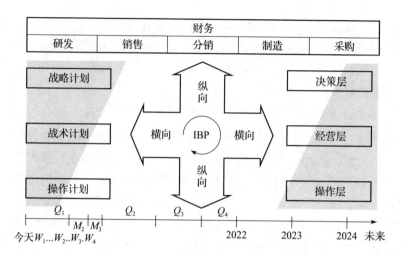

图 3-5　企业的计划体系和 IBP 的作用

（1）承启　图 3-5 所示的企业的计划体系可分为三层：战略计划、战术计划和操作计划。战略计划的展望期一般是 3～5 年，描述的是企业的定位和目标，即企业应该做什么，它的主要责任人是企业的决策层。战术计划的展望期一般是 3～18 个月，描述的是企业经营工作的内容，即企业可以做什么，它的主要责任人是企业的经营层。操作计划的展望期一般是近 3 个月，甚至近几周或近几天的工作内容，即企业如何去做，它的主要责任人是企业的操作层。

从管理要求来说，战略计划、战术计划和操作计划必须实现自上而下的层层分解和自下而上的层层汇总，从而将计划的方向感、指导性和实时性进行完美的统一，这也就是所谓的纵向集成，而 IBP 就是在战略计划、战术计划和操作计划的纵向集成上起到承上启下或上下对齐的作用，具体实现的主要是企业的战术性业务计划。

（2）平衡　从经济学角度来说，企业经营的主要目的是寻求有限资源约束下的利益最大化。具体来说，一方面，企业不希望自己的资源处于闲置或浪费，如库存偏高、设备利用率偏低等；另一方面，企业也不想因为供应不足而错失市场机会，比如库存短缺或交货不及时而导致客户订单的取消等。因此，企业必须时刻确保将自己的能力或资源与市场机会进行精确匹配，上述匹配的主要实现方式是供需平衡。

需求和供应是企业经营的两端，并各自有各自的特点。需求的特点是个性化、多变性和不确定，也就是所谓的 VUCA：Volatility（易变）、Uncertainty（不确定）、Complexity（复杂性）、Ambiguity（模糊）。供应的特点是不稳定（Unsteadiness、不一致（Inconsistency）、延迟性（Latency）和有约束（Constraints），因而才有精益生产所追求的零缺陷、零延误和零浪费。要做好供应和需求之间的平衡，首先是供应和需求等信息的高度透明，其次是供需之间的逻辑关联和双向传导，而这也是 SAP IBP 力求解决的问题。

（3）协同　企业的经营管理活动涉及企业的方方面面，既有纵向的不同组织层级，又有横向的不同职能部门，尤其是与核心价值创造紧密相关的研发、销售、生产、采购、物流等部门，以及提供资金支持和财务核算的财务部门、提供人力资源保障的人事部门、提供工厂建设和维护的设备部门等。上述部门必须围绕经营目标的达成而进行高效的协同，也就是所谓的横向协同和集成。

企业中的横向协同要想高效，必须要有相应的协同机制和协同平台做支撑，IBP 就是横向协同机制，而 SAP IBP 软件就是相应的协同平台。从数字化的角度来说，横向协同的实施，一则要落实到流程，二则要落实到数据。就 SAP IBP 软件来说，流程协同靠的是 S&OP 和 Jam 平台，而数据协同则包括量（需求量/供应量）和价的协同，后者是将 S&OP 的供需活动与全面预算进行集成。尤其是基于价的协同，可以支持企业进行利润驱动的 IBP 和利润驱动的决策。

（4）动态　IBP 的动态主要是从时间跨度或计划展望期的角度来讲的，我们还是举自驾远行的例子。导航软件中的导航推荐了出行的路径，而这个路径会根据出行进度和实时路况做动态更新，会告诉我们剩余要走的路还有多远，以及根据驾驶速度和前方路况所做出的剩余所需驾驶时间估算等。

IBP 的动态与汽车导航的运行类似，它不仅以数据的形式动态和滚动地更新未来展望期的供需计划，而且可以对过去一个时间段的供需活动做计划与实际差异分析，寻找差异原因并在必要时修正未来时间段的供需活动。如果上期的经营目标没有达成，IBP 还会将业绩差距迁移到下一阶段来完成。

在技术实现上，IBP 的动态主要通过计划层级自上而下地分解和自下而上地汇总，以及展望期的滚动延展和更新等方式来完成。

2. SAP IBP 的技术特点

在企业实践中，IBP/S&OP 虽然很重要，但往往没有得到有效地运行，很多企业甚至没有 IBP/S&OP 的概念。究其原因，一则是 IBP/S&OP 的有效运行本身就是高水平经营的体现，要求企业务必实行"先算赢而后做赢"的先进经营理念，二则是缺乏有效的软件平台做支撑，这对企业的数字化建设提出了更高的要求。图 3-6 是 SAP IBP 应用框架示意，大家可以从中看出其所蕴含的设计理念。

实际上，在 SAP/R3 版本的 ERP 中，本来就有 S&OP 模块，但基本很少有企业去实施，这应该也有软件不好用的原因。SAP IBP 是 SAP 基于 IBP 的管理理念，结合云计算、大数据、移动化等技术所推出的新一代业务计划管理平台。从技术角度来看，SAP IBP 具有统一数据模型、基于内存计算技术 HANA、友好的用户界面、基于高级分析技术的预测、社交化计划协同等特点。

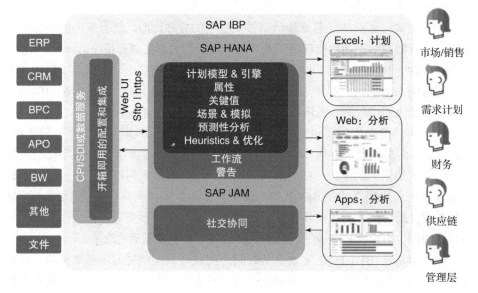

图 3-6　SAP IBP 应用框架示意

（1）统一数据模型　销售预测和计划软件的根本是数据运算，而数据模型的先进性基本决定了计划软件的先进性，SAP IBP 也不例外。与 SAP/ERP 中的 S&OP 模块不同的是，SAP IBP 的数据模型是基于供应链参考模型等思想来架构的，既精简，又能保证良好的灵活性和扩展性。

简要来说，SAP IBP 的数据对象主要有时间序列、属性和关键值。属性数据包括产品 ID、产品家族、位置、客户、市场细分等，主要代表的是供需对象和维度，它们的组合表示了计划层级。下面是 IBP 中常用主数据及其属性数据的列表：

1）位置（数据要素：位置 ID、位置描述、位置类型、位置区域、经纬度……）。

2）客户（数据要素：客户 ID、客户名称、区域、渠道、类型、销售代表、经纬度……）。

3）产品（数据要素：产品 ID、产品描述、家族、产品组、生命周期状态、单位价格、计量单位……）。

4）位置/产品（数据要素：位置 ID、产品 ID、批量大小、最小订单数量、单价、服务水平、冻结期间、子网络……）。

5）客户/产品（数据要素：客户ID、产品ID、市场细分……）。

6）源与客户（数据要素：客户ID、位置ID、提前期、产品ID、客户比率、时间序列比率检查、目标服务水平……）。

7）源与位置（数据要素：位置ID、源位置ID、产品ID、提前期、运输比率、最大批量大小、最小批量大小……）。

8）源位置与到达位置（数据要素：源位置ID、源位置描述、到达位置ID、到达位置描述……）。

9）生产源项目（数据要素：源ID、源项目ID、产品ID、部件系数……）。

10）产品替代关系（数据要素：产品ID、替代产品ID……）。

关键值包括需求量、供应量、库存量等数据，表征的是各种业务对象的数量。IBP中常用到的关键值（或交易数据）有销售订单、库存采购订单、采购申请、生产订单、计划订单、移库单、库存安全、带优先级的需求等。

时间序列则代表的是展望期，可以是年、季、月、周、日等不同形式。时间序列、计划层级和关键值等的选择和组合定义了SAP IBP的计划区域。

为了实施和应用的方便，IBP把企业在做销售预测、S&OP制订时需要经常用到的时间序列、属性和关键值等，封装到标准数据模型中。企业只需要根据自身的业务需求，选择相应的数据模型，必要时，对其做少量的修改即可，而不需要从零开始去定义各种数据，具体见表3-2。

表3-2 SAP IBP中的标准数据模型列表

计划区域	对应的功能模块或场景	典型的主数据类型和关键值
SAP2	S&OP及供应（含需求预测）	需要支持S&OP、需求预测、多级供应计划
SAP3	库存优化	库存优化和有限的供应计划
SAP4	S&OP及供应（无需求预测）	S&OP与供应计划
SAP5	SAP供应链控制塔	SAP供应链控制塔的相关功能
SAP6	需求	需求预测和需求感知
SAP7	响应和供应	供应计划和响应管理
SAP74	S&OP、供应和响应	S&OP、供应和响应等相关功能
SAPIBP1	S&OP、需求、供应、库存	S&OP、需求预测、供应计划、库存优化等相关功能

对于SAP IBP的各个模块以及需求、供应、库存等各个业务而言，计划区域及其构成要素等的定义是全局一致的。

（2）基于内存计算技术HANA　SAP HANA的特点，比如精简的数据模型和表结构、并列计算和高运算速度等,可以在很多宣传和 SAP 的技术资料中了解到,本书就不再赘述。在这里,作者要特别提出来的是,从技术角度来看,任何一个计划软件的核心支撑,无非是算法和算力。算法代表了逻辑上的先进性,算力代表了物理上的先进性。对于计划软件的价值而言,两者缺一不可。这里展开来讲,现在大家热烈讨论的人工智能、机器学习等工业互联网技术,它们的部署方式必定是公有云,因为只有公有云才有可能提供这些技术所需的足够算力。

(3)友好的用户界面 SAP IBP 为用户提供了两种形式的用户界面:SAP Fiori Apps 和 Excel 附加程序,前者主要用于系统配置、数据维护和计划,后者主要用于结果查看、计划模拟、调整和决策等。基于角色的 SAP Fiori Apps 迎合了用户对移动化应用的要求,而 Excel 附加程序则更好地继承和迎合了专业计划人员对 Excel 的操作习惯和使用偏爱。尤其是 Excel 附加程序,基本可视为某种形式的 SAP IBP 客户端,可以实现系统登录、新计划视图创建、视图设置、数据录入、仪表盘预警、场景创建、计划模拟、与其他客户端协同等多种功能,基本可支持计划员完成他(她)主要工作。SAP IBP 的 Excel 附件程序界面见图 3-7。

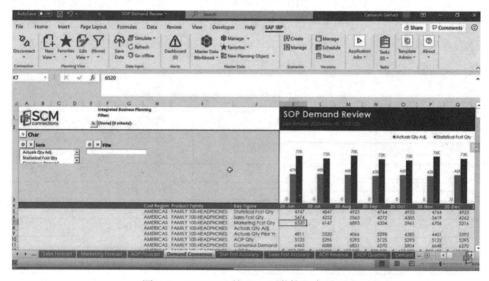

图 3-7 SAP IBP 的 Excel 附件程序界面

(4)基于高级分析技术的预测 很多企业的 S&OP 难以有效运行的主要原因之一是难以做准、做好销售预测。SAP IBP 开发和整合了丰富的高级分析技术来帮助企业做好销售预测,如单一指数平滑、双参数指数平滑、三参数指数平滑、自动指数平滑、简单平均、简单移动平均、加权平均、加权移动平均、Croston 方法、多维线性回归（MLR）等。据 SAP 公司宣称，有的客户使用 SAP IBP 做销售预测，预测准确率可高达 83% 以上。作者无意给 SAP IBP 做广告，但如果能够借助软件来提高销售预测的准确性，无疑对于企业用好 IBP 是极其有帮助的。

（5）社交化计划协同　既然社交媒体已经成了人们之间交流和协作的主要形式，SAP 也不想免俗，推出了社交化协同产品——SAP Jam。为了提高企业内市场、销售、财务、运营、供应等不同部门和岗位的销售预测和计划协同效率，SAP IBP 整合了 SAP Jam 的协同功能，用户可以使用链接、博客、微博、讨论室、任务等形式分享计划结果，并就计划做协同。

另外，在系统集成方面，SAP IBP 可以通过 SAP CPI/SDI 等形式的数据服务与其他 On-Premise 部署的系统或云部署的系统做数据交互和流程集成。

3. SAP IBP 的功能模块

SAP IBP 早期的功能模块是帮助企业做 S&OP 的，因此 S&OP 的数字化是 SAP IBP 的功能主轴，之后所开发的其他模块主要是围绕 S&OP 的深化来进行开发和完善的。从功能角度上看，SAP IBP 主要包括六个模块：供应链控制塔（Supply Chain Control Tower）、销售与运作计划（IBP for S&OP）、需求计划（IBP for Demand）、库存优化（IBP for Inventory）、供应计划（IBP for Supply），以及快速响应（IBP for Response）。我们可以用一个屋型框架图来表示，如图 3-8 所示。

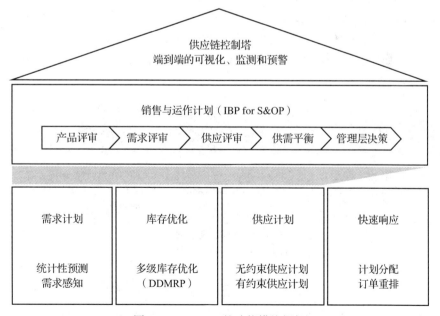

图 3-8　SAP IBP 的功能模块框架

图 3-8 所示的框架中，处于核心位置的是销售与运作计划，也是 SAP IBP 开始的雏形。SAP IBP 的其他模块，如需求计划、库存优化、供应计划等模块其实是销售与运作计划中子功能的深化或延伸。举例来说，销售与运作计划也有做销售预测的功能，但只能做统计性的销售预测，而需求计划中则有更丰富、更高级的预测算法，另外还提供了需求感知的功能，可以帮助企业提高销售预测的准确性。因此，理解了销售与运作计划的主体功能，其实也就了解了 SAP IBP 的主体逻辑。下面，我们就简要、逐一地了解下 SAP IBP 的这几个功能模块。

（1）供应链控制塔　供应链透明化是供应链管理和优化的主要举措之一。通常，在供应链透明化方面，企业往往会碰到以下一些问题：

1）没有一个集成的解决方案来共享供应链计划。
2）不能对供应链的相关数据进行模拟。
3）从不同的系统中提取数据非常耗时。
4）相关人员为了了解当前的状况需要咨询多人。
5）很难监控问题的解决过程。
6）很难指导关键业绩指标（Key Performance Indicator，KPI）的达成。

SAP IBP 供应链控制塔模块的设计理念就是帮助企业实现供应链的透明化。供应链控制塔模块类似于供应链管理驾驶舱或作战室，它提供了供应链端到端的可视化、KPI 监测和业务预警。在供应链控制塔，用户可以定义与供应链运行有关的 KPI 并对之进行监控和分析，也可以根据业务场景的需要设置业务报警，以对供应链异常情况进行预警。另外，用户也可以将 KPI 或预警信息以任务的形式转发或下达给其他同事，供同事参考或进行后续处理。SAP IBP 供应链控制塔模块的功能概览见图 3-9。

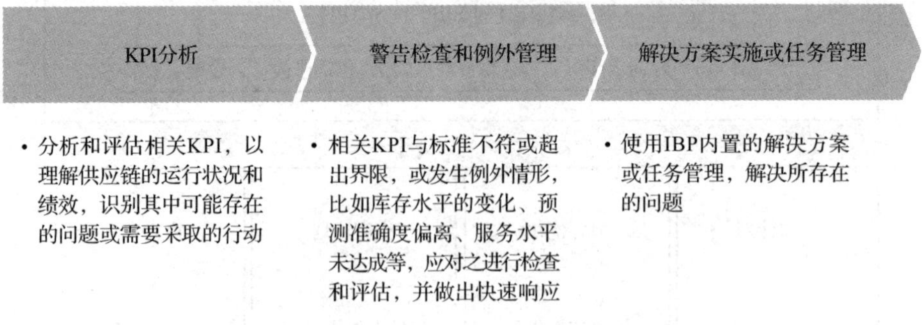

KPI分析	警告检查和例外管理	解决方案实施或任务管理
• 分析和评估相关KPI，以理解供应链的运行状况和绩效，识别其中可能存在的问题或需要采取的行动	• 相关KPI与标准不符或超出界限，或发生例外情形，比如库存水平的变化、预测准确度偏离、服务水平未达成等，应对之进行检查和评估，并做出快速响应	• 使用IBP内置的解决方案或任务管理，解决所存在的问题

图 3-9　SAP IBP 供应链控制塔模块的功能概览

作者在前文中曾经提到，供应链管理不佳的主要原因之一是供应链的"牛鞭效应"，而供应链"牛鞭效应"之所以会产生是由于供需信息的不对称。因此，提高供应链的可视化和供需信息的双向透明，对于消除供应链"牛鞭效应"是非常有帮助的，供应链控制塔模块的设计应该也有这方面的考虑。

（2）销售与运作计划　销售与运作计划的数字化是 SAP IBP 的主要工作逻辑。从子功能或计划流程的角度看，销售与运作计划的运行包括产品评审、需求评审、供应评审、供需平衡和管理层评审等步骤，具体如图 3-10 所示。

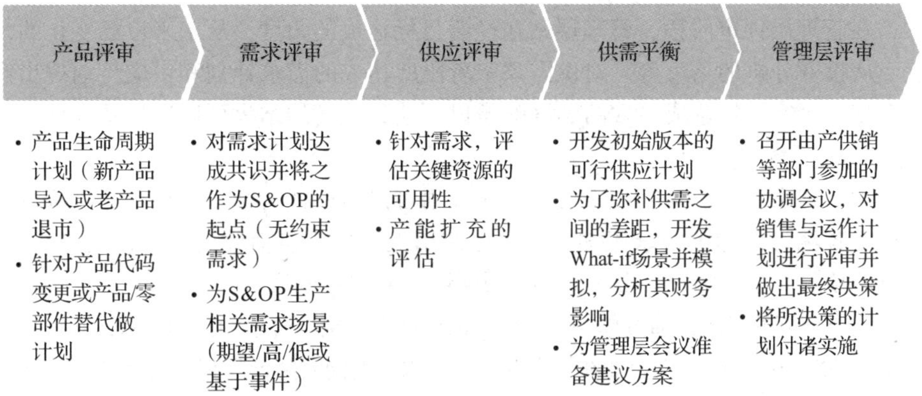

产品评审	需求评审	供应评审	供需平衡	管理层评审
• 产品生命周期计划（新产品导入或老产品退市） • 针对产品代码变更或产品/零部件替代做计划	• 对需求计划达成共识并将之作为S&OP的起点（无约束需求） • 为S&OP生产相关需求场景（期望/高/低或基于事件）	• 针对需求，评估关键资源的可用性 • 产能扩充的评估	• 开发初始版本的可行供应计划 • 为了弥补供需之间的差距，开发What-if场景并模拟，分析其财务影响 • 为管理层会议准备建议方案	• 召开由产供销等部门参加的协调会议，对销售与运作计划进行评审并做出最终决策 • 将所决策的计划付诸实施

图 3-10　SAP IBP 中的 S&OP 工作流程

产品评审就是要求企业在制定 S&OP 时，首先审视其产品分别处于产品生命周期的哪个阶段，因为不同的阶段会有不同的需求表现。例如，处于成长期的产品，其正常的市场需求应该是快速增长，因而增长率会逐月提高；又如，成熟期的产品，其正常的市场需求应该是相对平稳，明年与今年（同比），或下月与本月（环比），应该不会有超过两位数的市场需求增长率；其他依次类推。在产品评审阶段，企业尤其要关注即将导入市场的新产品和即将退市的老产品，因为两者的市场需求波动会很大，而对于即将退市的产品，还要做好备品备件的计划。

在需求评审阶段，企业可以根据历史销售数据来做未来时间段的销售预测，常用的预测技术是线性回归等统计性预测。系统给出的预测结果只是一个参考，销售人员需要根据市场的实际变化或自己对市场的理解来做相应调整，最终与区域经理或更上一级的销售负责人进行沟通，以达成一个大家都能认可的需求计划。需要提出的是，需求预测的对象可以是产品、产品组、产品家族或 SKU，企业需要根据自己的实际情况做出相应的选择，这其实也是前文谈到的数据模型所涉及的内容。

在供应评审阶段，计划人员需要根据需求计划来做供应计划，比如供应链各节点的库存分布、安全库存水平的设置、生产计划、采购计划等。SAP IBP 提供了类似于 MRP 的多层供应计划 S&OP Heuristic（一种软件算法）来帮助企业制订供应计划。

在供需平衡阶段，销售部门与生产部门、研发部门、采购部门、财务部门等一起进行供应计划和需求计划的评审，并可能通过粗能力需求计划来评估需求能否满足，财务部门也可从预算的角度来看需求计划和供应计划的可行性。当供应不能足额满足需求时，还可能需要对需求做优先级评估和设置。

在管理层评审阶段，管理层站在经营目标达成的角度，从未来市场变化的角度、从投资分析的角度等，对供需评审阶段所达成的需求计划和供应计划提出修改意见。最终，将达成一致的 S&OP 予以下达，下达的结果可以通过系统接口传送到 ERP 系统中。

（3）需求计划 从功能来看，需求计划可以简单视为基于高级统计分析技术的销售预测，再加上需求感知。在具体使用上，先后包括数据准备、数据清洗、统计性预测、需求感知、市场输入和预测结果发布等步骤。

需求计划的目的是通过单一、综合的需求计划，结合合适的预测技术，来提高销售预测的准确性，以帮助企业在提高客户服务水平的同时降低库存，具体见图 3-11。

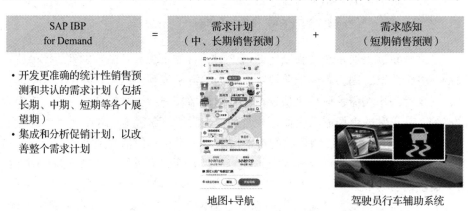

图 3-11 SAP IBP for Demand 功能示意

在功能特点上，基于高级统计分析技术的预测主要是面向中、长期的，是为了应对未来的不确定性的需求计划过程，主要依赖于历史需求数据和趋势的分析；而需求感知则是在短期所做出的，为了让中、长期预测更准确、更可靠，主要依赖的是当前或最近一段时间的需求数据和需求模式的分析，或是根据最近一段时间的销售订单等实际需求来感知需求的规律，必要时，对短期的销售预测进行修正。

在时间跨度和执行频率上，中、长期预测以时间段，按月进行，而需求感知则是以日为时间段，每天进行。

另外，需求感知的数据颗粒度往往也比中长期预测数据的颗粒度要细，细到具体的产品、位置、客户和日期。

在工作流程上，SAP IBP for Demand 中的需求计划包括数据准备、数据清洗、统计性预测、需求感知、市场等部门相关人员的手工调整和预测结果的发布等工作步骤：

1）数据准备，主要是确保所需的主数据和交易数据已维护并可用。

2）数据清洗，识别并移除历史数据中的异常值（不可重复的特殊事件、库存短缺等）和修补缺失的数据，以杜绝其对统计性预测算法的扭曲。

3）统计性预测，将统计性预测算法应用到历史需求数据中，以生成需求预测基线。其中，可供使用的统计性预测模型或工具有自适应响应率单指数平滑、自动指数平滑、间歇性需求预测、双参数平滑、简单平均、简单移动平均、三参数指数平滑、加权平均、加权移动平均等时间序列模型和多元线性回归（MLR）等因果分析模型。

4）需求感知，应用高级模式认知方法并基于多种输入做预测（销售历史、已计划促销等），以提高短期预测的准确性。需求感知可以感知短期（6～8周）的日常性需求，通常每周或每天运行，以洞察最新的需求变化（比如新销售订单）。

相比较传统的需求计划，需求感知基于更准确、更大量的实际需求数据，故而可以得到一个短期内更为准确的销售预测。在业务价值方面，需求感知以非常小的提前期来对需求变化做出快速应对，有助于达成更好的服务水平，避免库存短缺和高成本的救火式运营。在技术特点上，需求感知的核心是通过相关算法对近期历史需求的特点或趋势做出模式认识，并结合它来做短期预测的修正。

5）人工调整，根据最新的市场分析或对未来的了解手工调整所生产的统计性预测数据，该工作步骤的信息来源通常为市场或销售一线。

6）预测发布，就预测数据达成一致意见并作为最终版本予以发布，供其他部门或后续流程使用，其工作步骤见图 3-12。

（4）库存优化　企业满足市场需求的供应手段主要有两种：在手库存和生产能力（或供应计划）。为了提高客户服务水平，缩短订单交付时间，在供应链的各个节点设置一定量的库存是非常有必要的，IBP for Inventory 模块就是帮助企业进行和优化供应链各个节点的库存设置，其业务价值示意见图 3-13。

供应链各个节点的库存必须设置在合理的水平，太高了会导致库存积压，太低了可能出现库存短缺。IBP for Inventory 模块可以结合 DDMRP 的算法，通过多级库存的合理库存水平设置来优化供应链库存。

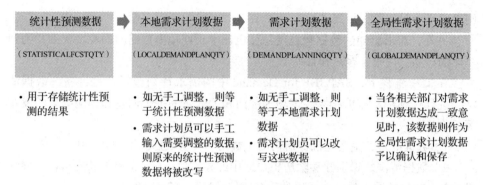

图 3-12　SAP IBP for Demand 中销售预测的一致意见达成

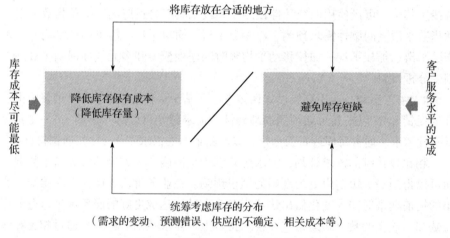

图 3-13　IBP for Inventory 模块的业务价值

在工作流程上，库存优化主要包括录入数据的验证、运行和评审库存计划、What-if（如果）分析、库存计划的批准和更新等工作步骤：

1）录入数据的验证，验证主数据和交易数据，如批量大小、安全库存、提前期、服务水平、预测数据等。

2）运行和评审库存计划，使用单级或多级库存优化算法，以生成所推荐的安全库存水平。

3）What-if 分析，模拟多种情形的库存保有量对服务水平和供应链的影响。

4）库存计划的批准和更新，做出最终的安全库存水平决策，作为输入，供其他流程（如 S&OP、运营计划等）或部门使用。

（5）供应计划和快速响应　为了满足前面讲的市场需求，企业需要制订相应的多种时间段和层次的供应计划来满足库存之外的其他需求，这主要通过 IBP for

Supply 和 IBP for Response 模块来完成。不同展望期的供应计划见图 3-14。

计划展望期	短期	中期	长期
时间段	按日	周度	月度
计划层次	响应（Response）	运营计划	战略计划
计划活动举例	·供应计划的调整 ·对销售订单或预测偏差做出响应 ·销售订单确认 ·为有约束供应计划做出分配安排	·根据需求预测和销售订单开发生产、采购或转储计划 ·预测驱动的补货计划 ·解决预计供应中所存在的问题	·中长期供应计划 ·供应商开发和协同 ·管理层对公司级计划做出决策
	↑ 需求感知	↑ 需求计划	

图 3-14　不同展望期的供应计划

在具体功能上，IBP for Supply 主要用于制订无约束的供应计划，以及基于物料可用性和产能约束的有约束供应计划。IBP for Response 则用于帮助企业应对短期的市场需求波动，以及波动下的快速响应。当供应不能满足市场需求，或有紧急的销售订单时，系统需要对需求的优先级进行重新设置，并对近期的供应计划进行重排。

从细节来看，IBP for Supply 和 IBP for Response 模块包括多层计划、粗能力计划、供应计划、响应管理、例外管理、嵌入式分析等技术能力：

1）多层计划，对多位置和多级 BOM 进行建模以覆盖整个供应链，并运行 What-if 分析。

2）粗能力计划，基于时间序列粗能力计划，可以同时考虑能力和物料的约束。

3）供应计划，使用基于 Heuristic 的算法或优化技术来开发战术级供应计划。

4）响应管理，创建订单层的供应计划，通过优先级规则对销售订单进行供应分配或再承诺。

5）例外管理，帮助计划员识别物料、资源等方面的问题，并确定最佳解决方案。

6）嵌入式分析，关键数据或 KPI 的可视化。

在工作流程上，IBP for Supply、IBP for Response 供应和响应管理包括输入捕捉、需求优先级排序、运行有约束的供应计划、场景计划、供应和响应计划的最终确定等工作步骤：

1）输入捕捉，为了供应S&OP中所计划的需求或安全库存，通过接口获取需求、库存等数据，收集来自ERP等系统中的数据以便于做出快速响应。

2）需求优先级排序，作为响应计划的一部分，对近期需求进行分类和优先级排序，以产生短期可行的供应计划。

3）运行有约束的供应计划，为短期或中期生成一个成本优化的供应计划，并作为响应计划，根据需求的优先级来创建短期优先供应计划。

4）场景计划，模拟短期供应计划的变化，以理解其影响，模拟中期产能或需求的变化，并评估所建议的新的供应计划。

5）供应和响应计划的最终确定，在相关信息的支持下对供应和响应计划做出最终决策。

4. SAP IBP 与供应链管理

接下来，我们可以回顾一下企业在订单交付和供应链管理等方面所面临的挑战，以及SAP IBP所提供的对应解决方案。

企业的订单交付和供应链中通常面临信息不透明、供需信息不同步、销售预测的准确率不高、供应链网络库存设置不合理、复杂的供应链网络，以及如何对需求波动做出快速响应等挑战，而SAP IBP都提供了相应的解决方案，如图3-15所示。当然，其应用效果还需要在企业实践中予以验证和不断优化。

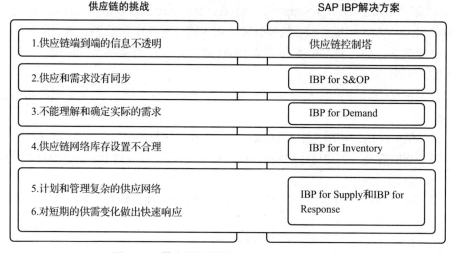

图 3-15 供应链的挑战及 SAP IBP 解决方案

另外，根据 SAP 公司的介绍，SAP IBP 的实施和应用，可以帮助企业带来销售预测准确性提升、订单准时交付等方面运营绩效的改善，具体见图 3-16。

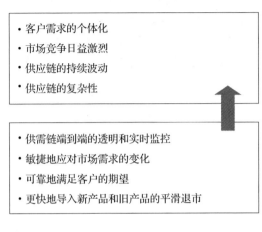

图 3-16　SAP IBP 的业务价值示例

当前，大家谈智能制造和制造业的数字化转型谈得比较多。从制造能力的构成上看，所谓的智能制造应该包括制造工程（制造技术数据的管理）、计划和排程、制造执行、物流和作业的自动化（工厂自动化）、预测性分析和制造洞察、环境健康和安全（绿色制造）等。销售预测和业务计划，无疑是其中的重点和难点，也许 SAP IBP 等销售预测和计划管理平台的应用，可以帮助制造性企业做好订单交付的数字化转型。

3.4　本章小结

在企业实践中，销售预测很难做，但是如果做好了，企业将受益很大。要想做好销售预测，首先要求我们对销售预测要有正确的态度。销售预测不可能 100% 准确，但至少可以将其准确性提高到 80% 以上，然后再将剩下不到 20% 的不确定，交给快速响应和供应链的柔性来解决。

预测方法的核心在数据模型和预测算法。借助基于时间序列的算法，可以帮助我们找到未来发展中的周期性规律；借助因果模型，可以帮助我们找到自变量与因变量之间的关系，从而通过控制自变量的变化来影响因变量的变化。如果将上述两种预测方法结合起来，使用得好的话，可以帮助企业将其销售预测的准确性提升到 80% 以上。

基于用户画像、数字化触点监控、行为分析等技术之上的需求洞察，可以帮助企业找到短期性需求变化的规律，进而推测未来一段时间的客户需求。又或者，需求洞察至少可以缩短从感知到洞察，再到决策，再到行动的闭环周期，从而提高营销决策的质量，这也是所谓的"新零售"要优于传统零售的关键所在。

简而言之，在订单交付体系和能力的数字化重塑中，销售预测和需求感知领域的重塑，其设想最容易落实，效果也最为明显。

Chapter 4 | 第 4 章

客户订单与需求管理

对企业的订单交付和卓越运营而言,做好市场需求和销售预测是关键的一步,但这还远远不够,企业还需要进一步考虑如何应用销售预测来指导供应链活动,以更好地满足客户需求。

我们知道,企业要想令客户满意,并且实现生产和供应的经济性,必须做好供应与需求之间的精确匹配。在实际执行中,客户需求与供应活动往往存在多种矛盾:

1)时间上的矛盾。客户提交订单以后总是希望能够马上拿到自己所订购的产品(客户所期望的订单交货周期最好为0),而企业组织零部件的采购、产品的生产和供应往往需要一定的时间,有时短则一两天,长则数周,乃至数月。

2)批量上的矛盾。客户的订购批量一般不大,有时的订购数量是1个,而企业按照单个产品来组织生产就很难有经济性可言,通常会按一定的经济批量来组织生产。

3)位置上的矛盾。客户所处的位置往往是全国各地,乃至全球的各个角落,而企业的生产工厂和配送中心通常集中在某几个区域。

为了平衡上述矛盾,显然企业的供应活动不可能等收到客户订单后才进行,而客户的供应活动包括工程设计、原材料或外协采购、零件加工、半成品生产、成品装配、成品发运、区域配送中心缓存等多种形式,供应活动开始得太早或太晚都会有问题,而哪些供应活动,在什么时间点开始,这就涉及供应链活动解耦点的选择。

4.1 解耦点选择

所谓解耦点，指的是在供应链中，以销售预测来驱动的供应链活动和以客户订单来驱动的供应链活动之间的临界点。换句话说，在解耦点以前，所有的供应链活动都是由销售预测来驱动的，这也是销售预测的业务价值所在，以销售预测来驱动供应链活动的触发机制又称为"推式（Push）"供应链组织；在解耦点以后，所有的供应链活动都是由客户订单来驱动的。正是因为有解耦点选择的不同，才有所谓的 MTS、ATO/CTO、MTO、ETO 等不同形式和内容的生产模型。

在面向库存生产（MTS）的生产模式中，供应链解耦点在成品总装与分销发运之间，具体见图 4-1。也就是说，在接到客户订单之前，工程设计、原材料或外协采购、零件加工、成品装配等供应链活动已经完成，其活动依据是企业的销售预测。在接到客户订单以后，企业才开始进行产品的分销发运等其他供应链活动。当然，在 MTS 的生产模式中，客户订单的交货周期通常是最短的，但如果销售预测的准确性比较低，就会发生物料呆滞和库存积压等现象。

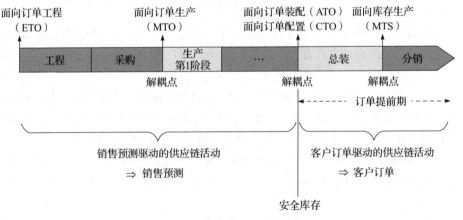

图 4-1 供应链解耦点的选择

在面向订单装配（ATO）的生产模式中，供应链解耦点在半成品加工和成品总装之间。也就是说，在接到客户订单之前，工程设计、原材料或外协采购、零件加工的供应链活动已经完成了，一旦接到客户订单，企业就开始组织成品装配等后续供应链活动。至于面向订单配置（CTO），与 ATO 的差异之处主要体现在客户下单时，允许客户按自己的需求或偏好选择产品的相关配置或特性，前提是产品是可配置产品。

在面向订单生产（MTO）的生产模式中，供应链解耦点在原材料或外协采购与零件加工之间。也就是说，在接到客户订单之前，工程设计、原材料或外协采购是根据销售预测来组织并已完成的，而零部件加工、成品装配等后续供应链活动则是在接到客户订单后才开始的。在 MTO 生产模式中，其订单交付周期通常要比 MTS 模式长得多，但发生半成品、成品呆滞和库存积压的可能性很小。

在面向订单工程（ETO）中，基本上，绝大部分供应链活动，包括工程设计、原材料或外协采购、零件加工、成品总装等，都是在接到客户订单以后才开始的。在 ETO 模式中，企业如果做市场需求和销售预测，预测数据也只是用于指导产品架构和平台的开发、工厂建设和生产能力的准备、员工招聘和培训等，产品的定型或改型设计都是要接到客户订单以后才开始的。

在 ATO/CTO、MTO 等生产模式中，以销售预测来指导部分供应链活动的组织和执行，显然还需要对销售预测的数据做适当的处理或转换。以 ATO 模式为例，销售预测的对象通常是成品，而 ATO 模式中原材料和外协采购、零件加工等供应链活动的工作对象是原材料或零部件。

另外，从理论上讲，销售预测的制定在客户订单的接收之前。但是，在企业的实际运营中，具体某个产品，销售预测的制定和客户订单的接收往往是同时进行的，不同之处主要在于各自的展望期，销售预测的展望期有长期、中期和短期，而客户订单的交货周期往往较短，时间上会与短期的销售预测重叠。既然销售预测和客户订单所代表的都是客户需求，当所接收的客户订单与短期销售预测在时间上出现重叠时，它们之间应该要做时间和数量上的合并处理，然后再传递到供应环节去指导供应的开展。至于销售预测与客户订单如何合并，取决于企业的业务需求和计划管理。

如上所述，无论将成品的销售预测转换为原材料或零部件的生产计划输入，还是销售预测与客户订单之间合并逻辑的定义，都需要企业设计相应的流程和机制来进行，也就是所谓的需求管理。

4.2 需求管理

对企业而言，总是要寻求需求与供应的精准匹配和动态平衡，以保证既不丢失任何市场机会，又不要让库存太高。为此，企业不仅要做准、做好市场需求和销售预测，还要考虑如何用销售预测去指导采购、生产、分销等供应活动，且尽量保证这些活动的最优。

以 ATO 生产模式为例，企业的原材料或外协采购和零部件生产等活动是通过销售预测来驱动的。为了保证供应活动的规模化、均衡化，企业肯定会以经济批量或单件流的重复式生产来组织这些供应活动，这就要求既不能供应过度，又不能供应不足。落实到实践中，一则是如何合理使用成品的销售预测数据，二则是销售预测与客户订单之间合并逻辑的定义。

供应链的解耦点，既是销售预测驱动的供应链活动与客户订单驱动的供应链活动的衔接点，又是需求信息（包括销售预测与客户订单）向上游供应环节进行传递的临界点，具体见图 4-2。

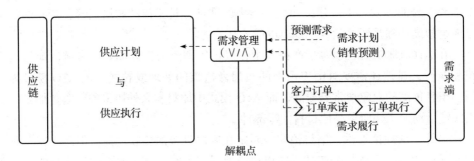

图 4-2　解耦点上的需求管理

从需求信息的内容来看，销售预测和客户订单都代表市场需求，销售预测的内容覆盖更广、时间展望期更长，但信息可能失真，实际上做不到 100% 的准确；客户订单的内容更特定、时间展望期更短，但信息却基本真实。从集合的角度来看，客户订单数据理论上应该是销售预测数据的子集，但因为销售预测的部分失真，客户订单数据与销售预测数据实际上可能是存在交集的两个不同数据集。

当销售预测数据集与客户订单数据集是两个存在交集的不同数据集，但它们又都代表客户需求时，如何应用它们各自所代表的客户需求数据去驱动上游的供应活动，需要企业根据自己的业务策略来做出相应的选择，如图 4-3 所示。

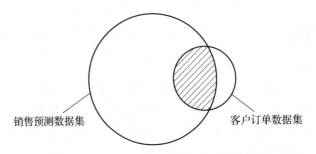

图 4-3　销售预测数据集与客户订单数据集

从集合的角度来看，对于销售预测数据和客户订单数据，企业可以有以下几种选择：

1）将它们视为不存在交集的不同数据集，将销售预测数据和客户订单数据进行汇总来驱动上游供应活动。

2）将它们的交集进行同类项合并抵消，只将不存在重复的需求数据传递到上游供应环节。因为客户需求存在产品品种、交货地点和交货时间等具体要求，同类项合并抵消的逻辑也考虑上述因素。比如，产品品种相同，但交货地点或交货时间不同的，是视为相同需求，还是视为不同需求等。

3）只传递销售预测数据或只传递客户订单数据，并驱动上游供应环节的计划和执行。

销售预测数据与客户订单数据之间合并逻辑的定义，取决于企业在市场需求和供应链管理上的策略选择。如果企业是市场机会偏好型的，倾向于把销售预测和客户订单都当成销售机会，可能就不做销售预测数据与客户订单数据的同类项抵消了，或者把只要是产品品种、交货地点或交货时间中有一个因素不同就视为不同的客户需求。如果企业是低成本或低风险偏好型的，可能就倾向于只按客户订单来组织供应，或是只把产品品种不同的才视为不同的客户需求。

除了销售预测数据与客户订单数据之间合并逻辑的定义，企业有时还需要把成品预测数据或客户订单数据转化为半成品或低阶物料的需求，这需要成品的物料清单（制造 BOM）等数据的支持，或者干脆在分总成层面做销售预测，或是针对产品的配置特性做预测，这也属于需求管理的工作内容。

4.3 需求满足

在供应链的需求端，除了销售预测（又称需求计划）、需求管理外，还有一个重要的工作是需求满足（Demand Fulfillment），后者包括订单接收和审核、可用性承诺、订单排程、订单变更管理、订单协调、拣配和包装、发运，以及订单满足全过程的可视化等。

为了让客户满意，实现订单满足上的高绩效（订单交货周期短、订单满足率高、订单交付及时等），企业不能被动地响应客户需求，而要以主动的方式，对需求满足的全过程，尤其是订单满足中的订单接收和审核、可用性承诺、订单排程、订单变更管理、订单协调等工作环节进行重点关注和有针对性的管理。需求满足中的重点工作和管控点见图 4-4。

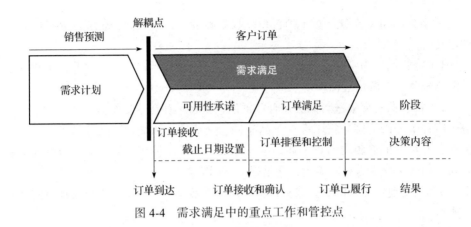

图 4-4　需求满足中的重点工作和管控点

在订单接收和审核环节，企业接收到客户订单后，需要对客户订单的内容进行审核，比如所订购的产品及配置是否选择正确和可行，订购价格及相关优惠是否正确，订单的交货日期是否填写正确等。如果是现金销售，要检查付款是否已到账；如果是赊销，要检查客户的信用额度是否足够。

如果客户订单的内容无误且符合信用条件，企业就需要启动可用性检查流程，检查是否能满足客户所指定的交货日期，或是建议一个能够发货的日期，也就是所谓的可用日期或订单交货截止日期。如果客户指定的交货日期无法满足，而客户又不愿意妥协成其他日期，那该客户订单就要拒收。

1. 可用性检查

所谓可用性检查，也叫可用性承诺（Available to Promise，ATP），指的是企业将供应链各节点的产品或者资源与客户订单所订购的产品进行品种、交货地点和交货时间等方面的供需匹配，以决定企业是否能够，以及何时可以将客户所需的产品交付给客户。

针对生产模式的不同，尤其是 ATO/CTO/ETO 等模式下，客户订单的可用性检查流程会比较复杂，这可以从可用性检查的层次、运行模式、与 ERP 系统的交互等方面窥见一斑，具体见图 4-5。

在可用性检查的层次上，可用性检查可以在客户订单所订购的成品层面来展开，也可以在成品生产所需的零部件、生产能力等层面来展开。如果既可以在成品层面，也可以在成品生产所需的零部件或原材料层面来进行可用性检查，这种可用性检查就称为多层可用性检查。

简单的多层可用性检查是不考虑资源的约束条件的，是无约束的可用性检查，往往在可执行性上会打折扣，也不能保证订单准时交付的可靠性。如果考虑到资源的可用性，比如外协供应商的供货能力、自身生产线或设备的生产能力，也就是资源有约束条件下客户订单的可用性，这种可用性检查又称为可用能力承诺（Capable-to-Promise，CTP）。从简单的多层 ATP 到 CTP，可用性检查的可执行性更强，订单准时交付的可靠性也能够得到保证，当然其背后的流程和算法也更复杂。

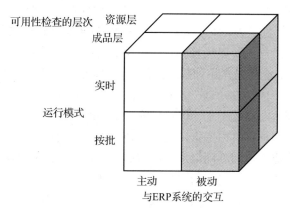

图 4-5 可用性检查的内容和形式

在可用性检查的运行模式上，有实时的可用性检查和按批的可用性检查。实时的可用性检查，在客户订单录入时，就能马上给出可用性检查的结果，这需要有很强的算力做支持。按批的可用性检查，客户订单录入以后，并不能马上得到可用性检查的结果，而是等待一定的时间，相关 IT 系统按批处理完可用性检查以后，再反馈可用性检查的结果。

在做可用性检查时，客户订单的录入系统需要与后台的 ERP 等 IT 系统进行数据交互。如果订单录入系统只能被动地接收 ERP 等 IT 系统的可用性检查结果，就是被动的可用性检查。如果订单录入系统能够修改并影响 ERP 等 IT 系统所反馈的可用性检查结果，就是主动的可用性检查。

在需求满足过程中，企业往往还会对客户订单进行优先级排序，这通常也由可用性检查系统或模块来完成。简单的订单优先级排序一般采用的是"先到先得"的逻辑，先录入系统的客户订单比后录入系统的客户订单享有更高的优先级。在企业的供应能力有限时，采取"先到先得"的优先级逻辑，有可能只满足了低销售毛利的客户订单或低重要度的客户，而不能满足高销售毛利的客户订单或高重要度的客户，这显然不符合企业的商业利益。

为了兼顾需求满足、销售利润和客户服务水平等方面的诉求，企业往往会对客户或供应能力进行分类，把有限的供应资源优先服务于销售毛利高的客户订单或重要程度高的客户，典型的例子是航空公司中头等舱、商务舱和经济舱的座位分类管理，以及汽车企业中旗舰版、豪华版、商务版、经济版等类型的产品分类管理。

以汽车企业为例，当生产能力不能完全满足客户的订单需求时，企业会把有限产能优先分配给销售毛利更高的旗舰版或豪华版车型的生产，然后才是商务版车型和经济版车型的生产，对应的客户订单可用性检查逻辑也需做相应的设计，而这种逻辑的可用性检查，又称为基于客户搜索的可用性检查或产品分配。

除了上述搜索规则的可用性检查（从数字化技术的角度看，可用性检查类似于"搜索引擎"），企业还常用到基于替代的可用性检查，替代的情形有时间替代、位置替代和产品替代，或者是三者的组合。所谓时间替代，指的是客户订单中所指定的交货时间暂时满足不了，但在更晚一些的时候有相同的产品可用；所谓位置替代，指的是客户订单中所指定的交货地点没有可用供应，但在其他交货地点有同种产品的供应，比如不同渠道或经销商的库存；所谓的产品替代，指的是客户订单中所指定的产品在指定的交货时间或交货地点无法满足，但有与该产品的功能特点极为相似的其他产品供应可用。三者的组合，则是上述三种替代情形中的两种或三种都进行检查，从而确定可用供应。

2. 订单管控

在需求满足的过程中，即使企业已经审核并通过了客户的订单，订单的可用性检查结果和截止交货日期能够满足客户的需求，客户的需求也有可能发生变化：要么是不想要了，要么是想换购其他产品或是更改产品的配置，要么是修改交货日期，要么是订购数量发生调整（多买或少买），等等。

任何形式的客户订单变更，都将对企业的上游供应活动产生不同程度的干扰，且变更的时间越晚，变更的范围越大（品种变化或数量变化），对上游供应活动的影响也越大，进而导致订单交付成本的增加，或是订单不能按客户变更后的内容及时交付，最终也必将是客户满意度的下降。因此，企业必须对客户订单进行必要的管控，尤其是对订单变更的管控，并做好订单满足过程中销售、生产、物流等部门的高效协同，并以订单满足全过程的实时透明来及时地发现各种异常，具体见图4-6。

企业必须明确规定订单可修改的期间（通常是工厂下达关联生产订单的前多少天），超过此期间，就不再接受客户对订单内容的变更。当然，针对不同的客户类型，或是不同重要程度的客户，订单可修改期间的定义可以不一样。

在具体细节上，订单可修改期间还需根据客户订单的变更内容做进一步的细分。例如，在相关生产订单下达（后文简称：生产下达）前10天以上的时间范围内,允许变更所有的内容,包括订单的取消;在生产订单下达的前 10 天到前 7 天,允许变更订单中的产品品种;在生产订单下达的前 7 天到前 3 天,允许减少所订购产品的数量;在生产订单下达的前 3 天内,允许变更订单中订购产品的配置;等等。

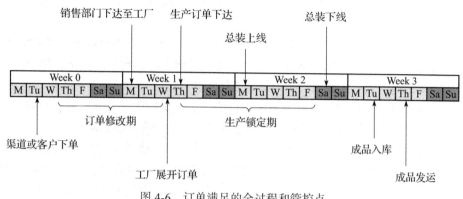

图 4-6 订单满足的全过程和管控点

需要再次强调的是,客户订单的内容发生变更后,需要重新做需求满足流程中订单审核和可用性检查等相关工作。

随着互联网和社交媒体的普及,有的企业会将订单满足过程中的关键节点状态,通过企业官网、微信公众号或小程序、用户 App 等数字化渠道共享出来,供相关客户查询。

4.4 S/4HANA 中的计划策略

在 S/4HANA 中,与需求管理有关的销售预测数据与客户订单数据之间的合并逻辑,主要是通过需求类型、消耗模式等参数来定义的,再将之组合进行参数控制,以实现 MTS、ATO、CTO、MTO、ETO 等生产模式及供应链解耦点。当然,因为 S/4HANA 中的需求类型有十几种,所组合出来的计划策略也有十几种,除了能实现标准意义上的 MTS、ATO、CTO、MTO 等生产模式,还能实现这些生产模式的局部变种,但大体上还是可以分为 MTS 类计划策略和 MTO 类计划策略。

1. 消耗模式

所谓消耗模式,指的是当销售预测数据与客户订单数据存在重叠时,所重叠的数据是如何抵消的。S/4HANA 中的消耗模式，主要是从时间展望上来定义销售预测与客户订单的需求抵消，具体有以下四种模式。

消耗模式 1：仅后向消耗。当客户订单需求与销售预测需求出现重叠时，客户订单需求仅能消耗需求日期比它更晚的销售预测。系统允许用户设置一个消耗期间，比如 10 天，那么客户订单需求将先消耗其需求日期之后 10 天内的销售预测需求。

消耗模式 2：后向/前向消耗。当客户订单需求与销售预测需求出现重叠时，客户订单需求首先消耗需求日期在它之后消耗期间内的销售预测需求；如果之后日期的销售预测需求不够消耗，则继续消耗之前消耗期间的销售预测需求。

消耗模式 3：仅前向消耗。当客户订单需求与销售预测需求出现重叠时，客户订单需求仅能消耗需求日期在它之前消耗期间内的销售预测需求。

消耗模式 4：前向/后向消耗。当客户订单需求与销售预测需求出现重叠时，客户订单需求首先消耗需求日期在它之前消耗期间内的销售预测需求；如果之前日期的销售预测需求不够消耗，则在继续消耗之后消耗期间的销售预测需求。

图 4-7 是 S/4HANA 中 4 种消耗模式的消耗逻辑示意，图 4-8 是 S/4HANA 中消耗模式、消耗期间在物料主数据中的维护界面。

根据消耗期间的设定，客户订单需求不能消耗需求日期处于指定消耗期间之外的销售预测需求。如果用户没有维护消耗期间，则系统中的客户订单需求只能消耗需求日期与之相同的销售预测需求。客户订单需求对销售预测需求的消耗关系是动态的，当客户订单发生交货日期上的变更，或是销售预测做了更新时，上述消耗关系将重新计算。

2. 需求类型

作为控制参数，需求类型规定了销售预测是在哪个层面（成品层面，还是零部件层面，还是特征层面）来做的，以及销售预测数据和客户订单数据之间的勾兑逻辑。根据功能特点或业务控制的需要，S/4HANA 中定义了多种类型的销售预测需求（在 S/4HANA 中称为独立需求）和客户订单需求（在 S/4HANA 中简称为客户需求），两者的组合关系在 S/4HANA 的计划策略中来定义，具体见表 4-1。

3. 计划策略

S/4HANA 中的计划策略，是需求管理中供应链解耦点的选择、销售预测需求与客户订单需求的合并逻辑等管理要求得以落实的主要手段，它维护在物料的主数据中，并影响着客户订单的管理、主生产计划/物料需求计划等供应链活动的开展。

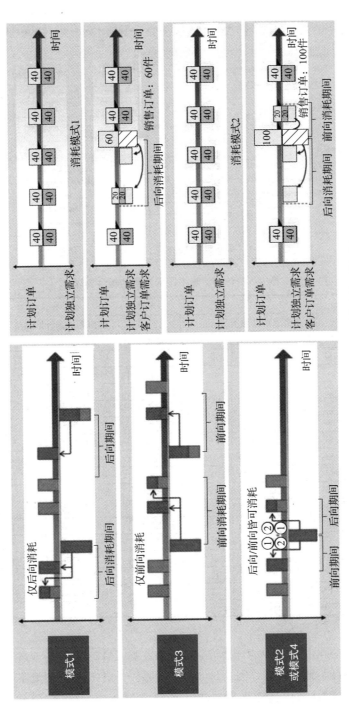

图 4-7 S/4HANA 中需求消耗模式的逻辑示意

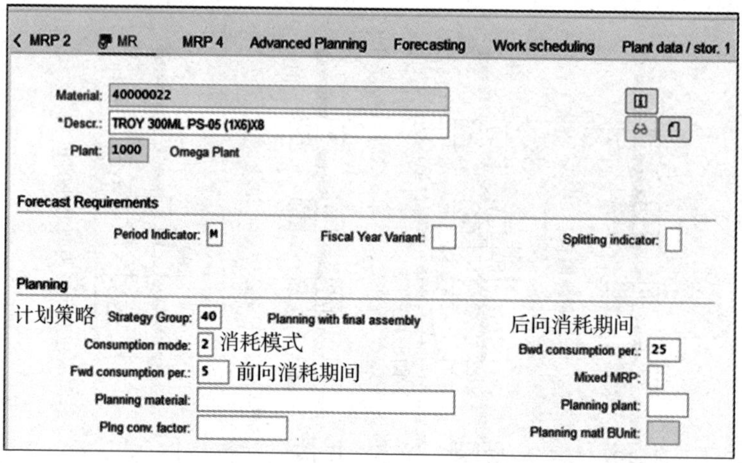

图 4-8 物料主数据中消耗模式、消耗期间的维护

表 4-1 计划策略中需求类型的组合列表

计划策略	需求类型			
	独立需求的计划类型		客户需求的计划类型	
10	LSF	MTS 生产	KSL	从库存中销售，不减少独立需求
11	BSF	毛计划独立需求	KSL	从库存中销售，不减少独立需求
20			KE	不带消耗的单个销售订单
25			KEK	带可配置物料的 MTO
26			KEL	面向物料变式的 MTO
30	LSF	MTS 生产	KL	按批量生产的销售订单
40	VSF	带最终装配的计划	KSV	带消耗的销售订单
50	VSE	无最终装配的计划	KEV	带消耗的 MTO
52	VSE	无最终装配的计划	KSVS	带消耗的销售订单
54	VSE	无最终装配的计划	KEKT	带消耗的 MTO
55	VSE	无最终装配的计划	KELV	无最终装配带消耗的 MTS
56	VSE	无最终装配的计划	KEKS	带特性计划消耗的 MTO
59	VSEB	计划，虚拟装配		
60	VSEV	计划物料的计划	KEVV	带计划物料消耗的单个客户
63	VSEV	计划物料的计划	KSVV	带计划物料消耗的 MTS
65	VSEV	计划物料的计划	ELVV	带计划物料的 MTO 变式
70	VSFB	面向总成的计划		

注：空格代表不适用。

大体上，S/4HANA 中的计划策略可分为三类，MTS 类计划策略、MTO 类计划策略和 ATO 类计划策略。因为具体细节的差异，MTS 类计划策略、MTO 类计划策略和 ATO 类计划策略又各有多种。

（1）MTS 类计划策略　MTS 类计划策略通常用于成品层面的销售预测，并根据销售预测来组织采购、成品生产、成品入库等供应活动，企业接收客户订单后直接从成品库发货来满足订单需求。表 4-2 所示是 MTS 类计划策略下的典型供应链活动的特点。

表 4-2　MTS 类计划策略下的典型供应链活动的特点

典型供应链活动	计划策略					
	40	30	10	11	52	63
销售预测（生产计划独立需求）	是	否	是	是	是	是
销售订单收到前的供应活动	是	否	是	是[2]	是	是
销售订单的处理	是[1]	是	是	是	是[1]	是[1]
销售订单收到后的供应活动	否	是	否	否	是	是
销售发货和计划独立需求的减少	是	是	是	是[2]	是	是

[1] 分配处理；
[2] 计划独立需求的减少。

下面，我们就简要地看看 MTS 类计划策略中最常用到的 40 策略的特点，具体如图 4-9 所示。大体上，计划策略 40 具有如下特点：

1）使用计划独立需求（销售预测）来触发所有部件的采购或总成的生产，包括最终装配。

2）创建销售订单后将消耗计划独立需求，未被消耗的计划独立需求可以被定期清零。

3）如果销售订单需求超过计划独立需求，系统将自动为超量的销售订单创建计划订单（补货建议），并在下一次 MRP 运行中进行处理。

4）客户需求对计划独立需求的消耗取决于消耗模式的选择和消耗期间的设置。

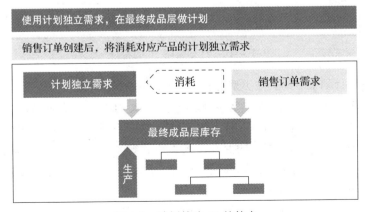

图 4-9　计划策略 40 的特点

（2）MTO类计划策略　在MTO类计划策略中，成品的生产是根据单个客户订单需求来组织和进行的，即只有企业接受了客户订单后才开始成品的生产。对于成品生产所需的零部件或原材料，根据具体计划策略的选择，企业可以通过对成品BOM下面的某个部件、分总成或计划物料来进行，而部件或原材料的采购，可以在接到客户订单后才开始，也可以在接到客户订单之前就开始。

下面，我们就简要地看看MTO类计划策略中最常用到的50策略的特点，具体见图4-10。大体上，计划策略50具有如下特点：

1）分总成及零部件可以在收到最终成品销售订单之前，按照计划独立需求来予以生产或采购。

2）计划独立于销售订单而发生，并以最终成品的计划独立需求来运行并产生相应的计划订单，该计划订单只有在收到销售订单之后才能转为生产订单。

3）最终成品的计划独立需求将生成总成或零部件的相关需求，当存在供应短缺时，这些相关需求所产生的计划订单可以转为生产订单或采购申请，以触发补货作业。

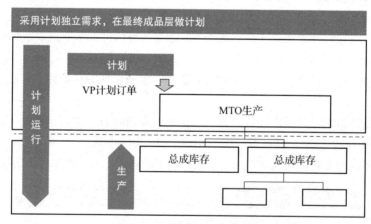

图4-10　计划策略50的特点

MTO类计划策略的其他类型还有20、60等。

（3）ATO类计划策略　大多数企业不太可能只有纯MTS生产模式（S/4HANA中的计划策略10），或是只有纯MTO生产模式（S/4HANA中的计划策略20），而是上述两种模式的混合，无非是更侧重于哪类而已。比如，MTS类计划策略中的40，有部分订单驱动的影子；而MTO类计划策略中的50，有部分计划（或销售预测）驱动的影子。

在需求管理和上下游信息协同上，ATO类计划策略具有以下特点：

1）在销售订单（或报价单，或询价单）创建时，系统在部件层面进行可用性检查。

2）销售订单的已承诺订单量是根据部件的最小可用量来做出的。

3）销售订单的已确认交货日期是基于部件的最晚可用日期做出来的。

4）销售订单中订购数量和日期的变更将影响上游生产和采购活动，上游生产和采购活动中的数量或日期变更将影响销售订单的可承诺量和确认日期。

5）当选择"带装配处理"的计划策略时，销售订单的创建将自动触发装配订单的创建，装配订单的具体形式可以是计划订单、生产订单、流程订单、（项目）网络等。

根据产品的结构和工艺特点，在供应链的组织和管理上，ATO/CTO 介于纯 MTS 与纯 MTO 之间。在 S/4HANA 中，ATO 类计划策略有 81（带计划订单的装配处理）、82（带生产订单的装配处理）等，前者的装配过程由计划订单来驱动，后者的装配过程由生产订单来驱动。本书中，作者就不对此做详细的参数，有兴趣的读者可以查阅 S/4HANA 的相关专业资料。

4.5 高级可用性承诺

高级可用性承诺（Advanced Available-to-Promise，AATP），是 S/4HANA 所提供的可用性承诺管理模块，可以帮助企业快速响应订单满足时的可用性承诺请求。通常，订单满足时请求的内容包括所需物料、工厂、请求数量和物料可用日期等。对可用性承诺请求的响应，可以是物料的当前库存或未来库存，预期或已计划的收货。在可用性承诺检查中，系统将对所请求的物料生成确认建议，包括已确认的数量和日期等。

根据 SAP 公司的相关介绍资料，作为需求满足时可用性承诺管理方面的软件，AATP 模块具有实时的可用性承诺、批量订单的处理能力、管理业务优先级、管理供应短缺、供应的有效分配、多种形式的替代、快速重计划等特点和功能。

S/4HANA 的 AATP 模块提供了五个子模块：产品可用性检查（Product Availability Check，PAC）、待交订单处理（Backorder Processing，BOP）、产品分配（Product Allocation，PAL）、供应保护（Supply Protection，SUP）、基于替代的确认（Alternative-Based Confirmation，ABC）等，分别面向不同场景的可用性承诺管理。当然，这些子模块也可以组合起来使用，比如 PAC、PAL、SUP 等的组合。

1. 产品可用性检查

产品可用性检查（PAC）是 S/4HANA AATP 模块中最基本的功能，用户可以使用 PAC 子模块来确定某个特定的需求（比如销售订单的行业项目）在哪个日期可以满足多少量。产品可用性检查的结果是订单确认。PAC 中供应与需求之间的匹配所遵循的是"先到先得"的逻辑，即根据需求请求交货的先后时间来匹配相关供应。PAC 子模块的功能示意见图 4-11。

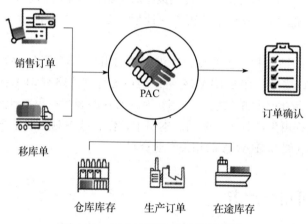

图 4-11　PAC 子模块的功能示意图

PAC 子模块具有以下功能和特点：

（1）检查范围　在控制可用性检查执行时，考虑哪些凭证类型（销售订单或移库单）的需求，以及哪种形式的供应（仓库库存、在途库存或生产订单中的在制品等）。如果所请求的需求数量不能在所请求的日期得到确认（或满足），系统将计算后续交货选项。

（2）排程　系统从客户请求的原始交货日期开始，执行后向和前向排程，以确定最早在什么日期可以满足需求。在执行排程时，将考虑系统中所维护的拣配、包装、装载、运输等作业的提前期。

PAC 子模块中的排程功能示意见图 4-12。

（3）分割　在订单录入并运行可用检查时，系统检查某个产品或物料的需求能否在请求的交货日期之间得到满足。使用"分割"，可以基于特定标准或特征（比如颜色、大小等）来对物料或产品进行逻辑分类。如果需求与分割有关，可以通过分割来把供应分配给需求。多个需求分割可以分配一个库存分割。

（4）检查层次　在计算确认时，PAC 将确认是否已存在需求，以及分配到何种层次（工厂、存储地点和批次）。另外，PAC 还将考虑其他现存的凭证类型和库存。

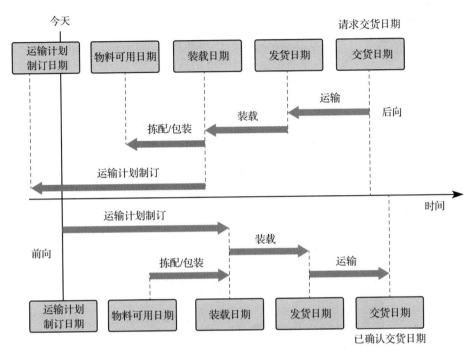

图 4-12 PAC 子模块中的排程功能示意图

（5）补货提前期　当所请求的数量仍不可用时，PAC 将使用系统中所维护的自制生产提前期或外购提前期的数据来计算补货提前期并创建建议确认日期。

（6）供应保护　使用"供应保护"功能，可以在指定工厂为不同的凭证类型预留一定数量的物料。"供应保护"的具体功能和逻辑详见后文。

（7）数量分布　PAC 可以沿着生产 / 计划流程的运行时间或生命周期打散分布供应和需求的要素，并确定什么时间的何种数量的需求可以得到满足。

（8）临时数量分配　在可用性检查中，即使销售订单还未保存，系统将创建临时数量分配并立即预留所确认的数量，以避免它受到其他可用性检查的干扰（或侵蚀）。

（9）交货组　当多个需求项目要求在同一天交货时，通过交货组的应用，可用性检查可以为交货组中的所有需求计算一个共同的可用日期。

2. 待交订单处理

作为销售订单管理人员，在日常工作中，需要知道已经确认过的销售订单是否还能准时交货，当成品物料的供应有限时能否根据不同的优先级对订单的确认或承诺进行重新调整和匹配，S/4HANA AATP 中的待交订单处理（BOP）可以帮助相关人员。

　　BOP 子模块背后的设计理念是，当订单满足流程中相关需求或供应情形发生了变化时，相关人员需要重新检查物料的可用性，必要时，对订单的交货确认进行调整，比如：当某个销售订单取消了后，需要将其已确认（或已预留）的数量释放出来，供其他销售订单使用；当某个重要客户增加了他（她）的需求量且企业供应有限时，希望能够挪用那些优先级比较低的其他销售订单确认量；当某个生产订单的预期供应出现延期后，需要对可用性进行重新检查并调整订单的确认。

　　为了按优先级的高低来对销售订单的确认情况进行重新调整，BOP 子模块定义了 5 种确认策略，按优先级的从高到低，分别是 Win、Gain、Redistribute、Fill 以及 Lost，具体见图 4-13。

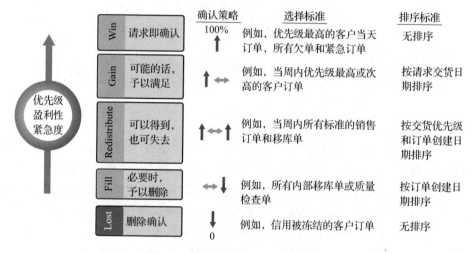

图 4-13　BOP 子模块中的确认策略

　　Win 类确认策略具有最高的优先级，要求企业应百分之百地予以满足，它适用于优先级最高或最重要客户订单，且交货日期为当天的销售订单、欠单或紧急订单。当供应有限时，Win 类确认策略的销售订单将占用所有的物料可用量。

　　Gain 类确认策略具有次高的优先级，要求企业尽可能予以满足，它适用于当周内（客户的）优先级为最高或次高，且交货日期为当周的销售订单。当企业的供应量不能完全满足此类订单的需求时，系统按交货日期的先后进行排序。

　　Redistribute 类确认策略的优先级一般，它适用于当周内所有标准的销售订单和移库单。当企业的供应量有限时，系统按交货优先级和订单的创建日期进行排序，根据排序的先后来予以满足。

Fill 类确认策略的优先级较低，它适用于企业内部的移库单或质量检查单。当企业的供应量不能满足此类订单时，系统按订单的创建日期进行排序。

Lost 类确认策略的优先级最低，它适用于那些信用额度已经冻结，或是信誉极其不佳，或是企业不愿再合作的客户订单。

从操作的特点来看，BOP 子模块的运行效果也等同于订单可用性检查的批处理作业，即用户可以一次性地对大量的销售订单或移库单进行可用性检查和可用量确认。当然，也可以对可用量和可能的交货日期进行重新调整。为了对多个订单进行批量处理，在运行 BOP 时，用户需要定义需求分割的标准或过滤条件，以选择哪些订单需要进行处理，以及处理时的排序规则、确认策略等。系统也支持用户对 BOP 的运行进行模拟，以观察 BOP 任务的定义是否是自己需要的。

BOP 批处理任务的定义和运行步骤见图 4-14。

图 4-14　BOP 批处理任务的定义和运行步骤

BOP 的任务运行，首先要定义或筛选哪些订单需要进行可用性检查或确认的重新处理，这是通过"配置 BOP 分割"来实现的。所谓的"配置 BOP 分割"，就是以订单中的信息要素，比如订单的客户（售达方、交货方、开票方等）、所属区域、物料、物料的交货工厂、交货日期等，作为筛选条件，来选择需要 BOP 处理的订单。

BOP 的任务定义的第二步和第三步分别是"配置 BOP 排序"和"配置 BOP 变式"。所谓"配置 BOP 排序"，就是针对第一步所筛选出来的订单，系统将采取何种规则来进行排序，是根据订单的交货日期排序，还是根据订单的创建日期排序，以决定确认处理的先后顺序。

在"配置 BOP 变式"环节，关键的内容是为选择出来的订单，也就是 AATP 模块所谓的需求分割，选择相应的确认策略，是 Win、Gain、Redistribute、Fill，还是 Lost。不同的确认策略，决定了所选订单的后续"命运"。除此之外，还包括"计划 BOP 运行"的任务模式等参数选择，比如运行的日期，BOP 运行中出现异常后是否要暂停或人工干预等。

BOP 运行任务定义好后，可以先通过运行模拟来检查之前的定义是否正确，如果无误，就可以提交系统后台进行运行了。对用户而言，后续的工作就是"监控 BOP 运行"的任务和检查运行结果。在前文中已经说过，企业应该力保确认策略为"Win"的订单的确认和满足。如果 BOP 任务定义有某些需求分割选择了 Win 的确认策略且供应不能满足，BOP 任务运行将出现异常。这时要么任务运行终止，要么人工进行干预，比如通过手工供应分配来满足其需求。

因为所选确认策略的不同，在 BOP 任务运行结束以后，相关订单或需求分割的确认可能发生调整，Fill、Lost 等低优先级确认策略的订单中原有的确认量可能被 Win、Gain 等高优先级确认策略的订单所占用，这其实也是 BOP 的业务价值所在。BOP 任务运行结束后，不同确认策略下订单已确认量的调整情况见图 4-15。

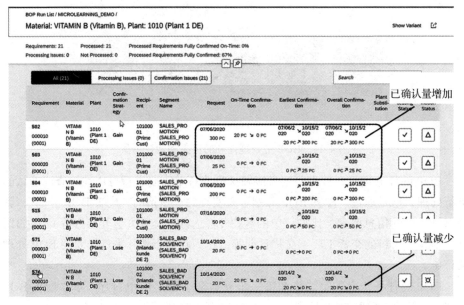

图 4-15　BOP 任务运行结束后不同确认策略下订单已确认量的调整情况

3. 产品分配

在很多企业的订单交付中，时常出现这种现象：好卖的产品经常缺货，不好卖的产品则呆滞在仓库中。这种现象在客户需求个性化的快速消费品行业更明显。更为糟糕的是，随着市场竞争的日益激烈，连面向个人消费的乘用车行业，都开始变得快速消费品化。

产品脱销不一定完全是好事，如果管理不当，比如虽然满足那些下单"手快"的普通客户，但可能导致重要客户或重要渠道的需求无法满足。因此，当供应有限时，企业应该对产品的供应，或者说具体向什么样的渠道（比如，优先保障销售毛利更高的线上渠道，再考虑线下批发渠道），或什么样的客户供应多少，需要做适当的管理或限制，S/4HANA AATP 中的产品分配（PAL）子模块尝试要解决的业务痛点就在于此。

如上所述，企业希望通过 PAL 模块的使用，将稀缺供应平衡地分配给那些具有高优先级的客户，并避免低优先级的普通客户订购过高数量的稀缺产品，或是说基于客服水平的达成、交货成本最优等方面的考量，以将企业的价值最大化。

传统的可用性承诺（ATP）采取的是"先到先得"的原则，根据销售订单创建日期或需求交货日期的先后来进行订单确认，可能导致一般性客户把所有的可用量都占用，而 PAL 子模块的功能逻辑是对可用量检查加以相关约束，包括销售约束或能力约束，限制某个客户订购得太多或不能按时交货，如图 4-16 所示。

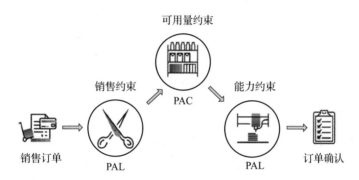

图 4-16　PAL 子模块的功能逻辑示意图

PAL 子模块对可用性承诺加以约束，需要考虑或设定以下三个方面的限制条件：

1）约束谁？针对什么样的客户进行可用量上的约束？可以选择订单中的信息要素，比如客户所属的区域、渠道类型、客户编码等，作为筛选条件。在客户订单创建时，只要客户的特性满足上述筛选条件，系统就自动触发可承诺量约束。

2）约束什么？对于何种供应，需要加以可用量约束。通过供应的特性选择，比如物料编码、物料所在的工厂等条件选择可以定义出需要进行约束的特定供应。

3）什么时候进行约束？在哪个时间段进行可用量约束？对特定客户和特定物料的可用量约束不应是无限期的，那样可能导致销售淡季或供应能力增加以后的库存积压。约束需要明确起始和终止日期，一旦超出这个时期，约束自动失效。

图 4-17 是 PAL 子模块功能效果示意。在图 4-17 中，客户原本的订购数量是 200 件，但存在销售数量上的约束：针对其所订购的产品物料，在约束期内最多只能订购 150 件。另外，还存在运输能力上的约束：针对其所订购的产品物料，在约束期内只能发运 100 件。最后，系统给出的可确认的交货量是 100 件。

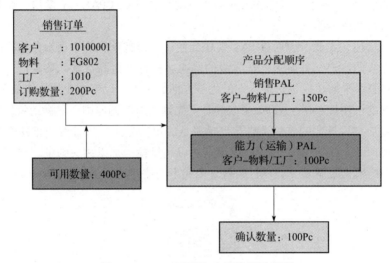

图 4-17　PAL 子模块功能效果示意图

4. 供应保护

供应保护（SUP）是另外一种不按"先来先得"的逻辑，是结合了业务策略或限制条件等因素考量而进行订单（销售订单或移库单）可承诺量管理的功能模块。

同样作为 S/4HANA AATP 的子模块，SUP 与 PAL 的不同之处在于，PAL 是通过设置约束条件来限制普通客户的过量订购，以确保必要的供应来满足高优先级客户的需求，而 SUP 则是直接对有限供应加以保护，提前预留出一定量的供应，以确保重要客户的需求能够得到最低限度的满足。换句话说，PAL 限制的是普通客户的最大可订购量，而 SUP 则保护了重要客户的最小可订购量。

对供应管理而言，供应保护类似于预留，即系统提前为特定的客户需求留下一定供应量（预留），这些预留将不能被其他客户需求所占用。

图 4-18 是 SUP 子模块的功能示意。在图 4-18 中 SUP 设置分别预留一定的供应量给保护组（代表被保护的需求方）SUP1 和 SUP2，这两部分供应就不能被其他需求所占用了。在现有供应中，只有扣减掉 SUP1 和 SUP2 的预留量，才算是非限制数量。

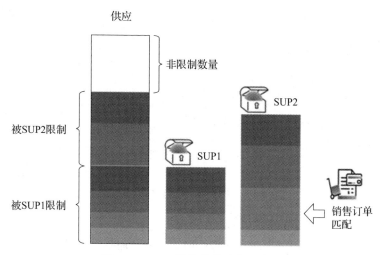

图 4-18　SUP 子模块的功能示意图

在 SUP 子模块的功能逻辑中，重点有以下几个重要的控制点或要素：

1）保护什么？哪些供应量需要采取保护操作？在 SUP 子模块中，它们被称为"供应保护对象"，可以通过供应定义中的工厂、库存地点、物料、批次等的组合来定义。

2）为谁保护？所保护下来的供应，是为哪些需求或需求方预留的？在 SUP 子模块中，它们可以通过需求定义中的客户编码、区域、渠道等的组合来定义，并将之与供应保护对象一起设置到所谓的"供应保护组"中。

3）保护期间多长？与 PAL 子模块类似，以避免物料呆滞，SUP 子模块对供应的保护也不可能是无限期的，所以需要为供应保护对象设置相应的保护期，这可以以天、周、月等为时间段来定义。

4）供应保护数量的定义，这可以在供应保护期间的时间展望期内，按天、周、月等时间段来分别定义。

5）保护逻辑的定义。通常，一个供应保护对象只分配给一个供应保护组，为一组需求方所预留，其他供应保护组是不能占用这部分供应的，这在 SUP 子模块中也称为"水平保护"。有时候，一个供应保护对象会分配给多个供应保护组，有可能被多组或多个需求方占用，不同的供应保护组会有不同的优先级，优先级低的供应保护组必须尊重（让位于）优先级高的供应保护组，或是优先级相同但时间更前的需求，这在 SUP 子模块中也称为"垂直保护"。

图 4-19 是 SUP 子模块中供应保护组的定义示意，大家可以从中了解 SUP 子模块大体是如何设计和定义的。

图 4-19　供应保护组的定义示意图

在实际应用中，SUP 的使用还应注意以下几点：

1）逻辑尽可能简单。逻辑越简单，就越透明，而复杂的供应保护，有可能设置错误或保护过度。

2）尽可能只保护最小数量，而不是把所有预测需求量都保护起来。

3）只为重要客户设置供应保护。

5. 基于替代的确认

有的时候，对于客户订单的需求，订单中所指定交货的 A 工厂没有足够的供应量，但 B 工厂有，企业出于提高订单满足率、减少库存呆滞等考虑，希望能够替换成从 B 工厂交货；或是，客户订单所指定的 001 产品没有足够供应，但功能与 001 基本类似，甚至完全可以替代 001 的 002 产品有足够的供应，企业希望将产品 001 的订单需求转换为产品 002 的订单需求。上述情况的替代，都是基于替代的确认（ABC）子模块尝试要解决的问题。

S/4HANA AATP 中 ABC 子模块的功能示意见图 4-20。

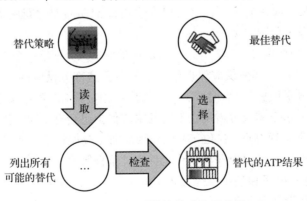

图 4-20　ABC 子模块的功能示意图

ABC 子模块具有以下功能特点。

1）替代的情形。销售订单中指定需求的供应替代，可以是交货工厂的替代、储存地点的替代和产品物料的替代，或是上述情况组合在一起的替代。

2）替代的动态选择，可以是最佳符合规则（Best Fit），或是最早符合规则（First Fit）。

3）替代的确定规则，支持最早确认、准时交货确认、完全满足确认等多种形式。

4）当存在多个替代可选时，支持 Tie Breaker 逻辑的替代选择。

6. AATP 各子模块的组合应用

如前所述，就订单承诺管理而言，AATP 模块中有 PAC、BOP、PAL、SUP、ABC 等多个子模块，它们分别针对不同的订单承诺管理场景。在实际工作中，企业可能要组合应用到上述多个子模块，这可以遵照图 4-21 所示的框架建议来进行。当然，具体到特定的行业，或是特定的企业，AATP 的这几个子模块不可能都用到，但至少会用到其中的两种。

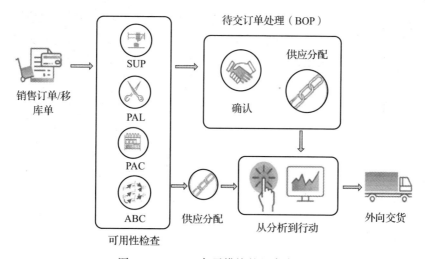

图 4-21　AATP 各子模块的组合应用

在客户订单（或交货单）的创建或录入操作中，S/4HANA 系统根据所订购物料的主数据中所维护的可用检查类型，会启动 SUP、PAL、PAC、ABC 等形式的检查，并以确认的形式实时反馈检查结果。当然，SUP、PAL、PAC、ABC 等子模块也有各自的 Fiori App，用户也可以通过相关 App 来使用这些子模块。

作为订单管理员，其日常工作可能是通过 BOP 子模块的 App，批量处理有待处理的订单。当某些重要客户的订单需求，或是优先级很高的订单需求不能得到充分满足时，订单管理员可以通过供应分配，来手工调整供应与需求之间的匹配。如果相关订单的可用性管理都没有问题，订单将进入拣配、包装、发运、交货等后续环节。

4.6 本章小结

订单交付始终处于变与不变的内外部环境中。对订单交付而言，外部环境和市场需求是不断变化的，而企业内部的生产供应等活动则需要在相对稳定和均衡的环境中进行。

要想在变与不变中保持动态的平衡，要想有机融合"推"（Push）和"拉"（Pull）两种供应组织方式，企业可以设置需求管理中供需解耦点，选择需求策略。

可用性承诺则是在需求与供应之间搭建起又一个信息沟通的桥梁。一方面，让需求信息可以传递到供应环节，却又不引起供应活动的紊乱；另一方面，通过合理的可用性管理策略，企业可以对不同的客户需求采取有针对性的供应策略。

无论需求管理，还是可用性承诺，需要供应信息和需求信息能够实时可视，并进行逻辑上的软性关联，这需要有相应的数字化软件或工具做支撑。

Chapter 5 | 第 5 章

生产计划、排程与执行

计划是管理的重要职能之一,是组织、指挥、协调、控制等其他管理职能的基础,也就是所谓"预则立,不预则废"。从工作内容来看,计划指的是为了目标的达成,将目标分解到时间和资源上以形成可执行方案的各类整合和协调活动。

对于订单交付体系和能力而言,计划贯穿了各项活动的始终。把计划工作做好,对订单交付的重要性是不言而喻的。但是,在很多企业的经营管理实践中,计划管理却存在这样或那样的问题,有的企业甚至放弃了系统性改善计划的努力。究其原因,可能是计划管理存在以下几个方面的难点和挑战:

首先,目标的要求或其评价标准是多样的,而有些要求之间本身就是冲突的,企业很难"兼得"。以订单交付为例,缩小订单交货周期、提高订单满足率和准时交货等需求端要求的达成,与库存的降低、生产均衡性的提高和设备利用率提升等供应端要求的达成,往往是相互冲突的,要提高订单满足率,就可能会增加库存水平,反过来讲也一样。

其次,在资源或时间的分配上,在任务执行的先后顺序上,其组合形式可能有上百种。因为可选方案太多,企业很难去一一评估并从中找到最优解。以生产工单的日程安排为例,假设在一个班次内有 10 个工单要生产,哪个工单先?哪个工单后?怎样的工单排序才是最优的?要想通过人工判定并寻找最优,显然不是一件容易的事。

最后,任何目标的设定都是基于未来发展的假设,而这种假设不可能与实际情形一模一样,总是会有某种程度的偏差。推理下去,围绕目标达成而展开的计划,也不可避免地要受到未来不确定性的影响,因而才有人们所说的"计划不如变化快"。以订单交付中的销售预测为例,销售预测不可能 100% 的准确,根据销售预测所制订的供应计划也就必然要面对未来的偏差。如果不能兼容或解决好预测偏差,供应计划就可能不仅指导不了实际的供应活动,甚至会带偏大家的方向。

因此,企业必须提高和完善自己的计划管理方法,用科学的方法去制订计划,只有具备统一性、连续性、灵活性、精确性等特点,并能随着时间的推移或情况的变化而进行不断的调整或修改的计划,才可能有助于经营管理和订单交付中各项活动的有序、有效地开展。

5.1 计划管理的方法

针对计划管理中所存在的难点和挑战,通过长期实践和总结,尤其在供应链管理和订单交付领域,管理学者们提出基于模型、滚动和立体的计划管理思路,即通过基于模型的立体滚动计划来消除计划制订和实施中可能存在的问题。

1. 基于模型的计划管理

所谓基于模型,指的是计划编制式,借助相关模型来帮助我们做指标冲突之间的平衡,或是寻求计划活动的最优解或次优解。

在进行多个业绩指标或产出(Outcome)的平衡时,我们可以采取加权的方式,为所有的指标设置一个加权系数(可能是正数,也可能是负数),通过所有指标值的加权求和,就可以把相互冲突的指标平衡,转换为数学多项式的求和,当多项式的和为最大(收益类)或最小(成本类)时,该计划就是最佳计划。

我们也可以把相互冲突的指标分为两类:一类是约束类(类似于人力资源领域的"保健因素"),另一类是可变类(类似于人力资源领域的"激励因素")。在满足约束类指标的前提下,尽量寻求可变类指标的更佳,这就把相互冲突的平衡转换为单向最佳的追求。以订单交付为例,我们可以把"订单满足率≥85%"作为约束条件,在达成满足该约束条件的前提下,尽可能降低库存水平。

在管理决策中,还经常用到仿真模型,通过仿真模型来模拟未来的发展变化,以评估各种可选方案的可能后果,进而帮助人们做出最优决策,此类仿真模型在计划管理中也有广泛的应用空间。例如,在生产计划的制订时,可以通过仿真模型来评估生产计划对现有生产能力的影响,从而判断生产计划是否可行,或是否要做生产能力的扩充。

在多项任务的顺序安排上,人们可以借助作业研究或线性规划模型来制订最优方案。例如,运输路径的选择、任务网络计划等。如果可替代方案太多,寻找最优方案的计算量太大,人们也可以用启发式算法 Heuristic 来帮助寻找次优解,这在车间生产排程等领域具有广泛的应用。

如上所述,无论是冲突标准的平衡,还是优选方案的寻找,企业都可以借助或简单或复杂的相关模型来进行,这可以弥补完全人工的局限性,我们甚至可以说"无模型,不计划"。

2. 滚动式计划管理

世界唯一不变的是变化,而任何计划也不可能长期不变。对于订单交付而言,寄希望于销售预测 100% 的准确是不现实的,我们能做的是时刻关注事情的变化,必要时及时做出动态调整,这也是所谓的滚动式计划管理。

每个计划都有一个所谓的计划展望期,即针对未来多长的时间来做计划,见图 5-1。我们可以把根据业务的需求,选择合适的计划展望期,然后把计划展望期分成若干等份,距当天最近的一个时间段作为冻结期,其内容不再修改,而其他的时间段都可修改,且随着时间的推移,自动地调整相应的冻结期和可修改期。

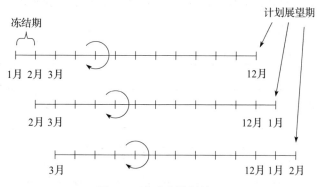

图 5-1　滚动式计划管理

以年度生产计划为例,计划展望期为年,以月为单位把年度生产计划展望期划分为 12 个时间段。在实际运行时,2021 年 12 月末制订 2022 年的年度生产计划。其中,2022 年 1 月为冻结期,其他月份为可修改期,其内容将根据未来的销售预测做动态调整。到了 2022 年 1 月末,再滚动更行 2022 年 2 月至 2023 年 1 月的生产计划,并以 2022 年 2 月作为冻结期,其他月份的计划可修改,后续依次类似。

滚动式计划管理较好地兼顾了企业经营和订单交付中的"变"与"不变"。因为有冻结期的设置,最近一个时间段的生产供应活动可以保持相对地稳定和均衡,这是所谓的"不变"。因为计划展望期内非冻结时间段内的数据都可根据市场需求等情况进行动态调整，且计划展望期就像一艘逐时而流的"船"，这是所谓的"变"。

3. 立体式计划管理

在企业实践中，计划的价值在于整合和协调。所谓整合，就是通过计划来整合供需链的各个环节，或者是企业内各领域、各职能的目标，让局部目标服务于整合目标，先整体最优再考虑局部最优。所谓协调，就是通过计划来协调各环节、各单元的相关活动，让大家步调一致，在执行时不要"掉链子"。

目标的整合应该是自上而下的层层分解和指导，以及自下而上的层层反馈和汇总。步调的协调应该是供应链上下游各环节在活动时间上的先与后有序推进，或者是上游流程或活动的输出与下游流程或活动的输入的信息集成。

另外，随着专业分工的复杂和组织规模的扩大，任何企业都不可能只有一个计划，并用一个计划解决所有的问题。这样一来，不同领域有不同领域所特有的计划，而各自的计划展望期也很可能不同，如何将不同领域的计划、不同展望期的计划整合和协同起来，也是计划管理必须解决的问题，具体见图5-2。

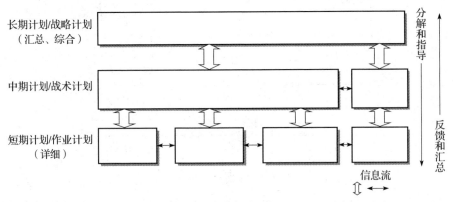

图 5-2 立体式计划管理

如上所述，不管是目标的整合、活动的协调，或者是不同类型或展望期计划之间的整合和协调，都需要借助相应的机制来实现，这就是所谓的立体式计划管理。

在计划的层次上，根据其目标诉求的由大到小，或者是涵盖领域的自多到少，或者是组织层次的自上而下，可以分为战略计划、战术计划和作业计划。上层计划在目标上层层向下分解，并指导下层计划的制订；下层计划在执行结果上层层向上反馈，并汇总出上层计划的结果。

在时间跨度或展望期上,企业中的计划又可分为长期计划、中期计划和短期计划。长期计划的展望期一般是 3～5 年,其计划时段往往以月为单位;中期计划的展望期一般是 3～18 个月,其计划时段往往以周为单位;短期计划的展望期一般是数天到数周,其计划时段往往以天或班次为单位。通常,战略计划同时是长期计划,战术计划同时是中期计划,作业计划同时是短期计划。

在数据管理方面,纵向上看,上层计划的数据颗粒度较粗,下层计划的数据颗粒度较细,上层数据与下层数据之间要求能实现自上而下的层层分解,以及自下而上的层层汇总。分解或汇总的维度要求支持产品、资源、区域、时间等维度。横向上看,同一计划层次的上下游计划之间,要求能实现上游计划的输出与下游计划的输入之间的集成。

4. 计划的制订时机

在何时制订计划,以及何时修改计划等方面,有两种形式的计划制订时机或触发机制:日常性计划和事件驱动的计划。

定期地在固定时间点来编制或修改计划,称为日常性计划的制订。此类形式所编制的计划有年度经营计划、年度销售计划、年度生产计划、季度销售计划、月度生产计划、周度生产排程,等等。因为特定的事件,比如设备的突发故障、库存短缺、促销活动等,所触发的计划编制或修改,就称为事件驱动的计划。

一般来说,计划的初稿编制基本上是定期来进行的,是日常性工作,而计划内容的修改,往往是特定的事件所触发的。特定事件所触发的计划修改,修改前应该充分评估其对立体计划体系中其他计划的影响,而修改后的计划版本也应该在立体计划体系中实时发布。

5. 订单交付中的计划

在供应链运作参考模型中,计划职能贯穿了供应链上下游的所有作业环节。作为企业供应链的子集,订单交付中同样处处都有计划的存在,高效的订单交付离不开相关计划的指导。

订单交付体系中的计划涉及研发、采购、生产、配送、销售等相关业务领域,计划展望期主要包括销售与运作计划等中期计划和生产执行等短期计划,具体如图 5-3 所示。

与订单交付有关的中期计划主要有销售与运作计划、生产计划、采购计划、销售计划、物料需求计划、能力需求计划、生产排程等;与订单交付有关的短期计划,包括物料订购、要货指令、生产执行、运输计划、仓储补货、客户订单满足,等等。

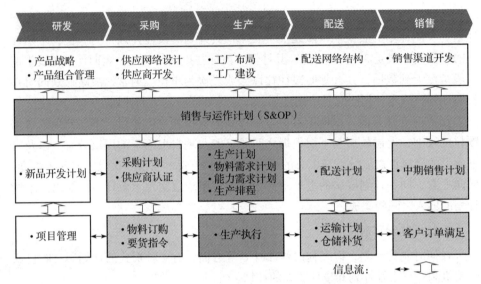

图 5-3　订单交付体系中的各种计划

中期销售计划、客户订单满足等内容，前文已做了相应的讨论，本章将讨论生产计划、物料需求计划、能力需求计划、生产排程、生产执行等方面的内容。采购计划、物料订购、要货指令、配送计划、运输计划等内容将分别放在后面的两章来讨论。

5.2　销售与运作计划

销售与运作计划（Sales & Operation Planning，S&OP），也有人称之为业务管理、业务计划或集成业务计划（Integrated Business Planning，IBP），是企业计划体系的重要组成部分。在企业的经营管理，尤其是订单交付中，S&OP 起着举足轻重的作用，尤其把计划在经营管理中的整合和协调的职能体现得更为明显。

自 20 世纪 80 年代提出以来，S&OP 的形成和发展已有 40 多年的历史。其间，随着大量企业的实践和管理学者们的提倡，与 S&OP 有关的介绍和研究已经非常多，但从实践效果来看，S&OP 在企业中的实施情况并不理想，很多企业甚至没有 S&OP 的体系性概念。如果说计划管理的工作很难做，那么 S&OP 在企业的有效实施则是难中加难。本章中，作者就从流程与职责、模型与数据、技术与工具、价值与行为等四个角度，简要地谈谈 S&OP 怎么做，以及做的过程中所存在的难点和挑战。

1. 流程与职责

作为战术性计划，S&OP 的涉及面很广，参与的部门较多，与订单交付有关的部门基本都要参与进来。在 S&OP 的编制过程中，相关部门从本职工作出发，提出自己的设想和计划，最终在供需层面实行平衡，以寻求公司整体利益的最大。

S&OP 的主要目的是在公司经营目标的要求和指导下，尽量实现需求计划与供应计划的动态平衡，既要保证市场需求的充分满足，又要保证现有能力和资源没有丝毫的闲置或浪费，如图 5-4 所示。

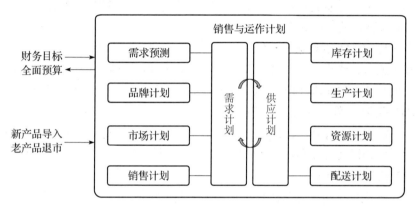

图 5-4　S&OP 的内容和要求

在需求计划方面，具体包括需求预测、品牌计划、市场计划、销售计划等；在供应计划方面，具体包括库存计划、生产计划、资源计划和配送计划等内容。上述计划都要纳入 S&OP 中来进行集中管理和整合，需求计划与供应计划之间紧密关联，相互影响。

另外，S&OP 还应服务于公司经营目标的达成，这主要以财务目标或全面预算来代表，以及考虑到特定事件，比如新产品导入或老产品退市等对需求与供应的影响。

大体上，S&OP 的展望期为 3～24 个月，在以月为计划中各项业务数据的基本时段，编制和修订的频次为每月至少 1 次，编制过程可分为以下几个步骤：产品检查、需求计划、库存和供应计划、供需平衡和管理层决策，具体如图 5-5 所示。

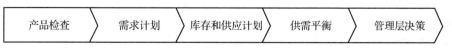

图 5-5　S&OP 的编制过程

（1）产品检查　在产品检查步骤中，S&OP团队需要了解或检查产品组合中各产品的生命周期进展情况，尤其是即将导入市场的新产品和即将退市的老产品，并充分评估它们对未来时段的需求和供应将产生什么样的影响。另外，如果现有产品将发生产品代码变更，或是某些产品的物料清单中将发生零部件替代等工程变更，也需评估其对需求和供应的影响。

（2）需求计划　在需求计划步骤中，市场、销售等部门以统计性销售预测作为未来需求数据的基线，结合一线销售等岗位所掌握的市场动态对销售预测做必要的调整，再在经营目标的指导下编制需求计划，并针对需求计划，达成市场与销售等相关部门的初步共识。

（3）库存和供应计划　在供应计划步骤中，供应链、生产等供应部门以需求计划作为输入，结合客户服务水平的设定、关键或瓶颈资源的可用性来制订库存计划、生产计划和配送计划。在必要时，考虑产能扩充、配套设施新增的可能性。

（4）供需平衡　在供需平衡阶段，S&OP团队编制有约束的初始供应计划。当供应与需求之间存在差距时，通过What-if（如果……那么……）场景来模拟计划的运行，分析其财务影响，辅助编制更合理的供应计划，并制定相关建议方案，为管理层决策做好准备。

（5）管理层决策　在管理层决策阶段，召开由研发、市场、销售、生产、采购等部门参加的S&OP协调会议，对S&OP做出最终决策，必要时对S&OP做部分调整或完善。S&OP评审通过后，将其下发给市场、销售、生产、采购等相关部门，将S&OP付诸实施。

2. 模型与数据

在S&OP中，相关计划都是以数据的形式来体现的。从数据的角度来看，要实现计划的上下层次之间自上而下的分解（例如，从产品组到产品，从月到周，从资源组到资源，等等）和自下而上的汇总，这样的S&OP对销售计划、库存计划、生产计划、配送计划等子计划才可以起到指导作用，具体如图5-6所示。

供应链上下游的计划之间，其数据存在影响与被影响、约束与被约束、输入与输出、自变量与因变量等形式的逻辑关系，下游的数据发生了调整，要实时和自动地反馈到上游环节，触发上游环节相关数据的调整，反之也是如此。

S&OP最终版本的达成，是一个不断修改和完善的过程。对S&OP中的需求计划而言，借助统计性模型或高级分析所得到的统计性销售预测，只是销售预测的最初基线，在后续环节，市场、销售等部门都可能对此做出手工修改。要想既引入有价值、基于领域知识的专业判断，又最大限度地减少无价值或不必要的人工干预，企业必须对需求计划的过程数据做版本管理、数据快照（Snapshot）和跟踪追溯，S&OP 中供应计划数据的管理要求也是如此。

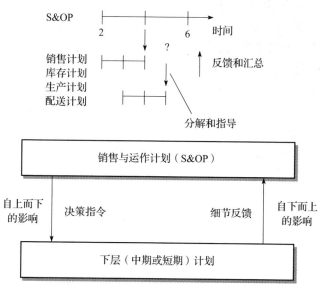

图 5-6　S&OP 中上下层计划数据的逻辑关系

还有一点要明确的是，S&OP 中的数据，既有以需求量、库存量、生产量为代表的量的数据（Volume），也有财务部门所关注的，以价格、利润、成本为代表的价的数据（Value），这两类数据也具有关联关系，必须保证逻辑关联，以及量和价的调和统一。

因此，无论是计划的上层数据与下层数据之间，还是供应链上游计划与下游计划之间；无论是数据的分解和汇总的关系，还是计划中自变量与因变量的关系；无论是计划数据的基线和版本管理，还是计划数据的跟踪追溯，或是量和价的调和统一，都需要相应的数据模型做支持。如果数据模型的表现达不到上述要求，S&OP 的编制过程就很难避免各种形式的数据纰漏或偏差，S&OP 的质量也将大打折扣。

3. 技术与工具

从前面的介绍，我们可以发现，从能力的构成要素上来讲，S&OP 的编制需要有这么几个支撑：统一的数据模型、相应的数据管理软件、良好的人机交互界面、社会化协作平台或组件等。

统一的数据模型可以较好地解决计划数据在上下层次之间的分解和汇总，以及供应链上下游之间的数据勾兑或因果映射，从而保证 S&OP 全过程中数据的关联性和一致性。

在 S&OP 全过程中，各类计划数据的基线管理、版本管理、数据快照和数据的跟踪追溯，需要有相应的数据管理软件做支撑。

在 S&OP 的编制过程中，研发、市场、销售、生产、采购、财务等部门都将参与进来，就各类计划数据进行协作，这类似于研发领域的产品数据签审，需要有工作流或群组协同软件（Groupware Software）等形式的技术或工具做支撑。

最后，任何技术或工具都必须有良好的人机交互界面，以做到易学习、易使用和操作结果的易理解，而不能成为数据处理的"黑箱子"，S&OP 对相关技术或工具的要求也是如此。

当前，在很多企业的 S&OP 实践中，仍然是采取 Excel 等表格软件来做数据的处理和计划的编制，显然还达不到 S&OP 对技术或工具的上述要求，这也应该是订单交付的数字化转型内容之一，即应用更有效的技术或工具来帮助企业做好 S&OP 的相关工作。

4. 价值与行为

在企业的计划体系中，上层计划的结果将用于对下层计划的指导。因此，从下层计划的立场来看，上层计划就是做决策，而订单交付中的 S&OP，也是在做决策，而且是研发、市场、销售、生产、采购、财务等部门共同做决策。

群体决策和群体负责，向来是组织管理的难点，也是组织行为学的重点研究内容。在实际情况中，群体决策和群体负责，往往变成谁都在做决策，却谁都不负责。S&OP 在很多企业之所以推行不理想，与 S&OP 中群体决策的特点和弊端有很大的关系。

为了避免群体决策和群体负责的弊端，为了确保 S&OP 的高质量和有效性，企业在 S&OP 编制过程中，必须贯彻"民主集中制"的原则，即参与 S&OP 编制的各个部门充分发表自己的意见，再由企业的最高管理层或 CEO 做最终决策，所有参与部门都将最终批准的 S&OP 作为自己的目标承诺，并努力去达成。

因此，有效的 S&OP，必须建立在全体参与、充分沟通、共同理解和共同承诺等基础上。必要时，企业的文化和组织行为要做相应的调整，并在流程、职责、治理等方面予以落实，而不是简单地用"业务领导力"这样的空话来对付。

5.3 主计划与排程

在企业的实际运营中，S&OP 编制完成后，接下来的工作是将其进行分解，以指导销售、生产、采购等领域的日常作业，而 S&OP 在生产领域的详细分解，就称为主计划与排程（Master Planning and Scheduling，MPS），也有人称之为主生产计划（Master Production Scheduling，MPS）。

在企业的计划体系中，MPS 具有以下方面的特点和作用：

1）将 S&OP 中以产品组为计划对象、以月为计划时段的汇总计划分解为以交付给客户的可售产品为计划对象、以周或日为计划时段的详细生产计划。

2）与 S&OP 类似，MPS 的价值重点表现为整合和协调，其整合和协调的业务领域主要是销售、生产、采购、库存、设备等。

3）作为客户订单与生产供应的衔接纽带，MPS 中的需求信息不仅有来自 S&OP 中的销售预测，还（或）有来自客户订单的真实需求，MPS 需要将这两者整合好。

4）作为供应和生产计划的中枢，MPS 为物料需求计划、能力需求计划、详细排程等下阶计划提供数据源，并驱动后者的运行。

5）作为有效的计划工具，MPS 承诺帮助企业实现订单交付中的三个"最"，即最大的客户满足、最小的物料库存和最优的设备利用。

在企业的计划体系中，MPS 起着承上启下、承左启右的中枢性作用，具体见图 5-7。

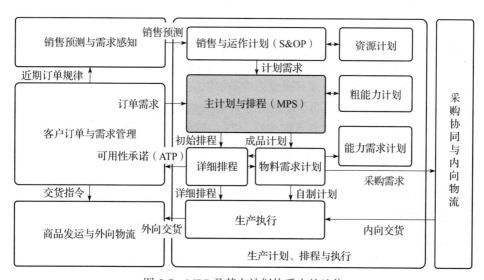

图 5-7 MPS 及其在计划体系中的地位

在纵向上，MPS 上承 S&OP，将 S&OP 中以产品组为计划对象，展望期较长和以月为计划时段的汇总计划数据，分解为以可售产品为计划对象，展望期较短（通常是数周或数月）和以周/日为计划时段的详细计划，并作为物料需求计划

（Material Requirements Planning，MRP）、产能需求管理（Capacity Requirements Planning，CRP）、详细排程（Detail Scheduling，DS）等下阶计划的数据来源，驱动后者的运行。

在横向上，MPS对接订单交付体系中的客户订单与需求管理，将客户订单动态地反馈到供应、生产等环节；必要时，提取客户订单中的需求信息来创建生产订单（ATO等模式中），实现需求与供应的实时联动。

另外，如果要将S&OP、MPS、MRP、CRP、DS等计划类型再做个计划层次和计划对象的比较，我们也可这么认为：S&OP的计划层次在企业，计划对象为产品组；MPS的计划层次在工厂，计划对象为最终成品、虚拟总成或计划物料；MRP的计划层次可以是工厂，也可以是MRP区域，还可以是储存地点，计划对象为零部件和原材料；CRP的计划层次在工厂或车间，计划对象是资源或设备；DS的计划层次是生产线或设备（机台），计划对象是成品，或是要使用到瓶颈资源的子总成或零部件的生产工单。

除了上述的特点和功能，我们还可以从计划展望期、时间栅栏、两级主计划、运行逻辑、可用性承诺等角度，深入地了解和掌握MPS。

1. 计划展望期

任何计划都有相应的计划展望期。MPS中的计划展望期，最短不能短于计划对象的供应提前期。如果计划对象是最终成品的话，供应提前期需考虑最终成品BOM中各阶物料的采购、加工等提前期，以及最终成品的装配、入库、包装等时间，将上述时间进行累加，才算是最终成品的供应提前期。

只有当MPS计划展望期等于或大于计划对象的供应提前期时，MPS的计划结果才有可用价值，企业才有可能按照MPS的时间建议，在约定的交期周期内把产品交付到客户的手中。当然，即使是相同功能和特性的产品，如果企业选择的生产模式不同（MTS、ATO或MTO），最终的供应提前期不一样，对应的MPS计划展望期也将不同。

2. 时间栅栏

从供需平衡的角度来看，MPS的一端连着需求，另一端连着生产和供应。需求的特点是碎片化和不确定，来自S&OP中的销售预测不可能100%的准确，客户订单则比较随机和品种离散。供应的特点是需要有一定的提前期，并要求尽可能批量、均衡地进行组织。

在"4.2需求管理"中，我们讨论了供应链解耦点的概念和作用。除此之外，如果要保证短期，也就是成品供应提前期内生产的均衡和稳定，在MPS中还引入了"时间栅栏（Time Fence）"的机制，通过时间栅栏来排除需求端的不确定性对生产供应的影响。MPS中的时间栅栏见图5-8。

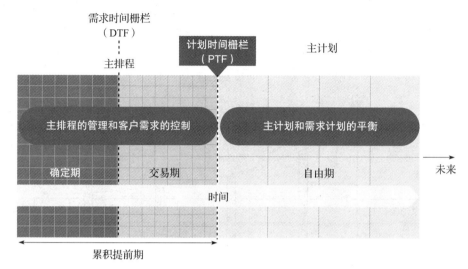

图5-8 MPS中的时间栅栏

MPS把从计划当天（today）向未来进行展望的时间，由近到远，分为三段：确定期（Firm）、交易期（Trading）和自由期（Free）。

MPS规定，截止日期在确定期内的生产计划或排程，不接受来自需求端的影响或修改；截止日期在交易期内的生产计划或排程，只接受少量的修改（比如配置修改等，具体由产品的特点或企业的业务策略来定）；截止日期在自由期内的生产计划或排程，接受来自需求端任意形式的影响或修改。

通常，确定期加上交易期，等于产品的累积提前期或供应提前期，其截止时间点也称为"需求时间栅栏（Demand Time Fence，DTF）"，确定期、交易期和自由期累加在一起所形成的截止时间点也称为"计划时间栅栏（Planning Time Fence，PTF）"。

从图5-8中还可以看出，主计划（Master Planning，MP）与主排程（Master Scheduling，MS）之间的差别。具体来说，主排程指的是距离当天更近的计划数据，即DTF时间点之前的计划数据，它们在颗粒度上会更细一些，其中的生产计划往往会规定计划开始和截止日期，甚至还会对计划进行排序。主计划则是指DTF与PTF之间的计划数据，它们在颗粒度上会稍微粗一些，其中的计划数据只是规定了哪个计划时段（周或日）的生产量是多少，或是其计划开始和截止日期是可变动的，且一般不对计划进行排序。

主排程中的计划数据，还将作为初始排程，输入详细排程中，作为详细排程的排程依据。

通过引入时间栅栏，企业可以有效和直观地控制需求的变更，以管控客户订单变更对运营绩效的影响。距离当天越近，客户订单或生产计划变更所导致的变更成本就越大，将严重影响企业的经营获利；而距离当天越远，变更的成本就越小，客户订单和生产计划的变更弹性也越大，见图5-9。

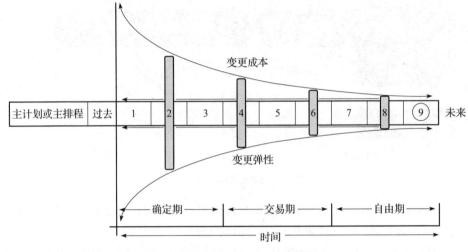

图5-9　时间栅栏在MPS中的意义

时间栅栏的设定还将引导企业更好地在订单变更和均衡生产之间做优先级选择。具体来说，在确定期内，均衡生产应优先于订单变更；在自由期内，订单变更可优先于均衡生产；在交易期内，则要根据变更的内容来具体分析。

在订单或计划的变更决策上，确定期内的变更应由管理高层或供应链VP来审批，交易期内的变更则应由工厂主管或供应链经理来审批，自由期内的变更由计划员自行决定即可。

3. 两级主计划

大体上说，MPS的计划对象一般是最终成品，但根据企业所选的生产模式的不同，实际的计划对象会有差异，甚至要采用两级或多级的主计划，具体见图5-10。

在MTS生产模式下，客户的订单需求直接以成品库存来满足，MPS将用于驱动原材料的采购、可用能力检查和最终成品的生产，其计划对象一般是最终成品。

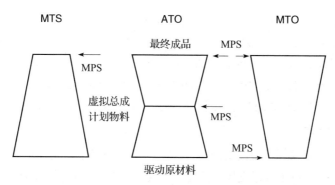

图 5-10 不同生产模式下 MPS 的计划对象的选择

在 ATO 生产模式下，最终成品的装配是由客户订单来触发的，以最终成品为计划对象的 MPS，将主要用于可用能力的检查。另外，如果最终成品的品种太多，尤其是采用 CTO 模式，企业还可能采用以虚拟总成或计划物料为计划对象的 MPS 来驱动原材料的采购和半成品的加工。这时，企业采用的是两级 MPS——同时采用以最终成品为计划对象的 MPS 和以虚拟总成或计划物料为计划对象的 MPS。

在 MTO 生产模式下，最终成品的装配和半成品的加工都是由客户订单来触发的，但企业需要采用 MPS 来进行能力或资源的可用性检查，以及通用件或原材料的采购，故而也要采用两级 MPS。

MPS 中的计划对象的选择，与企业所采取的计划策略有着紧密的关系，读者可再回顾一下需求管理中的相关内容。

4. 运行逻辑

在运行逻辑和数据运算上，MPS 与 MRP 基本类似，主要通过净需求计算、批量供应计算和提前期推算等步骤来生成未来的主计划或主排程，具体见图 5-11。

在净需求计算中，MPS 比较计划对象在计划展望期内的需求（销售预测、客户订单、安全库存或预留）与供应（在手库存、计划订单、生产订单等）的情况，当供应量小于需求量时，就说明存在未满足的需求（净需求），需要有相应的生产计划来予以满足。

在供应批量计算中，MPS 将考虑计划物料的批

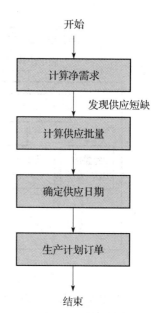

图 5-11 MPS 的运行逻辑

量策略（批对批、日批量、周批量、固定批量、最小经济批量等），生成相应的计划生产批量。通常，对于最终成品而言，较为常用的批量策略是批对批，即有多少数量的净需求，就生成多少数量的生产计划。

在提前期推算环节，MPS 考虑需求的日期和计划对象的供应提前期，以倒排计划（Backward Scheduling）等方式，确定主计划或主排程的开始日期和截止日期。

5. 可用性承诺

从客户的角度来看，MPS 的重要意义是为客户订单的可用性承诺（Available to Promise，ATP）提供了数据支撑，这尤其体现在 ATO/CTO 等模式的生产环境中。

关于可用性承诺的具体内容，读者可参见"4.5 高级可用性承诺"的相关介绍。

5.4 物料需求计划

在企业的计划体系中，物料需求计划（Material Requirements Planning，MRP）具有悠久的历史，它在企业的应用，可追溯到 20 世纪 60 年代。MRP 的核心功能是帮助企业提前做好物料供应，尤其原材料的供应。经过历年来的发展和完善，MRP 已经成为一个内容和方法都非常丰富的体系，具体见图 5-12。

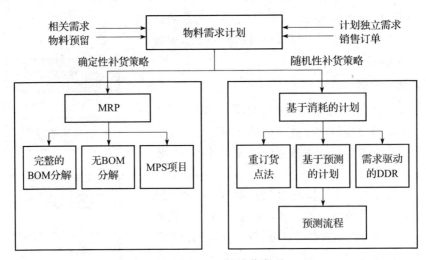

图 5-12　MRP 的细分类型

MRP 接收来自销售预测、客户订单、BOM 层级中上阶物料所衍生的相关需求、物料预留等形式的需求，通过相应运算逻辑，以生成 MRP 物料的计划需求或计划订单，后者可根据供应方式，分别转换成采购申请、采购订单、自制件生产订单等。

在计划的方法和逻辑上，大体有两类 MRP：一类是随机性补货策略的 MRP，该类策略是根据物料自身的消耗情况来做计划，具体包括重订货点法、基于预测的计划和需求驱动的 MRP（Demand-Driven MRP，DDMRP 或 DDR）；另一类是确定性补货策略的 MRP，该类策略将上阶物料的需求作为输入，再结合上阶物料的 BOM，以运算出 MRP 物料的相关需求。本书中，作者以 MRP 来特指确定性补货策略的 MRP，在谈到其他类型的 MRP 时，则以其全称来描述。

从设计理念来看，MRP 是一种完美的物料需求计划，如果能够执行到位的话，企业可以实现物料的零库存。图 5-13 是 MRP 的运算步骤和逻辑示意，其主要步骤包括计算净需求、计算供应批量、确定供应日期、生成计划订单、BOM 展开和计算下阶物料的相关需求等。

从理论研究来看，MRP 已经比较完备了，从业人员对它的了解也比较充分，作者在此就不赘述了。这里需要指出并值得深入讨论的是，MRP 设想虽然很完美，但因为其有效运行需要满足太多的前提条件，对企业的基础管理要求也很高，导致其在很多企业的实际应用效果并不理想：

首先，MRP 的信息输入源头是最终成品或计划物料的销售预测。如果销售预测做不到 100% 的准确，MRP 的运行结果也就不可能 100% 的准确，自然就实现不了完全的零库存。

其次，在计算下阶物料的相关需求时，需要借助上阶物料的 BOM 和工艺路线。如果上阶物料的 BOM 和工艺路线做不到 100% 的准确，MRP 的运行就会有纰漏（多算、漏算、误算），而当企业的成品物料有数百乃至数千种时，要想把它们的 BOM 和工艺路线维护得完全正确，显然不是一件容易的事。

再次，MRP 在计算净需求时，所涉及的需求和供应信息都必须准确、实时、完整。当企业的 ERP 数据主要通过手工录入时，账实不相符的情况很难避免，情况严重的企业甚至是原材料已经消耗完了，却还没有在系统里做入库。显然，根据不准确的需求和供应信息所算出的净需求，肯定也是不准确的。

最后，MRP 在计算供应日期时，需要参考相关物料的提前期，而提前期的具体数值就是一个暂定或假设，企业需要根据实际情况对其进行动态调整，以确保其反映的是供应的真实情形。但实际情况是，在很多企业的 ERP 系统中，提前期数据的维护要么很随意，要么缺乏机制去保证其准确性。

MRP 的运行架构就像一个有着上千个齿轮部件精密啮合而成的报时机（类似于芯片制造领域的光刻机），一旦其中的一个齿轮没有正常工作，报时机所报出的时间就是错误的，那么不仅指导不了，反而会误导企业的生产供应活动。

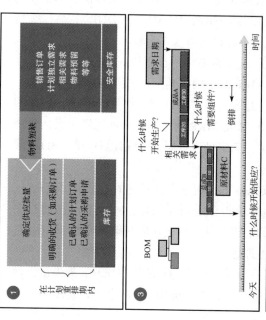
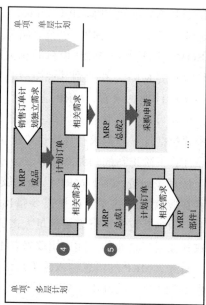
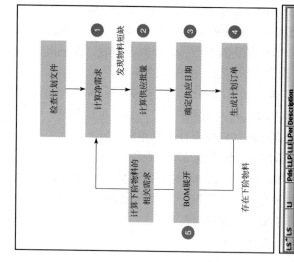

图 5-13 MRP 的运算步骤和逻辑示意

正因为 MRP 的运行条件超出了企业的基础管理能力，很多企业要么不用它，要么退而求其次，去采用安全库存、缺件单、重订货点法、需求驱动的 MRP 等设计理念虽然较为落后，但更容易实施的物料计划策略，又或是转而使用目视管理、看板等 JIT 式的物料拉动方法。

如果企业还是想把 MRP 用好，就要在基础数据和交易数据等的质量提升上下功夫，具体可以从以下几个方面来进行：

1）全面、系统、周期地组织相关教育和培训工作，帮助员工建立其对 MRP 的准确和完整的认知，让员工从思想和行为上拥抱 MRP。

2）建立和完善数据管理流程，尤其是基础数据的创建、变更和发布流程，确保基础数据的维护质量。

3）在可能的情况下，充分应用条码、RFID、物联网、人工智能、系统集成等手段，实现交易数据的准确、实时和完整地采集，尽量减少因人工录入所带来的随意性、滞后性等弊端。

4）建立、健全相关数据的管理组织，完善数据所有者和数据管家的岗位或角色的设置，保证数据质量有专人负责，并从数据生命周期的事前、事中等环节来确保数据质量。

5）建立、健全相关数据的治理机制，推行数据审计制度，将数据质量与相关岗位的绩效挂钩，用激励的手段来确保数据质量。

取法乎上，得乎其中；取法乎中，得乎其下；取法乎下，无所得矣。MRP 运行中所碰到的问题，其实也是其他类型的计划所面临的共性问题。针对这些问题，正确的态度不是回避，而是积极地寻找有效的办法去解决，这也是订单交付体系和能力需要做数字化转型的必要性所在。

有些企业以为，有了精益，有了 JIT，就不再需要 MRP 和计划了，这其实是认知上的误区。寸有所长，尺有所短；精益也好，JIT 也好，MRP 也好，或者是其他的管理工具也好，都有其擅长处，也有其局限性，任何一个工具都不可能包打天下，需要我们辩证地对待，并合理、综合地予以运用。

5.5 产能管理与详细排程

企业对客户需求的满足，最终要落实到物料供应和资源保障上。在供应链管理和订单交付中，资源保障的重点是产能（Capacity）管理，以及把产能管理与生产计划、订单排程相结合的详细排程。

如果将物料管理与产能管理进行对比,我们会发现两者有以下几个差异点:

1)对于最终成品而言,物料是成品的组成部分或原始形态,而产能只是最终成品形成过程中的使能。生产过程对物料而言是消耗,对产能而言是占用。生产结束后,物料将被消耗掉,而产能则将重新释放出来。

2)在生产的当下时空中,物料的限制性主要表现为空间性,存放在 A 地的同一个物料不可能同时存放于 B 地。产能的限制性主要体现为时间性,A 时间段内满负载的产能不可能再承担更多的负载,但却可以在 B 时间段内被释放出来而被重新使用。

3)企业可以通过保留一定量的物料库存来缓冲供应链的波动,却无法把闲置的产能保存下来供其他时段使用。因此,产能使用的均衡性是企业制订产能计划时的重要考量因素。

4)通常来说,产能增加或提升的难度要比物料增购或增产的难度要大得多,所需的周期也更长。

因为存在上述差异,在供应链管理和订单交付中,物料的获取主要体现为某个时间点(交货截止日期)的某个数量(交货数量),而产能的获得主要体现为某个计划时段内的可用时间。

在可用性上,针对物料的可用性管理一般称可用性承诺,针对产能的可用性管理则称可用能力承诺。

根据计划展望期的不同,在长期计划、中期计划和短期计划中,其产能管理的需求和颗粒度不同,所对应的管理方法也不同,具体见图 5-14。

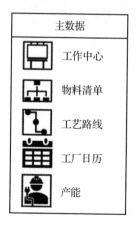
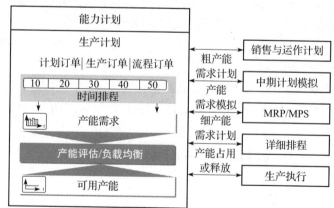

图 5-14　产能管理的类型和特点

长期的产能管理称为资源需求计划或粗产能需求计划(Rough-Cut Capacity

Planning，RCCP），中期的产能管理称为产能需求模拟，短期的产能管理则称为细产能需求计划或产能需求管理（Capacity Requirements Planning，CRP）。

在长期的粗产能管理和中期的产能需求模拟中，产能管理的对象是资源组、工作中心区域或工作中心组、生产线或整个工厂，计划时段通常是月度，其产能往往以计划时段内的产出量来代表，比如 5 月产量 5000 件，6 月产量 5500 件，7 月产量 6000 件等。

企业借助 Excel 表格，每一列写上不同的计划时段，再用几行分别写上需求量、库存量、生产量和产能，就可以完成粗产能或产能需求模拟的管理。如果要再复杂点，还可以借助宏（函数）来建立表格中相关框格在数量上的逻辑关系。总体上，这种产能管理方式的原理和操作都比较简单，本章就不再细述。

短期的产能管理，计划时段通常为周、天或班次，有时还要细到小时，而管理的对象为单条生产线、单个工作中心、单个资源或单个设备，其管理内容不仅有相关订单的产能需求计算、产线或设备的可用产能计算，还牵涉计划订单、生产订单或工单的排序、负载均衡、排程等更为详细和精确的计算，其管理流程要复杂得多。

以离散型制造为例，短期的细节产能管理流程主要包括五个步骤：产能计划（Capacity Planning）、订单排序（Order Sequencing）、负载均衡（Load Leveling）、订单排程（Order Scheduling）和产能监控（Capacity Monitoring），如图 5-15 所示。

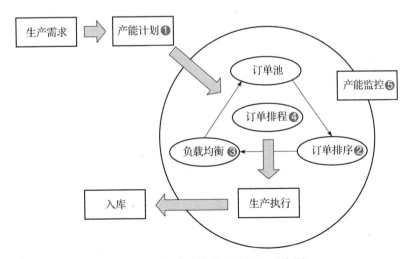

图 5-15　细节产能管理的流程示意图

1. 产能计划

在产能计划阶段，需要根据计划订单或生产订单（本章中统一以"订单"来代表）所生产产品的工艺路线、所使用到的工作中心、工作中心的产能等相关主数据或参数的设置，以及工厂日历的设置等，来计算订单在指定计划时段内的产能需求，这可以设备或资源的使用时间等形式来表示，具体见图 5-16。

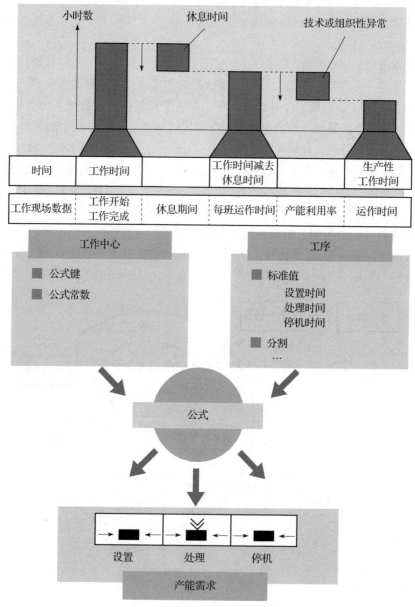

图 5-16　产能需求和可用产能的计算

为了理解产能需求管理（CRP）的运算逻辑，我们可以将之与 MRP 做简单对比：如果 MRP 是结合订单需求，通过展开（半）成品的 BOM 来计算下阶物料的毛物料需求的话，CRP 就是结合订单需求，通过展开（半）成品的工艺路线来计算相关资源的毛产能需求。

2. 订单排序

为了评估计划时段内设备或资源的产能负载和产能的可用性，我们需要将订单进行排序。订单排序的方法有先进先出（First in, First out, FIFO）法、均衡法、设置或准备时间最优法、产品轮盘（Product Wheel）法或节奏轮盘（Rhythm Wheel）法、DBR（Drum-Buffer-Rope，鼓–缓冲–绳子）法等。

所谓的 FIFO 法，是按订单完工的先后顺序进行排序；所谓的均衡法，是参考精益生产中的"均衡化"原则，将不同产品的订单在计划展望期内均衡分布；所谓产品轮盘法，最初应用于流程行业，指的是将相同产品或相同工艺要求的订单相邻或分组排序；所谓 DBR 法，是指借鉴 TOC 的原则来进行订单排序。

先进先出法、均衡法、设置或准备时间最优法、产品轮盘法等订单排序方法，作者将在"5.12 S/4HANA 中的 PP/DS"的"型号混合计划（Model Mix Planning）"中做详细的介绍。

3. 负载均衡

订单经过排序以后，相关的订单都将分配到某个设备或资源上，我们就可以将订单的产能需求与设备或资源的可用产能进行比较，从而得出设备或资源的产能利用率。当相同的计划时段内，存在部分设备或资源的负载较高，甚至超出 100%，而部分设备或资源的负载较低，甚至低于 50%，或是所有设备或资源的负载都超出 100% 时，我们就要做负载均衡的调整工作：要么是把订单从负载高的设备或资源调配到负载低的设备或资源上，要么是把订单从本计划时段调配到设备或资源利用率不高的其他计划时段，具体见图 5-17。

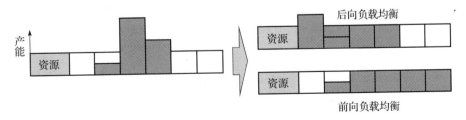

图 5-17　负载均衡的示意

另外，从企业实践的角度看，为了应对生产和供应等环节的异常、不确定和变动性，在做负载均衡时，务必确保各设备或资源的负载，尤其是瓶颈设备或资源的负载不要接近100%。根据不同行业或不同企业的实际情况，各设备或资源的合理负载可以控制在80%～95%。

4. 订单排程

订单排序完成以后，每一个订单所在的计划时段，以及它将要使用到的设备或资源也就明确了，再结合订单中产品的工艺路线、工艺路线中各工序的工时定额等信息，我们就可以对每一个订单做详细的生产日期和相关时间的安排。例如，订单的开放时间是从哪一天的哪个时间开始的，又是到哪一天的哪个时间结束的等。实际上，在CTP管理中，我们也是根据上述与订单有关的日期和时间来计算产品的可承诺交期。

订单排程中订单供应时间和车间生产时间等的计算见图5-18。

5. 产能监控

经过了产能计划、订单排序、负载均衡和订单排程等步骤后，订单就已经为正式的生产执行做好了准备。如果订单所需的零部件或原材料已经齐套了（这可以通过订单的物料齐套性检查来判断），计划订单就可以转成生产订单，或是将生产订单下达，以开始备料、领料、工单打印等具体的执行活动。

在生产订单的执行过程中，如果有工序确认，相关设备或资源的产能将释放出一部分，其负载也将下降；如果过程中出现了设备故障等意外情况，设备或资源的可用产能会减少，其负载也将升高，有可能需要对相关订单进行重新排序、负载均衡和排程。

因此，在产能监控步骤中，产能管理员或产能计划员还需要对产能的可用性进行实时监控，在必要时，做出相应的调整。

如上所述，离散型制造中的产能管理或产能需求计划，与前文所讲的物料需求计划类似，其架构设计虽然比较完美，但工艺路线的准确、工序中工时定额的准确、产能需求的计算参数准确、订单或工序完工的准确、及时地确认等前提条件太多，导致其在很多管理基础一般的企业很难得到有效运行。

6. 实践选择

在物料供应方面，为了弥补MRP在实际运行中的缺陷，人们发明了看板和JIT法。同样，在产能管理方面，为了弥补CRP在实际运行中的缺陷，人们发明了基于节拍的排程、DBR、CONWIP等方法。

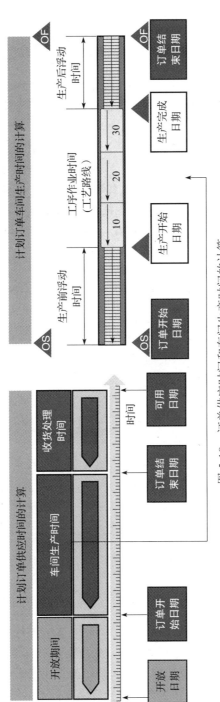

图 5-18 订单供应时间和车间生产时间的计算

（1）基于节拍的排程　基于节拍的排程（Takt-Based Scheduling）是精益生产中主流的排程方法，广泛应用于重复式制造或连续式生产线等行业。通过把所有设备或资源连成一条物理相连，或者是通过物流小车而逻辑相连的生产线，所有的设备或资源就有了一个共同的产能或生产节拍（Takt），整个生产线的产能就可以单位时间的产出量来代表。以汽车制造业为例，产能定义为 60JPH 的汽车工厂，每小时可以生产 60 辆汽车。

在基于节拍的排程中，订单中每一个产品所需的产能是 1/ 节拍。借用上面汽车行业的举例，每一个汽车所需的产能是占用汽车生产线的 1min。这样一来，产能需求、订单排序、负载均衡、订单排程等产能管理工作就大为简化。

（2）DBR 法　DBR 法，源自 TOC 理论。根据 TOC 理论，在产品生产过程中，具体到某一个计划时段，有且只有一个瓶颈工位或瓶颈资源，而物料供应、产能管理等工作的目的是确保瓶颈资源的产出最大，其他资源的产能利用情况则基本可以不用关注。

在离散型制造等行业中，10 台设备或资源的产能管理与 1 台设备或资源的产能管理，其工作量是不可相比的，前者要比后者复杂很多。借助 DBR 法，产能管理的工作只聚焦在"D（Drum）"，也就瓶颈资源上，产能管理的内容只是尽可能充分发挥瓶颈资源的产能，但又要确保其负载不能超过 100%，管理的复杂度大大降低。

（3）CONWIP 法　CONWIP（Constant Work in Progress，连续的在制品流）法是工厂物理学所提倡的工厂管理方法，不仅可以用于指导物料的供应，也可用于产能的管理。换句话说，在 CONWIP 法中，产能管理要围绕一个连续的在制品流来展开。

在此，作者要再一次强调的是，在企业实践中，看板、CONWIP 法、DBR 法等方法的应用，与数字化不仅不存在冲突，而且可以进行很好地结合，比如采用电子看板来取代传统看板等。在效果上，通过与数字化相结合，看板、CONWIP、DBR 法的运行可视化和透明化可以做得更好，更容易得到相关人员的理解和应用。

5.6　生产执行与控制

对于订单交付中的生产供应而言，经过前文所述各种形式的生产计划或排程，接下来就是等待"冲锋号"的吹响，生产指令一旦下达，企业就要进行具体的生产执行与控制活动。从 PDCA 管理循环的视角来看，生产执行就是"做"，让事情发生，是按产品工艺和生产订单的要求进行工单打印、零部件或原材料配送、零件或半成品加工、工单确认、(半)成品收货等；而生产控制则是"检查"，是生产调度，是实时地监控生产过程，一旦出现偏差就进行纠偏等控制活动。

生产执行与控制活动的具体形式和要求，主要受产品的复杂度、工艺特点和生产方式等的影响。大体来说，制造型企业的生产方式主要有这几种：离散式生产、流程式生产、重复式生产和项目式生产，前三种的示意如图 5-19 所示。

 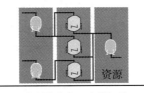 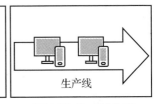

离散式生产，生产订单　　流程式生产，流程订单　　重复式生产，期间订单

图 5-19　常见的生产方式示意图

本书中，作者就以离散式生产为例，兼顾流程式生产和离散式生产，简要地介绍生产执行与控制活动的内容和要求。至于项目式生产，主要适用于特定行业且企业群体比较小，还需要与 ETO、项目管理等进行结合，读者可自行参考相关书籍。

1. 离散式生产

离散式生产的主要特点是产品的加工有多道工序，每道工序分别在不同的设备或工作单元上进行，且每台设备的生产节奏可能不同，每道工序的最小经济批量也不一样。离散式生产通常是按一定的经济批量来组织，不同工序之间有不同数量的在制品，故而也有人称之为按批生产。

离散式生产的执行过程主要包括生产订单或工单的创建、物料和产能的可用性检查、产能评估/负载均衡、订单下达、订单数据和工艺要求下载到 MES 等执行系统、订单打印、备料、领料/发料、工序或订单的完工确认、(半)成品入库和收货，以及财务和成本核算层面的在制品计算（订单跨月）、制造成本差异分析、订单成本结算等，如图 5-20 所示。从数字化的角度看，离散式生产的执行和控制等活动，都要依托于生产订单这个信息对象或载体来完成。

生产订单为我们回答了这么几个问题：①生产什么？即产品的编码、描述；②何时生产？即计划开始和完工日期，以及执行过程的已下达日期、已完工日期；③生产多少？即订单需要完工的数量；④为谁生产？即订单的成本向什么地方归集，或者说谁将受益；⑤物料消耗？即需要消耗哪些零部件或原材料，消耗数量分别是多少；⑥过程操作？即生产时的工艺过程或工艺路线；⑦资源占用？即需要用到哪些设备或工具；等等。生产订单的信息结构见图 5-21。

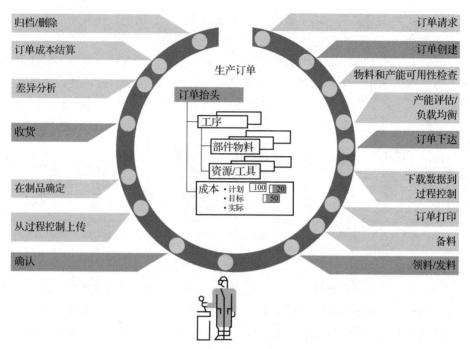

图 5-20　离散式生产的执行过程示意图

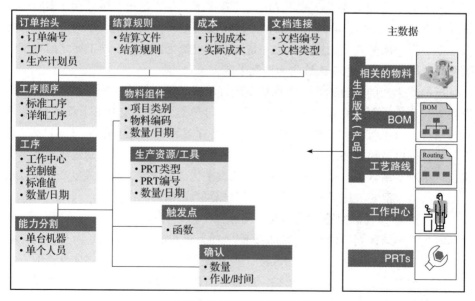

图 5-21　生产订单的信息结构

生产订单中所记录的信息主要有三个来源：相关的物料、BOM、工艺路线等主数据，销售订单或生产计划数据，以及订单执行过程中的过程数据。这些数据越具体、越全面，企业越可以进行颗粒度更细的生产执行和控制活动。下面，作者就选取可用性检查、订单确认等关键活动为代表，来看看离散式生产的管控要求。

（1）可用性检查　在订单交付中，生产订单执行时物料和产能的可用性检查是一个非常重要的管控点，其目的是对产能管理和详细排程环节的可用性检查结果再做一次产前确认，以确保生产现场具有生产订单所需的足够物料和产能，从而平顺地推进后续生产执行活动。从实际情况来看，很多企业要么没有可用性检查的概念，要么没有将这个管控点落实到位，经常是生产订单执行到一半，才发现缺这料、缺那料，或是某些设备的负载太大，从而导致大量不具备完工条件的在制品积压，实际也影响了其他订单的准时交货。

通过物料和产能的可用性检查，我们可以将相关生产订单所需的物料和产能进行预留。如果不能满足，还可以通过缺件单、设备超负载等形式进行报警，而可用性检查出现异常的生产订单也不应下达到车间去执行。

（2）订单确认　生产订单的工序确认和完工确认，是企业反馈和掌握生产执行情况的主要手段，它将实时触发订单执行进度、物料消耗、工时消耗、制造成本、产能释放等信息的更新。上述信息的可视化，对于上下游环节的高效协同，以及计划与执行之间的信息闭环，具有重要意义。

生产订单的确认及其影响见图5-22。

在数字化建设中，ERP、MES、SCADA、PLC等管理系统或工具软件的应用，可以帮助企业做好生产执行的可视化，工业物联网则为生产现场的实时数据采集、OT与IT的融合等方面提供了更多、更好的可能。

2. 流程式生产

流程式生产主要应用于钢铁、化工、食品、制药等流程行业。通常，与离散式生产相比较，流程式生产具有自动化程度高、基于批次的制造过程可追溯、生产过程的合规性管理、过程质量的实时控制等鲜明特点和管控要求，具体见图5-23。

除了前文所述的特点和管控要求外，在物料和产能的可用性检查、订单下达、工序和完工确认、成本差异计算、订单结算、归档/删除等方面，流程式生产和离散式生产的内容和要求大体类似。

（1）高度自动化　通常，流程式生产的作业环境，要么是高温、高热，要么是辐射性强，要么会使用到对人体有危害的原材料。因此，相关的在制品要存在于密闭的环境中，整个作业过程也是高度地自动化。与高度自动化相关的是，企业的 ERP、MES 等 IT 系统需要与产线的分散控制等系统做双向的信息传递，且生产过程要做到实时可视。

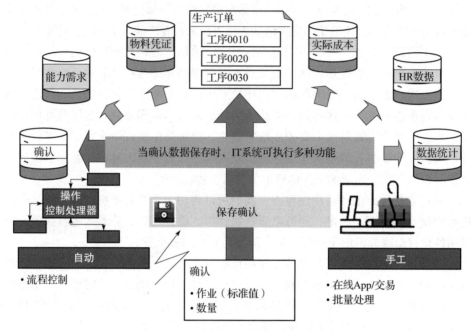

图 5-22　生产订单的确认及其影响

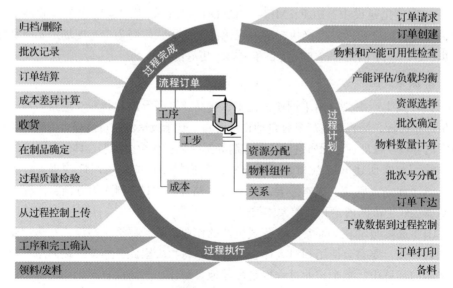

图 5-23　流程式生产的生产过程示意图

(2）基于批次的可追溯　在流程式生产中，有的原材料是以混合液的形式存在的，生产过程中还会产出联产品或副产品，有些产品则需要做全过程的可追溯，这些都需要结合批次管理来进行。可以这么说，批次管理是流程式生产的共同要求。

（3）合规的遵从　在食品、饮料、危险品等细分行业，对生产过程具有合规等方面的要求，并要求企业把对合规的遵从落实到管理体系和管理系统中，自然就对相关IT系统的功能提出了相应要求。

（4）过程质量的实时控制　从原材料转化为产品的角度看，在流程式生产中，不可能以拆装等形式将产品所消耗的原材料进行还原，也就不存在所谓的不合格品返工等业务操作，资源再循环则另当别论。因此，在流程式生产中，必须对生产过程和在制品质量进行实时控制，这为计算机视觉检测、人工智能等数字化技术提供了丰富的应用场景。

3. 重复式生产

在生产执行的复杂度方面，与离散式生产或流程式生产相比较，重复式生产则显得更为简单。在重复式生产中，所有的设备或工作站通过流水线或物流小车连接（刚性物理连接或柔性逻辑连接）在一起，以共同的节奏来运行，因而也有人称之为基于节拍（Takt-Based）的生产，具体见图5-24。

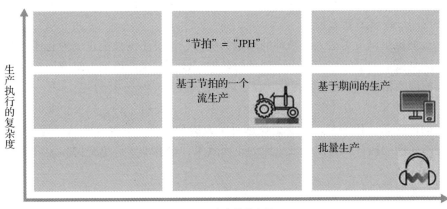

图5-24　重复式生产的特点示意图

重复式生产具有基于节拍、连续在制品流、生产批量大、基于期间的生产控制和成本核算等特点，并广泛应用于汽车制造、消费电子等行业。回顾历史，福特汽车正是通过引入流程线的概念，得以大幅地提高其T型车的生产能力，而丰田汽车更是在此基础上做了进一步地改造和完善，形成了丰田生产方式，也就是欧美国家所谓的精益生产。

4. 方法与工具

针对生产执行与控制领域所存在的要求或问题。例如，市场需求变动性的应对、过程质量和产品质量的一致性管理、产能最大化、成本优化等，管理学家们开发了丰富的管理方法和工具，并在企业中得到了广泛的应用和验证。其中，比较典型的有精益生产/JIT、TOC、六西格玛、CONWIP、工业工程和作业研究SPC、全能班组等，具体见图5-25。

精益生产/JIT的核心理念是按需生产（Pull）和单件流（Single Piece Flow），以消除生产过程中的各种浪费，是以制造过程中的"减法（精）"来实现运营绩效上的"加法（益）"。如果将单件流的概念推广到整个工厂或离散式生产中，那就是《工厂物理学》所倡导的连续在制品流生产方式（CONWIP）。

TOC以瓶颈管理作为切入口，一切围绕瓶颈工位的产出最大化来开展各项工作，以实现工厂产出的最大化，其核心之处在DBR，即"鼓"（Drum）、"缓冲"（Buffer）和"绳子"（Rope）的设置和协同上。

六西格玛、SPC等方法或工具，将统计学方法引入质量管理中，以达到偏差消除、质量稳定和可靠性提高等目的，其操作程序是DMIAC，即包括定义（Define）、度量（Measure）、改进（Improve）、分析（Analyze）和控制（Control）等在内的过程改进方法。

全能班组以员工主人翁精神的塑造为核心，以员工的技能建设为载体，通过充分激发员工的潜能来应对生产现场的各种问题。与全能班组中将管理抓手落实到人的理念相类似，还有合理化建议、阿米巴等。

在作者看来，在上述管理办法和工具中，不管是哪一种，只要企业的背景与工具的前提条件相匹配，只要企业选对了方法和工具，只要企业认真地去使用，都能给生产的执行和控制带来一定的正面效果，也有助于订单交付和运营绩效的提升。

5. 智能制造

智能制造有广义和狭义之分，广义的智能制造涵盖了订单交付的各个环节，狭义的智能制造则主要聚焦在生产执行与控制等活动上。就狭义的智能制造而言，从能力的角度，可分为操作自动化、运营数字化和决策智能化；从发展阶段或成熟度等角度，可分为可视化、透明化、可预测、可配置和自适应，如图5-26所示。

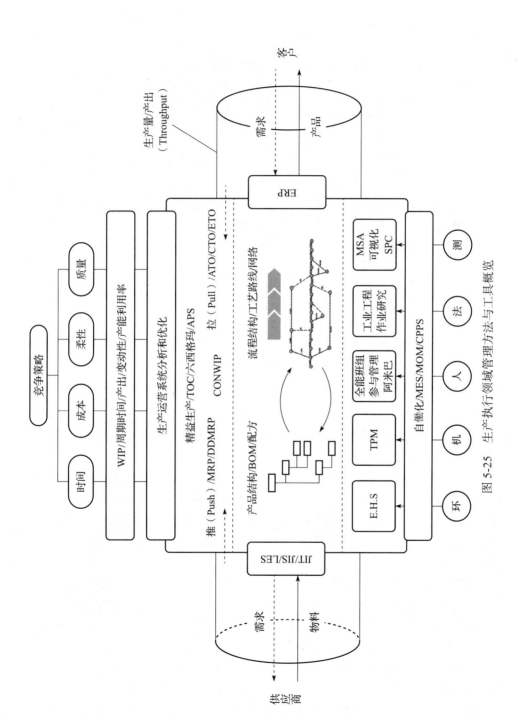

图 5-25 生产执行领域管理方法与工具概览

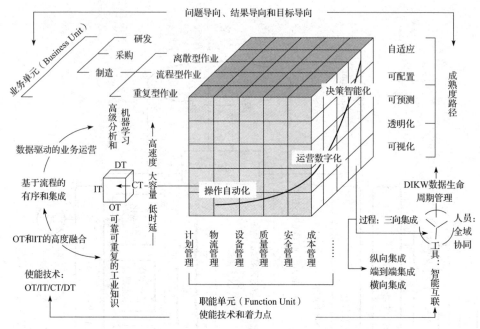

图 5-26 狭义智能制造的基本内涵

在使能技术上,狭义智能制造的技术支撑有操作技术(OT)、信息技术(IT)和通信技术(CT),并要求确保OT/IT的高度融合、基于流程的有序和集成(具体包括:纵向集成、端到端集成和横向集成),以及数据驱动的业务运营等。

在这里,作者还是想再强调两点:

(1)智能制造需要脚踏实地,循序渐进 作业标准化、协同流程化、过程可视化、因果透明化、发展可预测、能力可配置和应对自适应等阶段,是企业推行智能制造的必然路径。任何企业不可能,也不要妄想跳过任何中间环节,不要总想着直接从初级阶段跨入高级阶段,从作业尚未标准化的现状就直接或快速跨入应对自适应的阶段。

因此,在订单交付的数字化转型过程中,企业虽然可以有借助数字化手段来实现生产执行过程的可视化、透明化,乃至可预测、可配置和自适应的想法,但这都是建立在作业标准化和协同流程化的基础之上的。企业如果不把标准化和流程化等基础功课补上来,数字化转型也很难有大的成效。

当前,在智能制造的导入上,存在着普遍的急躁情绪。有的企业,在服务厂商或其他机构的蛊惑下,不是从标准化、流程化等基础工作做起,而是以为花巨资购置了某个软件,或是做个智能制造咨询不经过长期的辅导和实践,就可以快速地实现智能制造了,这是痴心妄想。

(2)"防火"远比"救火"重要得多　在生产执行和控制等领域,出现生产异常后的人工干预或调度就是"救火"。有的企业,忙于"救火"的生产调度员被大家视为英雄。一旦发生物料短缺、设备异常、质量缺陷、员工操作不当、紧急插单等突发情况,总是能听到生产调度员的声音。一旦"火"被扑灭,生产又能照常进行,企业就很少从根本上,从管理归零和技术归零的角度,去考虑如何杜绝异常的发生。

通常,局部的最优往往意味着整体的更差。就"救火"式生产调度而言,异常的解决只能是暂时的、局部的。不管是所处岗位的局限性,还是问题解决的紧迫性,生产调度员采取的基本是"治标不治本"的办法,很难从企业的整体最优和长远发展的立场去制定解决方案。

另外,生产执行过程中之所以会出现这样或那样的异常,本质上是相关的计划工作没做到、做全、做好。从这个角度来说,执行过程中的问题解决后,企业还要进一步考虑将解决举措开发成工作标准(SOP)的可能性,并着手改善自己的生产计划体系和能力。

因此,相对于"救火",计划体系和能力的改善、流程优化和组织落实上的管理归零、生产防错等工具应用的技术归零才是"防火",它们比"救火"重要得多。

5.7　计划管理与 SAP 工具包

通过前文的介绍,我们基本可以得出这么一个结论:没有一定的数字化基础做支撑,企业的计划管理体系和能力就不可能真正建立起来。但是,需要强调的是,数字化基础是做好计划管理的必要条件,但不是充分必要条件,不是说企业实现了业务的可视化,或者说企业实施和应用了某些 IT 系统,就一定能做好计划管理。

大体上,SAP 公司所提供的管理软件中,与计划管理体系有关的主要有 SAP BPC(业务计划与报表合并)、SAP IBP(集成业务计划)和 SAP S/4HANA,具体见图 5-27。

1. SAP BPC

业务计划与报表合并(Business Planning and Consolidation,BPC),主要用于帮助企业做全面预算和集团财务报表合并,当然也可以做业务领域级的计划,比如销售计划等。BPC 的计划内容主要是战术性的财务计划,具体内容包括收入计划、获利计划、P&L 计划、资产负债表计划、现金流计划等,是从财务的角度,以"钱"的形式来描述和计划企业的各项经营管理活动的。

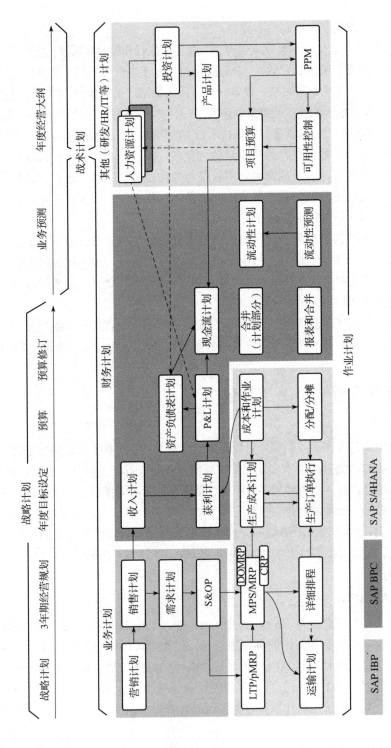

图 5-27 计划管理与 SAP 工具包

（1）SAP BPC 背后的管理逻辑　　如果让大家推选一门商业领域的通用语言，那么很有可能是财务或会计语言。

如果拿这么几句话去问问大家："你去年是赚了还是亏了呀？赚了的话，都是靠什么赚钱的呀？哪一样赚得最多呀？"相信，正常的成年人都能听懂。

如果再拿这么几句话去问大家："你们公司的产品市场占有率是多少啊？产品有哪些鲜明的功能和卖点啊？产品中用到了什么样的黑科技啊？"可能的情况是，有的人听得懂，有的人听不懂。

在组织的经营管理活动中，作为商业通用语言的会计，或显或隐地渗透组织的方方面面。对于那些接受过专业训练的人来说，通过某个组织的财务报表，可以看到组织的很多信息，比如经营是否健康，产品是否有竞争力，资源配置是否合理，运营效率是高还是低，组织的可持续发展前景如何，等等。冷冰冰的财务数字之所以会"说话"，那是因为，组织的业务运营与财务表现根本就是一个"硬币"的两面。

从经营管理水平提升的角度来说，组织的财务数据必须与业务运营进行高度的集成或一体化，以达到两个方面的管理效果：其一，日常业务有丝毫的风吹草动都能实时地体现到财务报表上；其二，以通用语言的财务数据来做业务计划并推动各项业务的开展。

如果从 PDCA 管理循环的角度来看，SAP BPC 的管理目标就是要实现 P 环节和 A 环节，或者说管理循环的初始环节和最终环节的业务财务一体化。具体来说，就是以全面预算为主要形式（也就是 SAP BPC 中的 B，Business Planning）来做业务计划，以指导和推动组织各项经营管理活动的开展，最后再以财务报表合并为主要形式（也就是 SAP BPC 中的 C，Consolidation）来反映组织的绩效表现。

业务财务一体化是财务管理领域数字化转型的重要内容，我们在 ERP 的实施和应用中谈得比较多。ERP 中当然也有 PDCA 管理循环，也有计划和预算，也有期末报表，但其涉及的主要是战术和操作层面的，还不能与组织的战略做很好的衔接。我们可以这么说，只有有了 ERP 和类似于 SAP BPC 这样的软件，组织的计划管理，组织在战略、战术和操作等层面的业务财务一体化才有了较为完善的工具支持。否则，组织的经营管理工作就没有形成闭环，组织在战略、战术和操作等层面的工作就不能实现较好的承接。

在功能模块上，SAP BPC 的功能主要有计划、预测、预算，以及反映组织阶段性经营成果的报表合并。图 5-28 中描述的是组织的全面预算及其内容，它其实是以会计语言（这里叫预算）所表达的组织的各项业务计划。以其中的销售预算、生产预算和存货预算等为例，它们是组织的销售与运作计划（S&OP）的另一种表现形式。对组织而言，接下来的经营管理工作就是要力争在预算设定的资源约束下去实现预算中所设定的经营目标和经营成果。

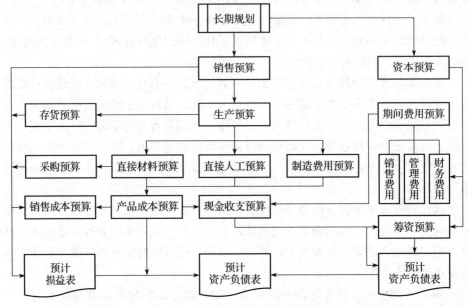

图 5-28　全面预算及其主要内容

组织的预算管理有事前计划、事中控制和事后反馈，SAP BPC 都为其提供了相应的功能支持。事前计划承接的是组织的战略发展目标，并基于过去某段时间的历史经营结果来做未来时间段的经营预测，然后是以全面预算的形式来体现未来时间段的业务计划。事中控制的落实需要 SAP BPC 与组织的 ERP 系统做对接，尤其是与 ERP 中的财务会计、管理会计等模块做对接。事后反馈是基于单体公司的财务报表，根据合并的规则和要求（比如汇率转换、内部交易抵消等）做出集团级的财务报表，最终再转化为各种 KPI，以便于做经营成果的预测分析。

（2）SAP BPC 的数字化特点　在预算管理和报表合并领域，作者的过往经历中就接触过多个类似的项目。最早是 SAP EC-CS，之后又参与了 Hyperion HFM 的实施，然后是 SAP BPC，中间还出现过多次反复，有些项目的效果不是很理想，给作者留下的印象就是反复和折腾，这与软件厂商和咨询公司所说的应用效果简直是冰火两重天。

这让作者想起了另外一类项目——商务智能（BI）的实施和应用。就作者所知，某企业自 2006 年就开始实施 BI，除了常年维持 5 个人左右的 IT 团队做运维和优化,中间还请了不同的咨询公司做过多次新项目实施,一直到今天,BI 的应用效果都差强人意,几万人的公司,每天的活跃用户在 20 个上下。

从技术架构来看,SAP BPC 与 SAP BI 有很大一部分的重叠,两者都要用到业务数据仓库,可以说除了应用层不一样,其他的基本类似。在组织中,SAP BPC 与 SAP BI 的应用效果不理想,应该与它们的数字化特点,也就是基于数据来做计划和分析的 OLAP(On-Line Analytic Processing,联机分析处理)式应用有很大的关系。

我们知道,从软件算法或功能特点等角度看,管理软件可以大体划分为 OLTP 类和 OLAP 类。前者用于业务交易的处理和记录,比如 ERP、WMS;后者用于业务运行的计划、统计和分析,比如本文说到的 SAP BI 和 BPC。

OLTP 类软件以业务流程的数字化为重点,可执行性和强制性比较高,涉及的用户面也比较广,其价值也容易得到体现。OLAP 类软件以数据运算为重点,涉及的用户面相对较窄(主要是组织的经营管理和决策层),如果用户认为数据分析的结果没有太大的价值,就不会去用它。

因此,SAP BPC 的数字化特点是 OLAP 类软件,要想让它发挥出应有的作用,就要着力于数据计划和分析的质量或价值提升上。

从对象和特点来看,OLAP 类软件所涉及的是与经营管理活动有关的 4W2H1W 类数据。所谓的 4W,即何时(When)、何地(Where)、何人(Who)和何物(What),在 SAP BPC 中指的是维度、成员、属性和层次等,描述的是看待业务的视角。所谓的 2H,即怎样(How)和多少(How much/How many),在 SAP BPC 中指的是交易数据或度量值(Measure)等,描述的是业务是怎么发生的,结果如何等。所谓的 1W,即为什么(Why),在 SAP BCP 中指的是业务预测的差异分析及其原因,以及未来应该怎么做等。

通过对 OLAP 类软件中数据的 4W2H1W 分析,我们可以推测,SAP BPC 在组织中应用效果不理想,可能有以下几个原因:

1)4W 的组合和变化不灵活,用户需要借助 IT 人员的支持,而不是自己就能灵活地选择和切换自己想要的视角来做计划和分析。

2)2H 所反映的业务结果数据不准确、不及时或不完整,或者还不如用户自己通过其他渠道得来得快捷、准确和真实。

3)计划、报表和分析中的数据不能把业务中的 Why 阐述清楚,或是直观、形象、具体、深入、系统地阐述出来。

为了解决上述问题,我们需要在模型构建、数据抽取和与 ERP 的集成、基于背景和问题导向的计划和分析、UI 的友好性等方面寻求改进。

（3）SAP BPC 的实施建议　从总体上来看，以 ERP 为代表的 OLTP 类软件，其实施和应用的效果要达到及格分不难；而以 SAP BPC/BI 为代表的 OLAP 类软件，其实施和应用的效果要达到及格分则比较难，因而对该领域的顾问或从业人员也提出了更高的要求，这些要求主要体现在技术和业务等两个方面。

在技术上，SAP BPC 顾问必须具备架构师的相关知识和抽象能力，以及对业务数据仓库 BW 的熟练运用能力。SAP BPC 的功能范式是用数据来"说话"，用数据来指导和推动组织的经营管理活动，而前提是数据必须能够准确、及时、完整地表征各项业务，背后考验的是顾问的数据科学思维和模型架构能力。前文也说过，SAP BPC 用得不好的原因之一是模型的搭建，而组织的规模越大，业务越复杂，相应的模型也越复杂。SAP BPC 中数据模型的通用要求是"尽可能的简单，适当的复杂"。

在管理上，SAP BPC 顾问要懂业务，而且是全面、系统、具体地懂业务；要求顾问既要有战略上的高度（像 CEO/CFO 那样去思考），又要有操作上的细度（像一线业务人员那样去思考）；不仅要懂财务，还要懂业务，更要懂作为一个"硬币"的两面，业务和财务是如何集成和联动的。

我们说合格的数字化人才必须是既专又通的 π 型人才，这在 SAP BPC 顾问的身上体现得尤为明显。ERP 顾问是配置型顾问，可以只懂某个模块的操作和配置，而 SAP BPC 涉及组织的方方面面，而方方面面在 SAP BPC 的计划、预算和分析中是一个统一的整体，只是了解局部是远远不够的。

2. SAP IBP

IBP（Integrated Business Planning，集成业务计划）涉及的是企业中战术性的业务计划，具体包括营销计划、销售计划、需求计划、S&OP 等。IBP 中的销售计划可与 BPC 的收入计划做数据对接，作为 BPC 中收入计划制订时的主要输入。IBP 中的需求计划和 S&OP，可以以独立需求的形式传输到 SAP/ERP，或者说 S/4HANA 中，供后者做 MPS/MRP 等运算。

关于 SAP IBP 的功能和特点，本书的"3.3 SAP IBP 功能概览"中有更为详细的介绍，在此不再赘述。

3. SAP S/4HANA

S/4HANA 是 SAP 公司的旗舰产品，是 SAP 版的 ERP，SAP 公司还将之称为下一代 ERP 或智能型 ERP。S/4HANA 所涉及的既有战术性的业务计划、财务计划和投资计划，也有作业性的业务计划、财务计划和投资计划，具体见图 5-29。其中，带灰色背影的部分，是 S/4HANA 所能提供的计划功能。

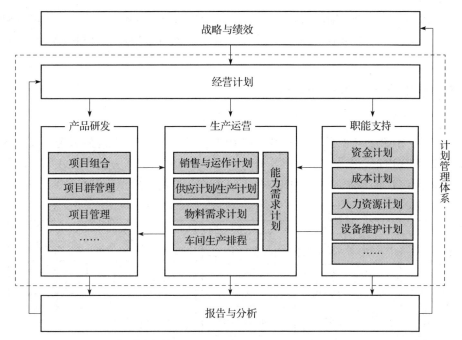

图 5-29　S/4HANA 中所提供的计划管理工具

S/4HANA 中的业务计划包括主生产计划（MPS）、物料需求计划（MRP）、长期计划（LTP）、预测性物料需求计划（pMRP）、需求驱动的物料需求计划（DDMRP）（S/4HANA 中的名字为 DDR）、生产计划和详细排程（PP/DS）、运输计划（DP）等，它们组合在一起，可以帮助企业建立起多层、滚动和相互补充的生产计划体系。

顺便提一下，S/4HANA 中也有销售与运作计划（S&OP）的相关功能模块，只不过，与 SAP IBP 相比，S/4HANA 中的 S&OP 就比较弱，SAP 公司推荐大家用 SAP IBP 来制订 S&OP。

S/4HANA 中也有作业性的财务计划，具体包括生产成本计划、成本中心计划和作业类型计划，这三者也是制造型企业中成本计划的主要组成部分，可以从财务的角度来描述和观察企业中的资源是如何转化为产品或服务的，以及转化的效率如何，等等。

S/4HANA 中也有可以支持战术性和作业性投资计划的管理，具体包括产品组合管理（Product Portfolio Management）、项目组合管理（Project Portfolio Management）、项目管理、人力资源计划、设备维护计划、质量保证计划等。

综合来看，SAP BPC、IBP 和 S/4HANA 基本涵盖了企业计划管理体系的各个方面，如果还需要再智能的话，可以再加上 SAP Cloud Platform（SCP）中以云服务的形式所提供的机器学习和高级分析等功能，以实现计划管理的 PDCA 循环。

5.8　S/4HANA 中的 S&OP

虽然，SAP 公司推荐客户采用 SAP IBP 来编制 S&OP，但是如果企业没有购买 SAP IBP 软件，也是可以采用 S/4HANA 的 S&OP 模块来为企业服务的，以尽量挖掘现有 IT 资产的价值。S/4HANA S&OP 中的计划对象和计划方法见图 5-30。

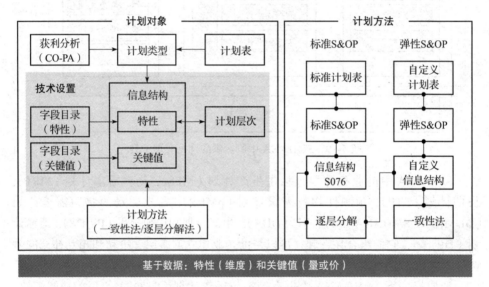

图 5-30　S/4HANA S&OP 中的计划对象和计划方法

S&OP 的应用范式是用数据来表示计划对象和计划对象的未来表现的。在 S/4HANA 中，计划对象用特性来表示，它其实也代表了业务的维度，比如产品组、区域、渠道、工厂，以及年、月、周等时间维度；而计划对象的未来表现则用关键值来表示，这又分为销售、生产、物流等业务视角的量的数据（销售量、库存量、生产量等），以及财务视角的价的数据（销售价格、销售毛利等）。

如果把 S&OP 看成是信息魔方或数据表的话，在 S/4HANA 中，信息结构就类似于信息魔方或数据表的骨架，S/4HANA 集中用信息结构来统一地定义和管理特性数据和关键值数据。

在计划方法上，S/4HANA 支持两种形式的计划：标准 S&OP 和弹性 S&OP。

所谓标准 S&OP，指的是企业使用 S/4HANA 所提供的标准信息结构，从中选择自己所需要的特性和关键值来编制 S&OP。所谓弹性 S&OP，指的是企业自己从零开始，或是参考标准的信息结构，结合本企业的实际需求，以自定义信息结构的形式来编制 S&OP。

与 SAP IBP 相比，S/4HANA S&OP 模块只提供了有限的统计性预测模型，在社交化协同等方面需要二次开发，但在数据管理和与 ERP 的集成等方面，肯定比 Excel 表式 S&OP 编制方法要强得多。

5.9　S/4HANA 的长期计划

在 S/4HANA 中，长期计划（Long-Term Planning，LTP）又称模拟型 MRP，可用于模拟未来某个时间中产品 BOM 各层级的供需状况，属于战术性计划管理。

在计划管理的实践中，企业可以通过 LTP 的运行来检查未来时期的产能是否能够满足生产需求，基于产品 BOM 中的下阶物料需求。例如，采购部门可以使用 LTP 的结果来预测未来的采购订单，然后将之与合同条款相结合，与供应商进行采购谈判，以便得到更优惠的采购条款。

LTP 在 S/4HANA 计划工具包中的位置和作用，见图 5-31。

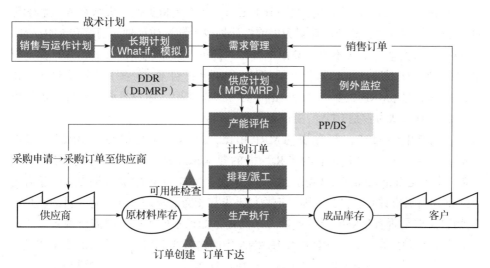

图 5-31　S/4HANA 计划工具包中的长期计划

在具体操作上，LTP 具有以下特点：

1）LTP 是 MRP 运行的模拟版本，其运行结果不会对实际的计划运行产生直接影响。

2）必要时，企业可以将 LTP 的运行结果转为实际运行版本（版本号：00），并作为需求管理的输入。

3）就计划频次而言，LTP 不只是长期计划，企业可以根据自己的业务需要随时地进行 LTP 运行。

4）LTP 可以使用现有的生产主数据进行计划运行，也可以采取自己特有的数据进行计划运行。

5）系统允许有多个不同目的或用途的 LTP 并行运行，当某个场景不需要时则可删除。

5.10　S/4HANA 中的 pMRP[⊖]

预测性物料与资源计划（Predictive Material and Resource Planning，pMRP）是 SAP S/4HANA 1909 版本之后引入的一个新型计划功能。为了了解 pMRP 的功能特点，我们可以将之与 S/4HANA 中的 LTP、MRP 和 PP/DS 等计划工具做简要对比。

pMRP 中的 p，也就是所谓的 Predictive，并不是指类似于大数据或机器学习中的自动预测能力，此处可理解为提前性计划或中期运作计划，而这和 S/4HANA 中的 LTP 有类似之处。不错，pMRP 和 LTP 都可以做中期生产计划，并且都是模拟性计划。只不过，与 LTP 所不同的是，pMRP 针对某个（些）选定物料或工作中心来做，且 pMRP 主要以 Fiori Apps 的方式来使用，用户界面更友好，操作更简单，也有人认为它是 LTP 的演进版。

pMRP 中的 MRP，与常规的 MRP 相比，虽然其缩写都是"MRP"，但此"R"非彼"R"。pMRP 中的"R"指的是 Resource（资源），常规 MRP 中的"R"指的是 Requirements（需求）。简要来说，常规的 MRP 是无限制（或能力约束）的物料需求计划，pMRP 则是把物料需求与能力需求综合起来看，目的就是检查物料需求是否有足够的资源或能力来满足，如果不能满足，则需要做相应的调整。从这个角度来看，pMRP 与 S/4HANA 中的内置式 PP/DS 似乎又有类似之处。

不错，从逻辑和效果等方面看，pMRP 与 PP/DS（生产计划与详细排程）有

⊖ 本节所用到的系统屏幕拷屏，全部来自网页：https://www.sapspot.com/pmrp-predictive-material-and-resource-planning-in-sap-s-4hana-step-by-step-execution/。

类似之处，两者大体上都是将物料需求与能力需求进行综合运算，以确保产品需求或生产计划的可行性。只不过，pMRP 所应用到的算法比较简单，运算结果也没 PP/DS 那么精细。大体上，我们可以把 pMRP 视为简易版、mini 版或 lite 版的 PP/DS。

通过上述比较，我们基本了解了 pMRP 的功能特点（中期计划、模拟计划、有限需求与能力计划），下面就来看看 pMRP 具体是如何使用的。

pMRP 在实际使用时通常包含以下几个步骤见图 5-32：①定义场景并明确 pMRP 运行的背景和目的；②准备 pMRP 运行所需的数据；③创建 pMRP 模拟任务；④查看 pMRP 运行结果并做必要处理；⑤分析 pMRP 运行结果发布并使用调整后的运算数据。其中，第 1 步是纯线下的、意图性准备工作，下面我们就从第 2 步开始，结合 S/4HANA 操作界面的拷屏图片来了解 pMRP 的运行特点。顺便提一下，pMRP 的运行并没有，也不需做相应的系统配置，可以说它就是一个开箱即用的计划工具。

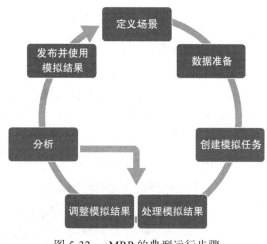

图 5-32　pMRP 的典型运行步骤

1. 数据准备

pMRP 运行所需的数据包括静态的生产主数据和动态的交易数据。静态的生产主数据包括相关的物料主数据、BOM、工作中心、工艺路线、生产版本等。在一个正常的 S/4HANA 生产环境中，上述制造类主数据应该都是具备和完整的，其具体维护就不在此赘述了。pMRP 运行时将根据模拟任务的相关参数来选择相应的生产主数据作为其参考数据。pMRP 运行所需的交易数据，也就是计划对象或产成品的未来生产需求，是以计划独立需求（Planned Independent Requirements，PIRs）的形式来体现的，所以我们需要在系统中先创建或维护相应物料的计划独立需求，其系统操作与常规的 PIRs 创建类似，具体见图 5-33。

我们在系统中创建了产成品物料 HSC05DD 自 2020 年 2 月 3 日至 2020 年 2 月 28 日，以周为时间块（W6～W9）的计划独立需求，而接下来就是要通过 pMRP 的运行，来看看上述物料需求的生产是否可行，下阶零部件和资源上是否能够满足。

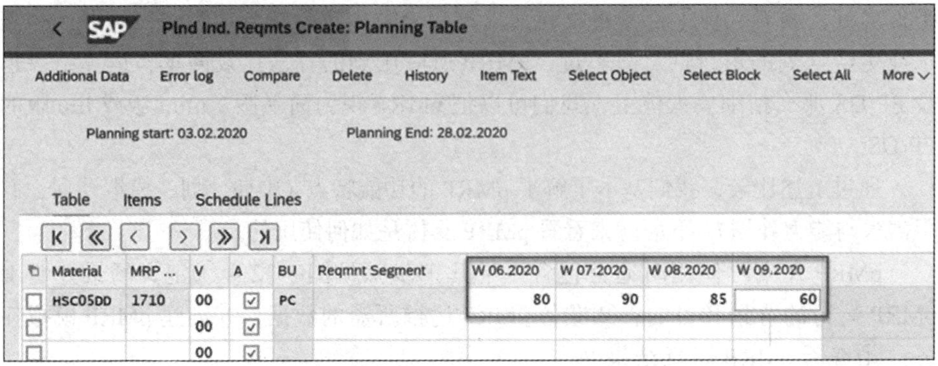

图 5-33 维护产成品物料的计划独立需求

2. 创建模拟任务

在 S/4HANA 中，pMRP 的运行和使用主要是以 Fiori App 的形式来完成（在 SAP GUI 中，可以通过运行 PMRP_CREATE_ENVIRONMENT_MAT 等 ABAP 报告的形式来使用）的，而相关的 App 主要有图 5-34 中所示的几种。具体来说，创建模拟任务要用到 App：Schedule pMRP Simulation Creation，而查看、处理、调整和发布模拟结果则需要用到 App：Process pMRP Simulations。

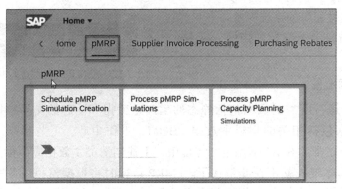

图 5-34 与 pMRP 有关的 Fiori Apps

为了创建一个新的 pMRP 模拟任务，我们首先单击 App：Schedule pMRP Simulation Creation，在图 5-35 所示的模拟任务列表界面再单击添加新任务按钮："+"，就可以录入与任务所需的相关数据。

创建 pMRP 模拟任务所需的相关数据录入界面主要由三个 Tab 页构成：GENERAL INFORMATION（通用信息）、SCHEDULING OPTIONS（计划选项）和 PARAMETERS（参数）。在"通用信息"Tab 页，用户需要选择所需的任务模板，要么是 Creation of pMRP Data via Top Level Materials（通过顶层物料来录入 pMRP 数据，也就是从常规运营环境中提取制造主数据作为 pMRP 模拟运行的参考数据），要么是 Creation of pMRP Data via Work Center（通过工作中心来录入 pMRP 数据）。前者是从顶层物料的视角来看能力需求和生产计划的可行性，后者是从某个工作中心的视角来看其负载进而来评估相应生产计划的可行性。在图 5-35 中，选择的是通过顶层物料来录入 pMRP 数据，后续其他数据的录入见图 5-36。

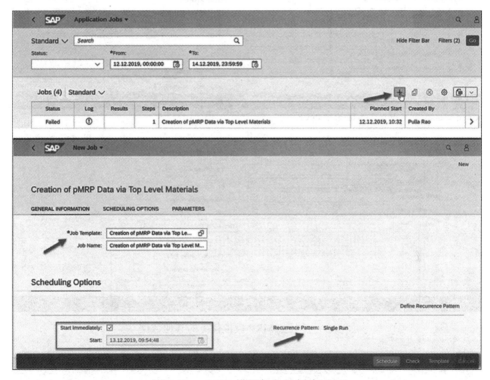

图 5-35　pMRP 模拟任务的创建页面

录入模拟任务的 ID、开始和截止日期、时间块的类别（日、周或月）、顶层物料所在的工厂、顶层物料的物料编码等数据后，单击屏幕右下方的"Schedule"按钮，提交数据至后台运行。再返回到任务列表界面，就可以看到刚才所提交并创建好的 pMRP 任务了，详情如图 5-37 所示。

单击"Log"列下面的信息提示按钮，可以查看任务数据在后台的执行情况；单击"Results"列下方的文件按钮，可以查看 pMRP 模拟任务的运行结果。

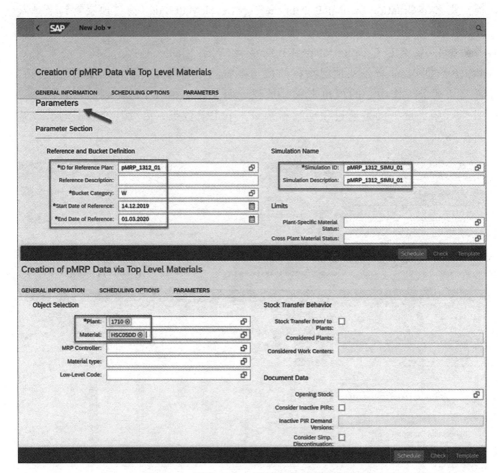

图 5-36　创建 pMRP 模拟任务的其他数据

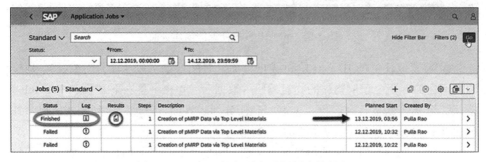

图 5-37　pMRP 任务列表及新创建的任务

3. 处理模拟结果

通过 Fiori App：Process pMRP Simulations，我们可以查看、分析、处理和调整 pMRP 模拟运行的结果。

单击 App：Process pMRP Simulations 后，我们将进入 pMRP 模拟运行结果的列表页见图 5-38。在这里，可以看到刚才提交并运行的 pMRP 模拟运行任务状态为"Created（已创建）"。单击屏幕列表最左边模拟任务 ID 和描述下面的："Simulation Summary（模拟详情）"，可以查看本次 pMRP 模拟运行的详细信息，具体见图 5-39。

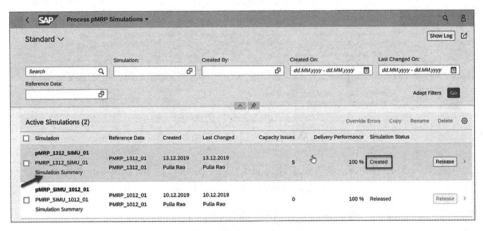

图 5-38 pMRP 模拟运行结果的列表页（一）

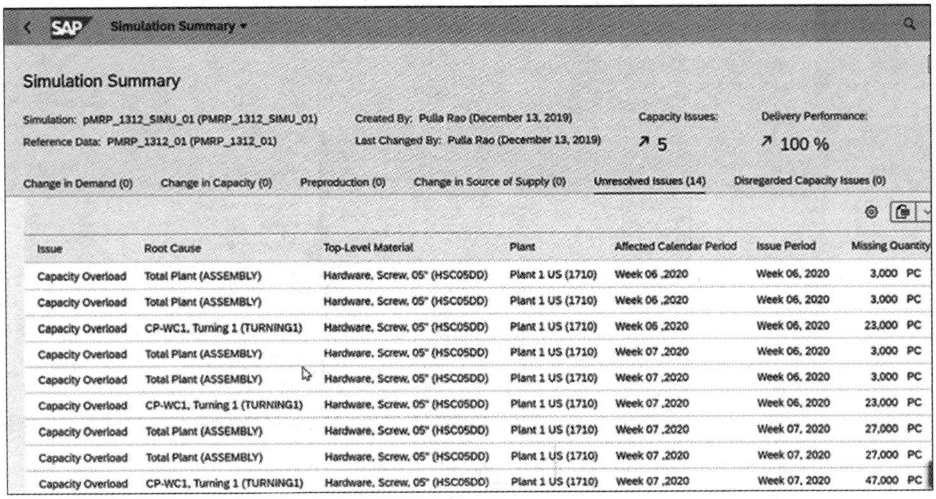

图 5-39 pMRP 模拟运行的详细信息

单击图 5-39 所示屏幕顶部最左方的返回按钮"〈",返回到图 5-40 所示的列表页(与图 5-38 内容相同),我们会发现该模拟运行产生了 5 个与能力有关 Issues,接下来我们就对这 5 个 Issues 进行处理。

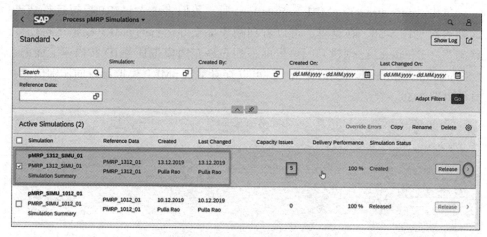

图 5-40　pMRP 模拟运行结果的列表页(二)

选择图 5-40 所示任务列表中刚才所创建的 pMRP 任务行,单击该任务行最右端的箭头"〉",进入需求计划模拟的详情页,可以查看到底是需求计划的哪个时间块或哪些数据存在能力 Issues,详情见图 5-41。

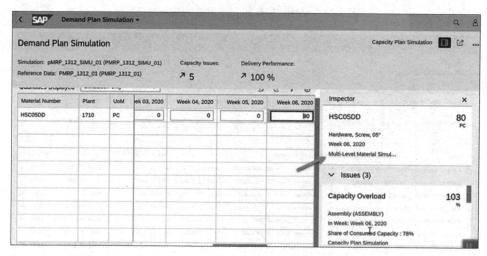

图 5-41　pMRP 需求计划模拟详情页

在文中"数据准备"阶段所维护的物料 HSC05DD 的计划独立需求中,第六周（W6）的计划存在与之相关的 3 个能力方面的 Issues。换句话说，在该时间段，存在能力超负载的情况。为了解决这几个能力方面的 Issues，我们可以采取以下几种措施：

1）调整物料的计划独立需求。实际就是减少该时间段的生产需求，从而减少与之相关的能力需求，以消除因能力超负载所导致的 Issues。

2）提前生产（Preproduce）。把存在能力瓶颈的需求提前到之前生产，如果之前的时间段能力有空余的话。

3）更改供应来源（Chang Source of Supply）。如果一个物料有两个或以上的生产版本，也就是存在两个或以上的设备或生产的线（供应来源），就可以把需求切换到有能力空余的其他生产版本去生产。

4）调整可用能力，也就是提高能力使用率。通常情况下，我们会把设备的使用率或负载安排在 80% 左右。在可用能力不能满足生产需求时，我们可以把设备的使用率调整到 100% 以上，甚至 130% 以上，以提供更大的能力，实际上就是通过加班的方式来解决。

5）直接无视某些能力 Issues 的存在，这是比较随意的做法。

一般来说，我们不会减少计划独立需求，而是尽可能通过内部调整来满足需求。下面，我们分别举例来演示"更改供应来源""提前生产""调整可用能力"等做法的具体操作。

1）更改供应来源。单击图 5-41 所示屏幕右边"Multi-Level Material Simulation"，进入图 5-42 所示的页面：

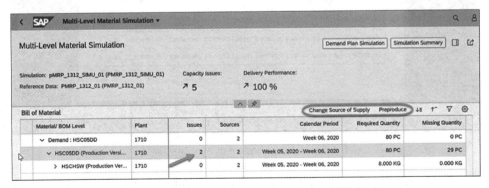

图 5-42　Multi-Level Material Simulation 页面（一）

物料 HSC05DD 的首选生产版本 1 存在 2 个 Issues，而在其上方有两种处理选项按钮：Change Source of Supply（更改供应来源）和 Preproduce（提前生产），我们选择"Change Source of Supply"按钮，进入 Change Source of Supply

处理页，可以看到该物料存在两个生产版本，而生产版本 2 是存在部分产能富余的，系统也提示并建议了可以分配到生产版本 2 来生产的需求数量，具体见图 5-43。

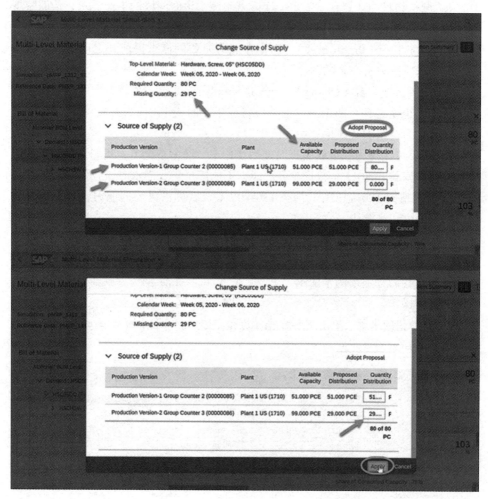

图 5-43　Change Source of Supply 处理页

在 Change Source of Supply 的处理页，单击 Adopt Proposal（采纳建议）按钮，系统将把建议数据填充到生产版本 2 的 Quantity Distribution 列（见箭头的指示），再单击屏幕右下方椭圆框的 Apply 按钮来生效该调整，以分担生产版本 1 在该时间段的能力瓶颈。至此，原本与能力有关的 5 个 Issues 就减少为 3 个，而原本 W6 需求格的警告框也消失了，具体见图 5-44。

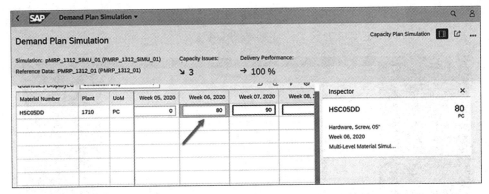

图 5-44　Change Source of Supply 生效后的结果

2）提前生产。

接下来，我们以"提前生产（Preproduce）"的方式来处理并消除与 W7 有关的能力 Issues。在图 5-41 所示屏幕右方，单击 Multi-Level Material Simulation，进入图 5-45 所示的 Multi-Level Material Simulation 页面。

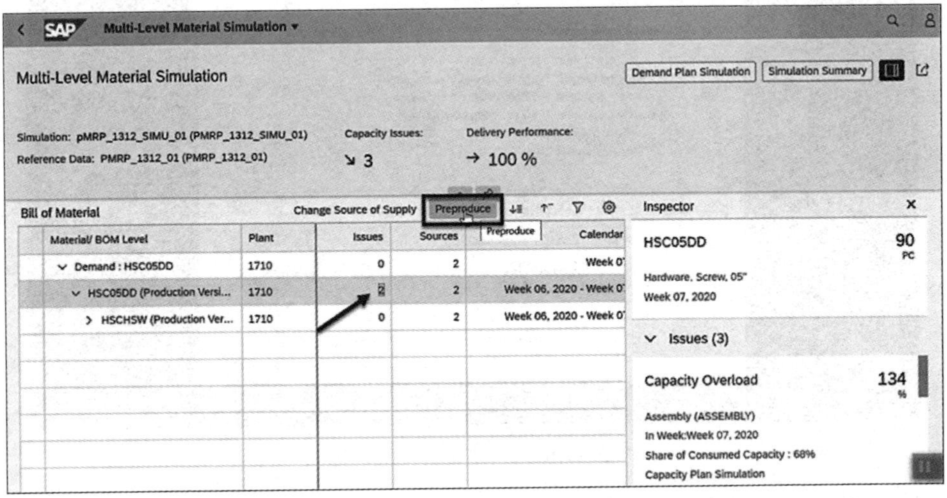

图 5-45　Multi-Level Material Simulation 页面（二）

在图 5-45 所示的页面中，选择存在能力 Issues 的行（黑色箭头所指），再单击其右上方的 Preproduce 按钮，进入 Preproduce 处理页，详细见图 5-46。

在图 5-46 的 Preproduce 处理页中，系统首先给出了 W5 和 W4 存在富余能力的提示和建议，单击建议行右上方的 Adopt Proposal 按钮以采纳系统的建议，然后在单击屏幕右下方的 Appy 按钮，让建议结果生效。返回到需求计划模拟页面，系统显示，与能力有关的 Issues 数量减少到 1 个，而原本需求计划表中 W7 列需求数据格外围的警示框也消失了，详细见图 5-47。

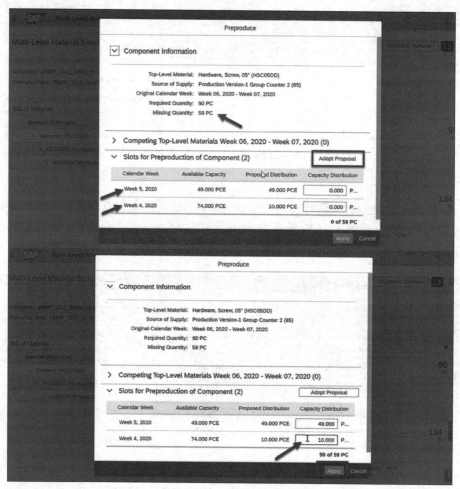

图 5-46　Preproduce 处理页

图 5-47　Preproduce 生效后的结果

3）调整可用能力。

接下来，我们以"调整可用能力（Change Available Capacity）"的方式来处理并消除与 W8 有关的能力 Issues。在图 5-48 所示的需求计划模拟页面中，能力 Issues 只剩下 1 个，而 W8 列的需求数据格仍然有警示框做提醒。我们单击屏幕右下方的 Capacity Plan Simulation，进入 Capacity Plan Simulation 页面，具体见图 5-49。

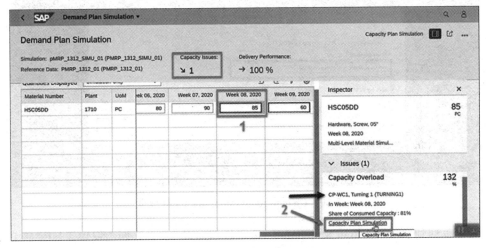

图 5-48　需求计划模拟页面

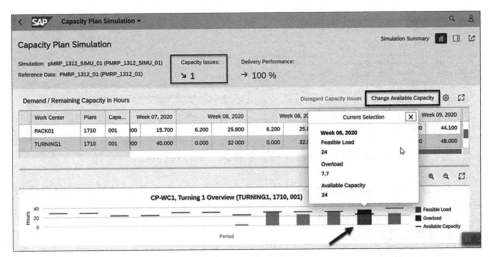

图 5-49　Capacity Plan Simulation 页面

在图 5-49 所示页面的黑色框框处，单击 Change Available Capacity 按钮，进入图 5-50 所示的 Change Available Capacity 处理页。选择或输入需要调整可用能力的所在周，也就是 W8，然后单击屏幕右下方的 Apply 按钮，让可用能力调整生效。

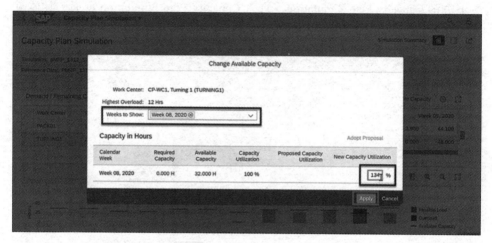

图 5-50　Change Available Capacity 处理页

返回到 Demand Plan Simulation（需求计划模拟）页，我们会发现，与能力有关的所有 Issues 都已清零，详情见图 5-51。

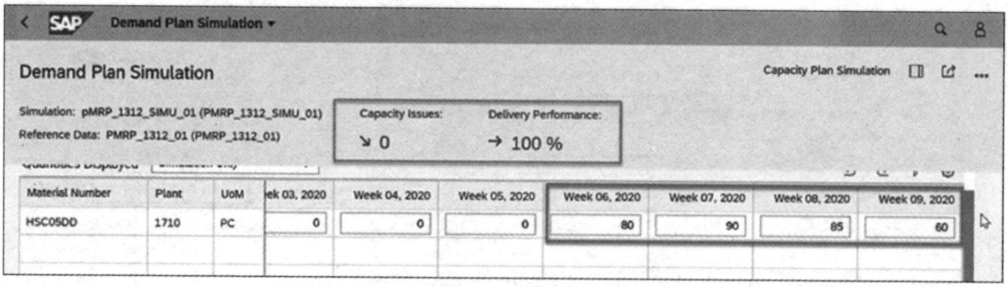

图 5-51　能力 Issues 全部清零的 Demand Plan Simulation 页

至此，pMRP 模拟运行的结果处理已全部完成。如果想让处理后的模拟结果传递到常规运营环境中，可以将该结果进行发布。

4．发布并使用模拟结果

为了发布模拟结果，我们需要返回到 pMRP 模拟处理的首页，找到需要发布的任务行，单击该任务行最右边的 Release（发布）按钮，就可以将模拟结果发布并传送到常规运营环境，而该 pMRP 模拟运行任务的状态也更新为 Released（已发布），详情见图 5-52。

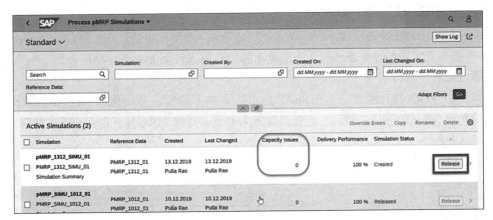

图 5-52　pMRP 模拟结果的发布

对于产成品物料而言，pMRP 模拟运行结果将在常规运营环境中以版本 01（非激活）的形式存在，要想将之用于指导实际的生产计划，还需将该版本的数据转为版本 00（激活）。

5. 小结

作为一种生产计划工具，pMRP 是 SAP S/4HANA 计划工具包中的有益补充。正如本节文首所述，在应用效果上，pMRP 要优于 LTP；在系统操作上，pMRP 比 LTP、PP/DS 等都要简单得多，不需要做任何系统配置，通过 Fiori Apps 的操作导航就可以完成全部操作。

由此可见，pMRP 是一种简单、易用、有效的计划工具，值得大家学习和尝试。当然，和其他计划工具一样，pMRP 的有效应用，离不开制造基础数据的质量，尤其是工作中心和工艺路线中工时定额数据（在 SAP 系统中以标准值和计算公式等形式来体现）的准确。如果这些基础数据的质量不能保证，再简单易用的计划工具也发挥不出其应有的效果。

5.11　S/4HANA 中的 DDR

S/4HANA 中的需求驱动的补货（Demand-Driven Replenishment，DDR）是 SAP 公司所开发的需求驱动的物料需求计划（Demand-Driven Material Requirement

Planning，DDMRP）的数字化解决方案。因此，在详细阐述 DDR 之前，我们需要对 DDR 背后的业务理念，也就是 DDMRP 的原理做详细的了解。

1. DDMRP 的业务原理

关于 DDMRP 的背景和原理，在 Carol Ptak（卡萝尔·普塔克）和 Chad Smith（查德·史密斯）的合著——《需求驱动的物料需求计划》有着详细的介绍，有兴趣的读者可自行查阅。

（1）DDMRP 的背景　DDMRP 是市场需求不稳定、复杂化和个性化背景下对传统 MRP 的替代。因为，在普塔克等人看来，传统 MRP 具有很多缺点或局限，具体见图 5-53。

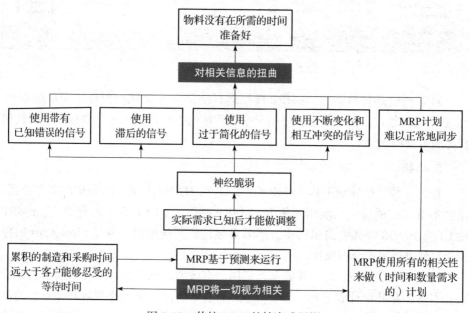

图 5-53　传统 MRP 的缺点或局限

传统 MRP 是极度理想化的物料需求计划，它如果能够得到充分有效的运行，企业基本可实现物料的零库存。现实情况是，MRP 的架构设计中设置了太多的前提条件，比如准确的销售预测、准确的（半）成品 BOM、准确的供应提前期设置等，这对现实中的很多企业无疑是要求太高了。DDMRP 的设计思路是尽量减少逻辑运行的前提条件，主要通过物料的实际消耗来驱动物料的补货。

在 DDMRP 中，通过解耦点的设置，将 DDMRP 物料的物料需求与其上阶物料之间的逻辑关系进行拆分，DDMRP 物料不再根据上阶物料 MRP 运行时所产生的相关需求，而是根据 DDMRP 物料自身的历史消耗量来产生物料需求，见图 5-54。

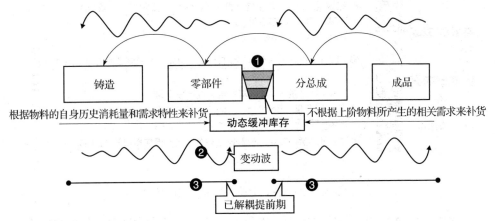

图 5-54　DDMRP 解耦点和动态缓冲库存的引入

在运算逻辑上，DDMRP 参考了重订货点法的原理。只不过，在传统的重订货点中，物料的安全库存、重订货点和最大库存等运算参数的设置是固定的，需要人为地去调整。如果市场需求的变动性比较大，而人工又没有及时地调整上述参数的设置，采用重订货点来计划物料的供应，还是会出现库存短缺或库存积压的情况。

（2）动态缓冲库存的计算　与重订货点法相比较，DDMRP 中的安全库存、重订点、最大安全库存等运算参数的设置是动态的，DDMRP 可以根据物料需求的实际变动、物料的供应提前期等，进行动态的调整。借助上述运算逻辑，解耦点的缓冲库存也就是动态的缓冲库存（时大时小），从而实现既能足量、及时地满足物料的真实需求，又不会产生库存积压的现象。

在 DDMRP 中，DDMRP 物料的动态缓冲库存由三部分组成：红区、黄区和绿区，计算步骤则依次为：黄区量的计算、红区基本量的计算、红区安全量的计算、绿区量的计算和最大库存（TOG）的计算，如图 5-55 所示。

在 DDMRP 中，红区量（TOR）称为安全库存，当 DDMRP 物料的在手库存量小于 TOR 时，代表物料供应处于危险区，需要人工予以干预或调整相关参数的设置。

红区量与黄区量之和（TOY），就是 DDMRP 的重订货点，当物料的净流程值低于 TOY 时，需要自动触发补货流程。净流量值的计算详见后文中对于 S/4HANA DDR 相关功能的介绍。

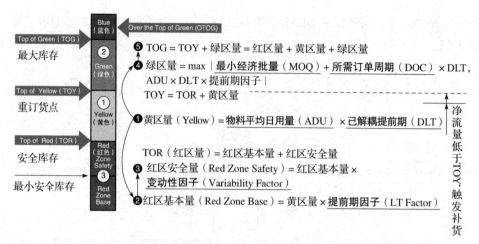

图 5-55 DDMRP 中动态缓冲库存的计算

红区量、黄区量、绿区量的三者之和（TOG），又称最大库存，如果物料的在手库存大于 TOG，代表物料库存偏多，也需要人工干预或调整相关参数的设置。

在 DDMRP 中，动态缓冲库存较为理想的情况是处于 TOR 和 TOY 之间，既不会发生物料供应的短缺，又不存在物料库存积压。

在图 5-55 所示的相关计算公式中，物料平均日用量（Average Daily Usage，ADU）是物料在过去一段时间内消耗量的平均值，已解耦提前期（Decoupling Lead Time，DLT）是通过物料的实际补货执行情况计算而得的，提前期因子（LT Factor）是根据物料供应的稳定性来设置的，而变动性因子（Variability Factor）则是根据物料需求的变动性来选择的。

（3）DDMRP 的实施步骤　在具体应用时，企业可以通过以下 5 个步骤来实施和应用 DDMRP 方法，具体见图 5-56。

1）战略库存设置，即选择需要采取 DDMRP 策略来进行物料需求计划的物料。通常需求的变动性大，或者是供应提前期较长的物料，建议采取 DDMRP 策略。有的企业，也将 DDMRP 与 TOC 方法结合起来使用，用 DDMRP 来指导 TOC 中瓶颈工位物料的物料计划。

2）库存参数的设置和动态缓冲库存的计算。确定 DDMRP 运行所需的各类参数，比如 DLT、提前期因子、变动性因子等，然后再计算黄区量、红区量、TOY、绿区量、TOG 等。

3）根据市场或产品等因素的变化，或是动态缓冲库存的结果，动态调整 DDMRP 的相关参数，尽量确保动态缓冲库在 TOY 的上下波动，既不要低于 TOR，又不要高于 TOG。

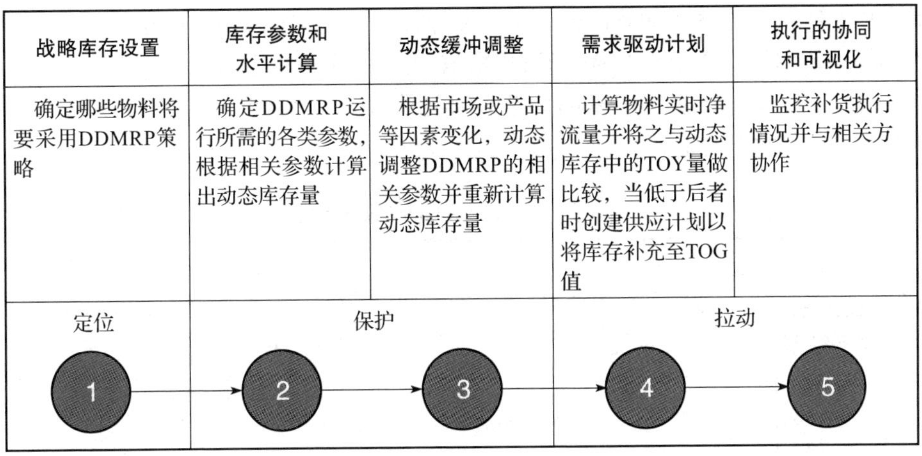

战略库存设置	库存参数和水平计算	动态缓冲调整	需求驱动计划	执行的协同和可视化
确定哪些物料将要采用DDMRP策略	确定DDMRP运行所需的各类参数,根据相关参数计算出动态库存量	根据市场或产品等因素变化,动态调整DDMRP的相关参数并重新计算动态库存量	计算物料实时净流量并将之与动态库存中的TOY量做比较,当低于后者时创建供应计划以将库存补充至TOG值	监控补货执行情况并与相关方协作
定位		保护		拉动
①	②	③	④	⑤

图 5-56 DDMRP 的实施步骤

4)当物料的实时净流量低于 TOY 时,触发或创建供应计划,将库存量补充至 TOG 的水平。

5)DDMRP 执行的协同、可视化和监控。监控在手库存水平和补货执行情况,推动供应相关方的高效协同。

最后,我们可以用表 5-1,对传统 MRP 与 DDMRP 做个简要比较,让大家对 DDMRP 有更深的印象,并选择适合的传统 MRP 或 DDMRP,来优化企业内的物料需求计划。

表 5-1 传统 MRP 与 DDMRP 的比较

项目	MRP	DDMRP
定义	物料和资源计划系统的关键组成部分	对 MRP 的可选扩展,以便供应紧跟需求
主要动因	预测 /S&OP(Push)	需求所导致的实际用量(Pull)
计划时间框架	按累计提前期的驱动预测	直接与实时库存、用量绑定,并基于需求来确定补货策略
理想环境	稳定和可预测的需求	不稳定的环境
依赖性	S&OP、预测准确性和稳定性	可视化补货控制系统等

2. S/4HANA DDR 的功能操作

在 S/4HANA 中,DDR 的功能设置和实施步骤,基本与 DDMRP 的理论介绍类似。DDR 的优势在于,借助 S/4HANA 中主数据设计、交易数据的积累和基于 HANA 的计算能力,系统可以通过对相关数据的运算,自动找到并建议哪些物料适合用 DDMRP 方法，DDMRP 中 ADU 的值是多少，DLT、提前期因子、变动性因子等取值如何，从而大大简化了 DDMRP 方法的实施和应用。

S/4HANA DDR 实施步骤的详情内容见表 5-2。大家可以将之与 DDMRP 的理论实施步骤进行比较。

表 5-2　S/4HANA DDR 实施步骤

1			2			3		4	5
战略库存设置（DDR 物料选择）			库存参数和水平计算（相关参数和 TOR/TOY/TOG 的计算）			动态缓冲调整（调整 TOR/TOY/TOG）		需求驱动计划（运行 MRP）	执行的协同和可视化
产品分类（DD）	批量维护产品数据（DD）	提前期分类（DD）	缓冲建议计算	管理缓冲水平	缓冲设置	缓冲建议计算	管理缓冲水平	MRP 运行	补货计划	补货执行	计划员概览
进行产品分类 ABC、EFG、PQR	基于分类维护产品的 MRP 类型：D1，产品分类可手工修改	针对 MRP 类型为 D1 的物料进行解耦提前期计算并予以分类：EFG	基于解耦提前期计算 MRP 类型为 D1 的物料的缓冲	允许用户调整所计算出来的缓冲值	提供可视化产品结构，便于计划员进行缓冲设置	基于解耦提前期计算 MRP 类型为 D1 的物料的缓冲值	允许用户调整所计算出来的缓冲值	创建收货要素	提供计划状态显示，便于计划员进行后续处理	显示在手缓冲状态	提供仪表盘便于计划监控和及时处理

注：表头合并，上方为5列大标题，下方为12个小列。

另外，DDR 的配置和操作主要通过 Fiori Apps 来完成。借助 Fiori 技术，DDR 可以为用户提供更好的使用体验。当然，如果企业没有部署 Fiori，也可以通过传统 SAP GUI 界面中的 PH_DD_BUFLVL_PRPSL 等程序、报表或视图来获取和使用 DDR 的相关功能。

S/4HANA DDR 所涉及的 Fiori Apps，或是相关程序、报表或视图，见图 5-57。

（1）产品分类　哪些物料适合用 DDR　在 DDR 中，哪些物料适合用 DDR 的建议，是通过产品分类来进行的。具体来说，DDR 对过去一个时间段的物料用量进行统计分析，并分别按 ABC、PQR、XYZ 分类，用户再根据物料的分类结果，决定哪些物料适合做 DDR。

DDR 中的产品分类方法有 A/B/C 分类、X/Y/Z 分类、P/Q/R 分类和 E/F/G 分类，如图 5-58 所示。

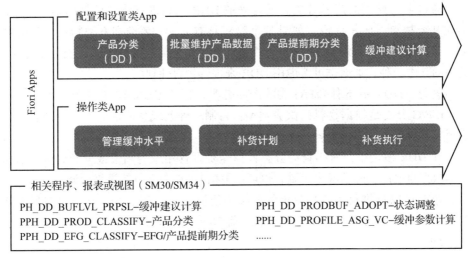

图 5-57　S/4HANA DDR 中的 Fiori Apps、相关程序、报表或视图

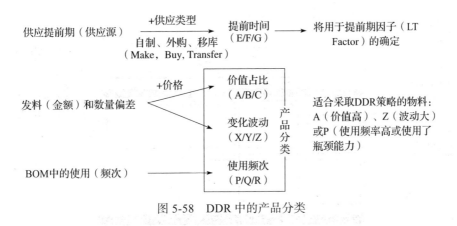

图 5-58　DDR 中的产品分类

通过物料的发料或消耗金额 $\left(\sum 数量 \times 价格\right)$，可以对物料进行 A/B/C 分类：A 为高价值的物料，B 为中价值的物料，C 为低价值物料，这与库存管理中的 A/B/C 分类法基本类似。

通过分析物料在过去一段时间内，不同发料或消耗批次之间的数量偏差，可以判断出物料消耗的变动性或波动是大还是小，并借此对物料进行 X/Y/Z 分类，需求变化或波动最大的为 Z 类物料，其次是 Y 类物料，再次是 X 类物料。

通过物料的 BOM 用途分析，可以识别出物料在相关产品 BOM 中的共有频率。共用频率最高，或是使用了瓶颈能力的为 P 类件，其次是 Q 类件，再次是 R 类件。

通过上述形式的产品分类，适合采取 DDR 策略进行物料计划的是 A 类、Z 类或 P 类物料。换句话说，如果某个物料具有 A 类、Z 类和 P 类物料的所有特点，那么强烈建议采用 DDR 来进行物料计划；如果某个物料属于 A 类、Z 类或 P 类中的其中一种，那么也可考虑用 DDR 来进行物料计划。

另外，DDR 中还有 E/F/G 式的产品分类，用于 DDMRP 中提前期因子的确定。E/F/G 分类是根据物料的供应类型：自制、外购或移库。显然，企业自制的物料，其供应的可靠性更容易保证。

在 DDR 模块中，对物料的分类计算需要设置相应的阈值或分类区间，这由企业根据自己的实际情况来设置，也可以根据 DDR 的运行效果来做调整。

企业可以将物料 A/B/C 分类的分类阈值设为 30、30、40，即通过对所有物料历史时间段内的消耗金额进行排名，前 30 的物料为 A 类物料，依次类推，见图 5-59。

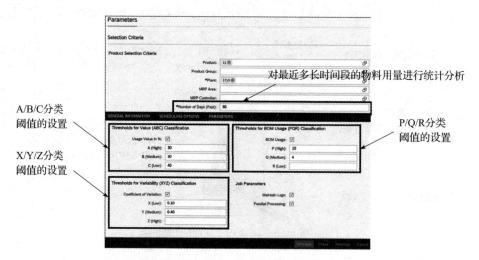

图 5-59　DDR 中产品分类的阈值设置

对于 E/F/G 分类，针对不同的供应类型，自制（Make）、外购（Bug）或移库（Transfer），在 S/4HANA 系统可以分别维护不同的分类阈值。例如，对于自制物料，提前期在 1 天或以内的视为 E 类物料，而对于外购物料，则可将提前期在 5 天或以内才视为 E 类物料。

在 S/4HANA DDR 中，物料的 A/B/C、X/Y/Z、P/Q/R 等分类是通过程序运算来完成的。企业可以根据分类结果来决定哪些物料将采用 DDR 策略，并将之维护到物料的主数据中。

在 S/4HANA 中，DDR 策略所对应的 MRP 类型是“D1”，相应的批量决定程序为“HB”（每次补货到最大库存量）。在 DDR 设置生效并运行前，用户可以设置一个初始的最大库存值。DDR 运行一段时间以后，系统将根据动态缓冲计算结果，也就是 TOG 的值来自动更新物料主数据中的最大库存设置。

在 S/4HANA 中，物料主数据中 MRP 类型是“D1”、批量决定程序“HB”和最大库存的设置，见图 5-60。

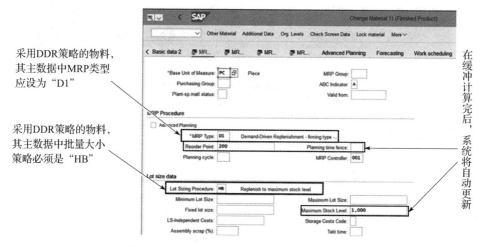

图 5-60 物料主数据中 DDR 相关参数的设置

如图 5-61 所示，根据已经完成的 A/B/C、X/Y/Z、E/F/G 等产品分类，系统就可以确定 DDR 动态缓冲库存计算所需的关键参数——变动性因子和提前期因子。

Buffer Profile ID: DEFAULT

Details

Procure...	Variability Indicator	Leadtime Indicator	Minimum Ord...	Variability Fa...	Leadtime Factor
Make	High	Medium	✓	0.80	0.50
Make	High	Long		0.80	0.30
Make	High	Long	✓	0.80	0.30
Trans...	Low	Short		0.30	0.80
Trans...	Low	Short	✓	0.30	0.80
Trans...	Low	Medium		0.30	0.50
Trans...	Low	Medium	✓	0.30	0.50
Trans...	Low	Long		0.30	0.30
Trans...	Low	Long	✓	0.30	0.30
Trans...	Medium	Short		0.50	0.80

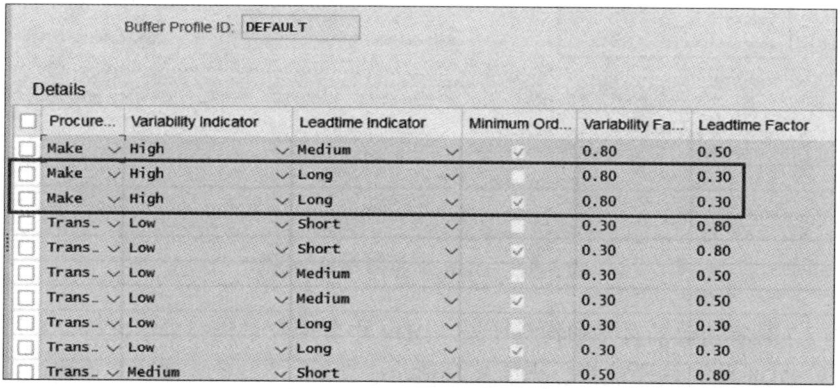

图 5-61 DDR 中变动性因子和提前期因子的计算

（2）动态缓冲库存的计算、建议和采纳　接下来，系统就可以采用这些参数取值，来计算 DDMRP 中的相关库存值，比如 TOR、TOY、TOG 等，包括其历史值和建议值。企业如果接受了系统所给出的建议，TOR、TOY、TOG 等相关数值将更新到物料的主数据记录中。

TOR、TOY、TOG 等库存值的计算，计算结果和建议，主数据相关字段的更新等，见图 5-62。

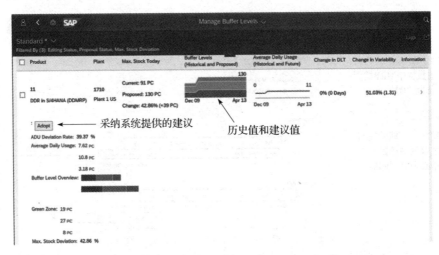

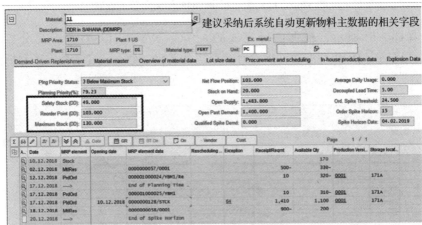

图 5-62　DDR 中各库存量的计算

（3）补货建议的触发和物料计划　DDR 中各库存量建议采纳以后，系统将实施监控 DDR 物料的净流量。当净流量值小于 TOY 时，系统创建补货建议（计划订单或采购申请），触发 DDR 补货；补货建议的数量为 TOG 与当前净流程的差值

（补货到最大库存量）。

净流量值的计算公式如下：

净流量值＝在手库存＋待收货－待发货/待消耗（截至今天）－
未来几天的峰值需求

其中，未来几天的峰值需求，指的是峰值展望期内，数量超出峰值阈值的客户订单量。

峰值展望期、峰值阈值，以及峰值需求的设置和计算，见图 5-63。关于 DDR 中补货建议的创建，见图 5-64。

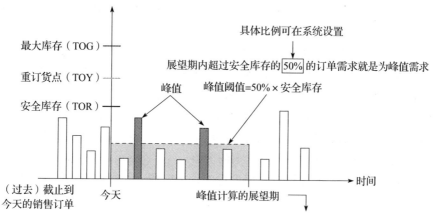

图 5-63　峰值展望期、峰值阈值及峰值需求计算

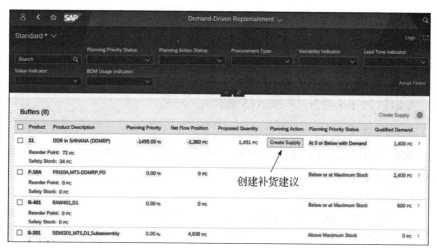

图 5-64　DDR 中补货建议的创建

3. S/4HANA DDR 的实施建议

根据作者的理解和经验，企业在评估 DDMRP 或 S/4HANA DDR 实施方案时，可以参考以下几点：

1）DDMRP/DDR 适用的对象为需求波动大、价值高、为多个上阶物料的 BOM 所需，或是占用企业瓶颈能力的物料（与 TOC 相结合）。

2）最好是 ERP 或 S/4HANA 运行了一段时间，系统积累了一定的交易数据以后再启用 DDR。

3）DDR 中有很多运行参数（比如：平均日用量、解耦提前期、变动性因子等）的计算或确定依赖于系统中的交易数据，因而要求 ERP 中的数据必须保证准确、及时、完整。

4）企业应定期对产品分类、提前期分类、动态缓冲库存等参数进行重新计算，以保证系统设置与实际业务的匹配（可设置后台任务并定期执行）。

5）当产品即将退市、新产品导入市场、季节性需求或需求突增或突减时，企业应该对 DDR 的配置和设置进行重新计算。

6）DDR 是常规 MRP 的有益补充，实际运行时，企业应该对 DDR 的各项配置和设置进行不断调优，以发挥其最大的价值。

7）DDMRP/DDR 的计算将耗用大量的计算资源，使用成本也较高，建议不要滥用。

5.12　S/4HANA 中的 PP/DS

PP/DS 原本是 SAP 所提供的供应链管理软件——APO 的模块之一。从 2016 年开始，PP/DS 就被迁移并内置到 S/4HANA 中，成为 S/4HANA 制造管理解决方案的组成部分，大大增强了 S/4HANA 中的计划管理和详细排程的能力，我们也可以简单地把 PP/DS 视为工厂级 APS 软件。

1. 特点与比较

相比较 S/4HANA 中的 MRP/MPS、CRP 等模块，以及其他类型的 APS 软件，PP/DS 具有功能完整、接口简单、过程透明、灵活定制、供需关联、计划精确、结果调优等特点。

（1）功能完整　从功能的角度看，PP/DS 可以看成是 S/4HANA 中 MPS/MRP、CRP、pMRP 等计划工具合在一起的 Pro 版，除了能做以订单和产品为计划对象的生产计划，也能做以工序和产能为计划对象的详细排程，并提供了供需关联

(Pegging)、计划模拟、结果优化、异常监控和处理等功能，见图 5-65。

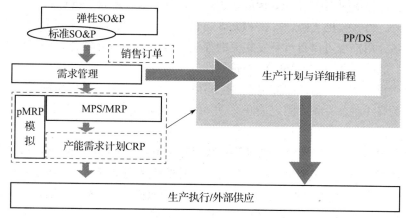

图 5-65　PP/DS 在 S/4HANA 中的定位

在 S/4HANA 之前的 SAP ECC 版本中，如果要做生产计划，通常是先通过 MPS/MRP 模块来做无约束的生产计划或产能需求计划，再在 CRP 模块中做有约束的生产计划，也就是针对工序和产能的详细排程，至于计划模拟，则是要在长期计划（LTP）中进行，而 PP/DS 能够完成上述所有工作。

（2）接口简单　作为专用于计划和排程的软件，必然需要 ERP 的需求管理或销售模块，以及生产执行系统做数据接口，这包括物料、BOM、工艺路线、工作中心等基础数据，也包括计划需求、销售订单、库存等交易数据。

通常，在数据定义等方面，APS 软件与 ERP 软件有很大的差异，并且数据交换量、交换频次也很高，导致在 APS 与 ERP 之间需要开发大量的接口，并且接口的可靠性很受考验，数据接口故而也往往成为 APS 实施中的重点和难点。

与其他厂家的 APS 相比较，PP/DS 已内嵌和集成到 S/4HANA 中，只需通过简单的配置，就可以实现 PP/DS 与 S/4HANA 中销售管理（SD）、生产计划与执行（PP）、物料管理（MM）等模块无缝的数据集成。

（3）过程透明　如果说 S/4HANA 中 MPS/MRP、CRP 等模块的运行是个"黑箱子"，那么 PP/DS 中的生产计划与详细排程的运算过程做到了一定程度的透明。在实际应用时，用户即可以根据自己的需要来配置计划运行的步骤，又可以对计划步骤进行模拟，或是对计划运行的过程进行人工干预。

（4）灵活定制　为了让 PP/DS 具有更强的灵活性，在 PP/DS 中，把与生产计划和详细排程有关的功能解耦成了特定用途的算法（在 PP/DS 中，将它们统一称为 Heuristic）。比如，作为 MRP 运行步骤之一的批量决定程序（Lot Sizing

Procedure），在 PP/DS 中，就拆分成了不同形式的 Heuristic。用户可以根据自己的需要，选择不同用途的 Heuristic 来进行生产计划或详细排程的运算。

另外，PP/DS 也支持用户在 PP/DS 所提供的标准 Heuristic 上做有针对性的配置或增强，用户也可以自行开发相关的算法或函数，并将之融合到 PP/DS 的计划运行中，这就大大增强了 PP/DS 的扩展性。

（5）供需关联　在 PP/DS 中，通过引入 Pegging 机制，可以做到需求与供应之间的关联（动态关联或固定关联），并可以把关联关系贯穿到产品 BOM 的各个层级。

这些 BOM 上下层需求与供应的关联，链接了企业内部和外部的供应链节点，节点上任何一个需求项和供应项的变动会实时地传递到供应链上的各个其他节点，这为供应链上下游的协同，为消除供应链"牛鞭效应"，为 ATO、MTO 等模式下可承诺交期管理（CTP）提供了信息支持。

（6）计划精确　PP/DS 的计划建议不仅可以细到天或班次，还可以精确到小时，甚至分钟，这在日送达或数小时送达的现代物流背景下，是合格 APS 软件的必然要求。

（7）结果调优　通过计划和排程的优化 Heuristic，PP/DS 可以对计划建议的结果进行优化。例如，面向机器设置时间最小的优化，面向交期最小的最优，自动确保成品的生产订单开始日期在下阶物料完工或入库之后，自动将产能负载偏高的生产订单调整到空闲产能上，等等。

2. 数据与算法

从技术的角度看，任何计划管理软件的核心要素是数据模型和计划算法，PP/DS 也不例外。正是数据模型和计划算法上的先进性，PP/DS 才能具备上述特点。

（1）数据模型　PP/DS 的业务原型是供应链参考模型中的 Plan，而其他四个分别是 Strategy，Source，Make 和 Deliver。与 ERP 系统立足于业务交易（Source，Make 和 Deliver）的处理不同的是，PP/DS 主要是做计划，所以有着与 ERP 不同的数据模型。

ERP 中与生产计划和执行相关的组织架构和主数据，在 PP/DS 中有相应的对象来映射。例如，在 PP/DS 中，工厂、分销中心、供应商、客户等都统称为"位置（Location）"，包括产成品、半成品、原材料等在内的各种物料都统称为"产品（Product）"，工作中心所包含的产能在 PP/DS 中统称为"资源（Resource）"，包括工艺路线和物料 BOM 在内的生产版本在 PP/DS 中则以"产品数据结构（Product Data Structure）"来表示。

在 PP/DS 与 S/4HANA 等 ERP 中，相关主数据的比较和联系，见图 5-66。

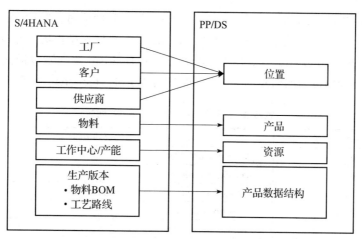

图 5-66　PP/DS 与 S/4HANA 中相关主数据的比较与联系

既然 PP/DS 是做生产计划和详细排程的,那就需要有相应的业务交易数据做计算依据,而这些交易数据来自 SAP/ERP 的 PP、SD、MM 等模块。用户可以选择哪些交易数据要传送到 PP/DS 里来运行,而 PP/DS 与 SAP/ERP 之间数据交换的机制还是核心界面(Core Interface,CIF),只是其数据交换方式比传统的 APO 通过 CIF 来与 ERP 之间进行交换的方式要简单得多,所要做的配置也不多。

作为专门负责计划的模块,PP/DS 当然有业务模拟的功能。为了让 PP/DS 中的计划数据、仿真数据等,与 ERP 中的业务运行数据做区隔,PP/DS 中首先要配置计划模式(Planning Mode)和计划版本(Planning Version)。可以与 ERP 进行数据交换的计划模式必须是"000",计划版本必须是"000"。

如果想做供应链调整上的业务模拟,用户可以自定义相关的计划模式和计划版本;如果是当前供应链中交易数据变化上的模拟,用户可以在计划模式"000"中定义新的计划版本。用户可以用其他字母或数字来命名所需计划模式和计划版本,模拟结果也可以转成活跃数据以传给 ERP,所需的操作是将版本中的数据传输到版本"000"。

(2)计划算法　PP/DS 中堪称高深莫测,或者说支持其强大功能的是所谓的"算法(Heuristic)"。将 Heuristic 称为算法其实是不严谨的,因为 Heuristic 只是算法中的某一类,或者准确地说,Heuristic 是启发式算法,这也是很多搜索引擎所常用的。启发式算法的结果不一定是最优的,但可以在较短的时间内至少找到次优方案,能够兼顾到效率和成本的平衡,因而在很多程序算法和计划软件中使用。

PP/DS 中的 Heuristic 是为了解决某个特定计划问题所对应的功能程序。根据计划对象的不同，分为面向生产计划的 Heuristic，具体包括面向产品的 Heuristic 和面向订单的 Heuristic，以及面向详细排程的 Heuristic，具体包括面向工序的 Heuristic 和面向资源的 Heuristic 等。PP/DS 中常用的 Heuristic，见表5-3。

表 5-3 PP/DS 中常用 Heuristic 列表

Heuristic 代码	名称或功能
SAP_PP_002	planning standard lots
SAP_PP_003	planning shortage quantities
SAP_PP_004	planning of standard lots in 3 horizons
SAP_PP_005	part period balancing
SAP_PP_006	external procurement
SAP_PP_007	reorder point planning
SAP_PP_008	rescheduling: bottom-up for continual input/output
SAP_PP_009	rescheduling: bottom-up
SAP_PP_010	rescheduling: top-down
SAP_PP_011	deletion of fixed pegging relationships
SAP_PP_012	changing order priorities
SAP_PP_013	Groff procedure
SAP_PP_014	requirements ascertainment of planned independent requirements, adjustment of orders
SAP_PP_015	
SAP_PP_016	
SAP_PP_019	creation of fixed pegging relationships
SAP_PP_020	stage numbering algorithm
SAP_PP_022	multilevel planning of individual orders
SAP_PP_Q001	quota arrangement
SAP_MRP_001	product planning (comp. according to low-level code)
SAP_MRP_002	product planning (plan comp. immediately)

作者之所以把这么多 Heuristic 罗列出来，就是想提醒大家：PP/DS 的精髓在 Heuristic。可以这么说，掌握了各种 Heuristics，大家对 PP/DS 的学习和掌握就完成了大半。另外，除了 PP/DS 中已有的各种 Heuristics，系统也支持用户自己定义 Heuristic，并将之与系统现有的 Heuristics 结合起来使用。

在实际应用中，Heuristic 可以针对特定的计划任务来单独使用，也可以多个 Heuristics 组合在一起使用，以面向更复杂的计划场景。这就像海军的各种武器，船只有巡洋舰、驱逐舰、登陆艇，飞机有侦察机、加油机、轰炸机，各自有各自的特点和用途,更为重要的是,还可以将各种武器组合在一起以形成一个超大型的航母舰队。将多个 Heuristics 组合一起来的使用的方式,就是下文要讲到的计划运行。

3. PP/DS 的运行

在实际应用中,PP/DS 的运行需要做好相应的准备工作,这包括主数据的维护,以及对 PP/DS 做必要的配置。PP/DS 运行的前提准备好后,就可以使用 PP/DS 的相关功能来制订生产计划和详细排程了,具体见图 5-67。

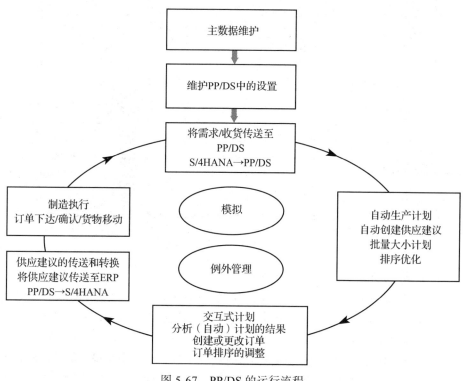

图 5-67 PP/DS 的运行流程

(1)将需求/收货传送至 PP/DS　PP/DS 的服务对象是 S/4HANA 的其他模块,是帮助它们提供供应建议。这是基于当前的需求和供应情况来进行的。因此,在 PP/DS 运行的第一步,就是将 S/4HANA 中的需求信息和收货、库存等供应信息传送到 PP/DS 中。通过后台的配置,这项工作可以自动、实时地完成。

(2)自动生产计划　在 ERP 中,我们通常是先运行 MPS/MRP 以产生计划订单(无限制物料需求)。如果是自制生产的供应建议,则还需要运行 CRP 来检查工厂是否有足够的产能来完成上述自制计划订单。如果可用产能不足以完成上述订单，则需要回过头来调整生产计划。上述运行中，无限制物料需求的运行、产能评估和负载均衡、订单日期的调整和重新检查等，需要用户来衔接。PP/DS 则可以通过 Heuristics 的组合，将无限制物料需求计划和产能需求计划等的计算放在同一个计划运行（Planning Run）里来进行，具体见图 5-68。

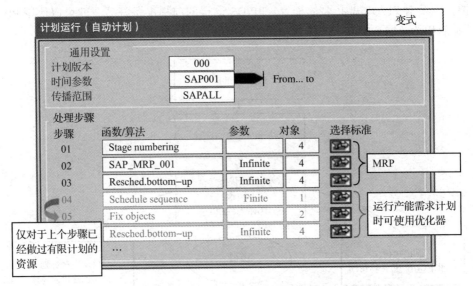

图 5-68　计划运行的定义示意图

作为参考，实际的计划运行可能包括以下几个步骤：

1）根据产品的物料清单等产品生产版本数据，计算物料的低层码（Low-level code，LLC）。LLC 是物料需求计划运行的最基本数据，以保证物料需求计划按照正确的次序运行。

2）运行多层次、无约束的物料需求计划。基于第一步中所得到的低层码，运行物料需求计划，其详细步骤（计算物料短缺、计算供应方式、计算供应批量等）与传统 MRP 基本相同。

3）从下至上的反向重计划。在企业实践中，可能因为某些原材料或零部件的供应提前期无法满足成品需求的交期，需要将各个层次上各组件的延期情况逐层回溯滚算到成品层次，以达成一个可以执行的计划。

4）针对瓶颈资源进行细节排程。上述三个步骤是针对成品，而以下步骤则是针对工序和资源。详细排程的具体运算内容包括订单排序、瓶颈资源的负载均衡、作业重排等。在企业实践中,为了留出一定的余量以应对需求变动和插单,瓶颈资源的负载不应设为100%,可以根据实际情况预设为80%或90%来进行负载均衡和作业重排。

5)其他非瓶颈资源的重新调整。在瓶颈资源和非瓶颈资源的详细排程中,可供借鉴的算法或逻辑有FIFO(先进先出)、机器设置时间最小、交期最短等。

如上所述,计划运行中的计划对象往往是多个物料、多个工序、多个资源等,其运行方式往往是后台自动运行。因此,计划运行也可看成自动批量式生产计划与详细排程。

(3)交互式计划　通常,我们需要对计划运行的结果做检查或抽查,以确认其计划建议的可行性;必要时,可能还需要对计划建议做特定的调整,可以通过选择特定的Heuristic来运行和修正,或是手工调整。这种方式的PP/DS操作,也称为交互式计划。

在PP/DS中,交互式计划可以通过产品视图(Product View)、产品计划表(Product Planning Table)、详细排程计划板(Detailed Scheduling Board)等应用程序来进行。

产品视图提供了丰富的信息内容,用户可以根据需要对PP/DS中的计划建议做相应的操作或调整,而产品计划表、详细排程计划板则提供了甘特图式的用户界面,内容直观,用户可以通过"drap-and-drop"或"pick-and-drop"等方式拖拽订单或工序,以观察它们对资源负载的影响,也可以直接在资源负载条上插入一个工序或拖动工序的顺序,已观察工序顺序发生变化后对资源的影响,见图5-69、图5-70。

(4)供应建议的传送和转换　一旦用户认可了PP/DS中以计划订单所代表的供应建议,就可以将之传送到S/4HANA中,以指导生产执行或采购要货等后续活动。通过设置PP/DS也可以直接将计划订单转换成生产订单或采购申请,再传送给S/4HANA。

4. 行业性应用

在行业性应用方面,可能最早提出高级生产计划与排程等软件需求的是汽车行业,或者说汽车行业在这方面的需求比较强烈。PP/DS也提供了部分行业性应用,包括型号混合计划(Model Mix Planning,MMP)和快速计划矩阵(Rapid Planning Matrix,RPM)。实际上,MMP和RPM不仅适用于汽车行业,也适合于广大采取基于节拍(Takt-based)的流线式制造且产品高度可配置的行业,比如家电、高科技等。

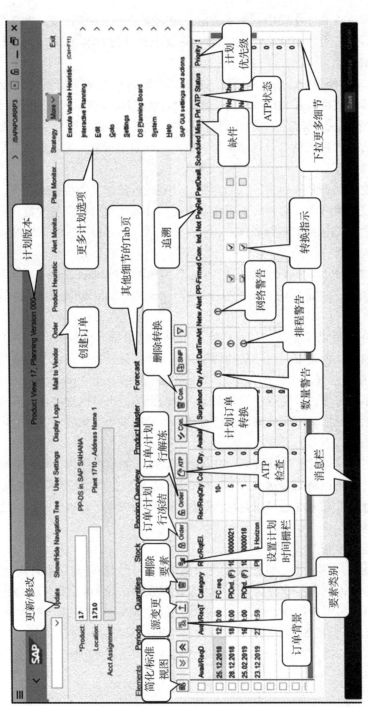

图 5-69　PP/DS 的产品视图

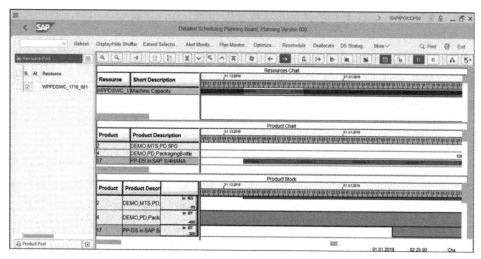

图 5-70　PP/DS 的详细排程计划板

（1）型号混合计划　在作者看来，MMP 的核心价值在于订单的排序。在"5.5 产能管理与详细排程"中，作者提到过均衡法、产品轮盘法等订单排序方法，这在 MMP 中都有具体的体现，只不过，它们是以订单排序的限制条件来表示，主要为以下几种：

1）数量限制（Quantity Restriction）。通过数量限制，可以规定，在某个计划时段内，带有某种特性的产品，其最大生产量。例如，每个班次，最多不能生产多于 50 辆安装混合动力的汽车，或者每个班次，最少不能生产少于 10 辆带有天窗的汽车。

2）空间限制（Space Restriction）。通过空间限制可以规定，在流式生产线的一定空间内，带有某种特性的产品，其最小生产量是多少。例如，生产了 10 辆三厢车后，必须要有 1 辆两厢车被生产。

3）块量限制（Block Restriction）。通过块量限制可以规定，在流式生产线上，带有某个特性的产品，至少必须是多少量被连续地生产。例如，对于汽车的涂装车间可以规定，至少是 3 辆红色车身被连续生产。块量限制的实际效果，与产品轮盘的订单排序法类似。

4）包括限制（K-in-M Restriction）。通过包括限制可以规定，在流式生产线的某个时间段内，带有某个特性的产品，其最大的生产量。例如，每 5 辆车中，最多有 3 辆车是带空调的。

5）位置限制（Position Restriction）。通过位置限制可以规定，在流式生产线的哪个工位生产什么样的产品。例如，每个班次的第一辆车，或第 30 个位置，或最后一辆车等，是带某种特性的车。位置限制通常用于工程变更中的试制试装等业务场景。

6）均衡限制（Equal Restriction）。通过均衡限制可以规定，在某个生产周期内，带有每个特性的产品，均衡地分布它的生产订单。均衡限制，其实就是订单排序中的均衡法。例如，在一个班次中，带有天窗的车尽可能均衡生产。

在实际应用时，当上述6种情形有冲突时，都将转换为数量限制来进行订单排序。

（2）快速计划矩阵　如果将RPM与MMP做简要比较，MMP是PP/DS针对汽车行业（产品高度可配置，基于节拍的大批量生产）的特点，所开发的行业性详细排程解决方案，重点在订单排序上，那么RPM则是行业性生产计划解决方案。

对汽车行业而言，在生产计划中，无论是物料需求计划，还是详细排程，涉及产品变式结构中的部件解析和流程结构中的作业解析，其中的运算数据量非常大，对APS或ERP系统的性能提出了很高的要求。PP/DS中的快速计划矩阵（RPM），通过算法的优化，可以快速地完成上述工作。

具体来说，借助RPM，用户可以快速地完成可配置产品的销售订单或产品变式的生产订单中的物料需求数量和需求日期的计算，算出物料将在生产线的哪个工位，以什么样的作业来进行装配。

在RPM模块中，部件解析和作业解析的示意，见图5-71。

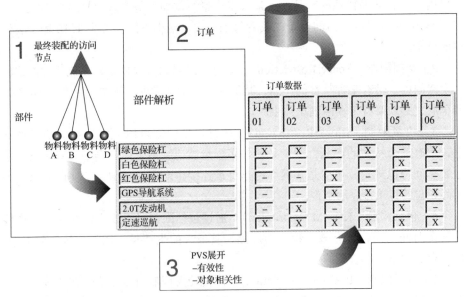

图5-71　RPM中的部件解析和作业解析

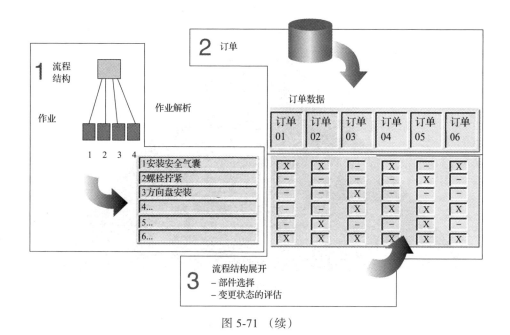

图 5-71 （续）

5.13 制造执行系统

在制造型企业的制造执行与控制领域，制造执行系统（Manufacturing Execution System，MES）是一个比较重要的 IT 系统或应用，它可以帮助企业实现生产执行过程中的组织、管理和决策的最优化，实现生产过程的快速反应与敏捷、精确制造，并与 ERP 等业务系统、生产自动化系统进行集成，实现全厂供应链的快速反应。另外，MES 系统还可以实现产品质量和生产过程的可追溯，以及生产过程中产量、消耗、质量、设备状况、产品跟踪和技术性分析等的全面动态可视和可控。

从架构设计和功能定位上看，MES 是支持企业如何将客户对产品的需求（生产订单）转化为企业内对资源的需求（人——操作人员、机——设备及其产能、料——物料、法——作业指令集、环——环境条件的控制、测——特性计量和统计分析）。在转化的过程中，需要满足制造过程中的"多样性"和"一致性"。

在 ISA95 的自动化金字塔模型中，MES 属于 Level 3，介于业务计划和物流及过程检测和控制之间，即业务计划的底层，以及自动化控制的顶层，似乎充当了计划与操作之间的媒介，见图 5-72 中的 Level 3。

图 5-72　ISA95 的自动化金字塔模型

在不同行业中，产品特点和自动化程度不同的企业，对 MES 的需求是不一样的。

在 OEM 或主机生产型企业，MES 首先解决的是"多样性"的问题，即小批量多品种生产作业（柔性制造）；其次解决的是"一致性"问题，即人、机、料、法、环、测等能满足产品的需要，以及不同批次产品之间质量特性的一致；更进一步，实现零缺陷、零延误、零干预的自主生产。

对制造过程的稳定性要求高的流程型企业，对过程质量要求高的精密加工企业，对长作业链中人、机、料的协同性高的装配型企业，对设备综合运营效率要求高的自动化、重资产型企业等，对 MES 系统具有比较高的刚性需求。

以汽车整车企业的工厂为例，它对 MES 系统具有以下几个方面的功能性要求：

1）车辆上线排序和路由控制。为了提高对生产异常的响应能力，提高生产控制的柔性化，焊装在线体工艺设计时，对分装线都增加了缓冲区，当个别零部件出现质量问题后，通过缓冲区的灵活调度，保证车间生产的不间断运行。由 MES 系统跟输送线进行直接集成，来控制车身上线和分装线上线序列的实时同步。焊装车间分装线缓冲区的排序以及存取控制由 MES 系统实现。

在涂装车间，设置 MES 质量路由控制站点，通过跟涂装输送线的集成，实现自动根据车辆的质量状态自动对车辆的路由进行分配。

总装 PBS 的排序的路由控制，要通过 MES 系统跟 PBS 输送设备进行集成，实现 PBS 入和 PBS 出的调度管理，按照车身上线计划，保证优先级最高的订单优先上总装。

2）整车过程质量管理。对于车辆过程质量缺陷管理方面，设置了多个质量管理站点，覆盖了三个车间绝大部分的质量控制区域。缺陷的采集录入采用了图形化操作界面。由于检测项和缺陷的定义种类繁多，用传统的列表框选择或文本输入的方式效率很低，而图形化界面操作非常方便，极大地提升了检测和录入的效率和精确度。

3）模块化的拧紧防错。标准化的拧紧力矩防错系统，作为 MES 系统的一个组成部分，实现总装车间所有拧紧设备的防错控制。

4）高可靠性的生产控制。与自动化设备的集成度很高，以保证生产的持续运行，达到工厂的理论设计产能。

5）与软件下载平台的集成。通过与车辆软件管理系统的集成，实现在产车型在工厂完成 ECU 软件下载，实现电检数据的采集和集中管理。

6）厂级的生产监控系统。通过跟车间自动化控制设备的集成，实时跟踪展示生产信息，能够实时监控计划的执行情况，保证生产过程的透明化；实现车辆位置信息的实时监控；实时显示车间各设备、区域、线体的运行状态及报警信息，方便维护人员及管理层随时监控车间设备的运行情况。

7）一车一档的管理。收集生产订单信息、生产过程记录、设备装配数据、零部件追溯数据、过程质量数据、检测线检测数据、证书信息等形成一车一档的数据，提供多维度的查询和报表系统，并且把一车一档的数据上传到集团车辆档案管理系统。

8）与外围系统的集成。与 ERP 系统集成，实现计划订单的自动下达、实现 BOM 等基础数据的无缝集成、实现车辆生产进度的实时跟踪、反馈等。与 LES 系统的集成，实现物料线边库的准确管理，保证生产线物料配送的及时性、准确性。

综上所述，MES 系统的有效应用，对生产执行和控制等活动的有序进行，对订单交付和高效运营等，都起到了一定的支撑作用。

5.14 赛博物理系统

按照业界的定义，赛博物理系统（Cyber-Physical System，CPS）指的是连接物理设施与计算能力的相关技术。CPS 是智能互联时代得以实现的基础设施，是智能制造和未来工厂的关键支撑。本节中，我们就来简单地了解一下 CPS 的内涵及其价值。

1. CPS 的内涵

大体上，CPS 主要由两部分组成：①先进的连接能力，以实现对物理世界的实时数据采集，并将虚拟（Cyber）世界的反馈和指令下达给物理世界；②构成虚拟世界所需的数据管理、分析和计算等能力。从技术和实现的角度来看，我们可以通过所谓的"5C"框架来了解 CPS 的内涵，即 CPS 的连接层（Connection）、转换层（Conversion）、虚拟层（Cyber）、认知层（Cognition）和配置层（Configuration），具体如图 5-73 所示。

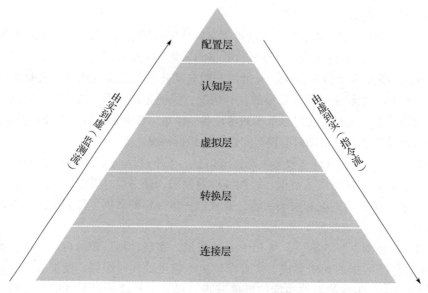

图 5-73　由"5C"诠释的 CPS 架构

（1）连接层　连接层指的是 CPS 与物理世界的连接，包括嵌入式系统、传感器网络、5G 等，以实现物理世界与虚拟世界之间即插即用和非接触式沟通。CPS 对连接层的要求基本可以 5G 通信的高速率、大容量、低延时、高安全等特点来概括。

通过连接层，CPS 可以获得来自设备、物料、过程等物理世界的准确而又实时的数据，这可以通过传感器、嵌入式系统来获得，也可以通过控制器或服务接口从 ERP、MES 等其他 IT 系统来获得。

通过连接层，CPS 可以实现对物理世界的状态监测。

（2）转换层　转换层所需完成的是将来自传感器的实时数据或来自 ERP 等

IT 系统的过程数据转换成有意义的信息，这主要是通过相关的工具或算法来完成。例如，通过 IoT 平台的对象建模和属性映射，将序列数据转化为设备等物理设施的状态信息，或是通过预测、健康管理等算法或模型来了解物理世界的状态变化。

通过转换层，CPS 可以实现对物理世界的自我感知。

（3）虚拟层　在 CPS 架构中，虚拟层充当了中央信息总线的角色。通过对所获取的大量信息进行加工和分析，CPS 可以获得对设备等物理世界的深入洞察。在实际实施时，虚拟层与数字孪生（Digital Twins）的逻辑基本类似。我们也可以这么认为，数字孪生就是 CPS 的虚拟层。

通过虚拟层，CPS 可以实现对物理世界的自我比较，通过比较以判定设备等物理世界是否异常，或者是否与理想状态有偏差。

（4）认知层　在认知层，CPS 可以对物理世界进行全面的认知，并为专业用户的相关决策提供决策支持，这也必须建立在虚拟层的自我比较等基础上，然后再结合经营管理目标或参考 KPI 库来做进一步的优化。

通过认知层，CPS 可以结合组织的需求对物理世界进行模拟和优化。

（5）配置层　配置层的目的是将虚拟空间的信息或决策指令反馈给物理世界，以实现物理世界的自配置和自适应。

在配置层，组织可以开发类似于弹性控制系统（Resilience Control System，RCS）式应用，以实现对物理世界的修复性或预防性调整，比如对质量或设备异常的修复，对订单变化的快速调整等。

如上所述，以"5C"框架所描述的 CPS，大体描绘的是从数据到信息，从信息到知识，从知识到洞察，从洞察到决策，从决策到行动的数据管理闭环。另外，需要注意的是，在具体实践中，上述 5 个层级之间并不是界限分明的。

2. CPS 的价值

按作者的理解，从能力的角度来看，智能制造包括（操作与物流等）作业的自动化、（计划、排程、设备、质量等）运营的数字化和决策的智能化，而从数字化到智能化，又可细分为网络化、可视化、透明化、可预测、可配置和自适应等不同发展阶段。其中，CPS 都将发挥着重要的支撑作用，其价值可概括为以下三点：①实时感知；②虚实融合；③基于网状的自适应。实时感知和虚实融合比较好理解，相关的介绍性文章也很多，本节就重点谈谈基于网状的自适应。

从自动化和信息管理的角度看，传统的工厂架构是金字塔式，自下而上分别是处于最低层，也就是 Level 0 的作业层、Level 1 的控制层（DCS/PLC）、Level 2 的监督层（DCS/SCADA/HMI）、Level 3 的管理层（MES）和 Level 4 的企业层

（ERP），见图 5-74。在金字塔式架构中，信息的传递链路长，不同层级之间属于层层耦合的关系，一旦中间的某个层级失效，就将导致整个架构的信息链中断，这显然难以适应复杂、多变的环境。

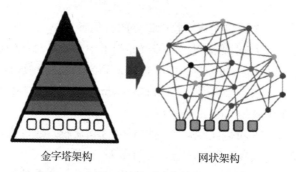

图 5-74　从金字塔架构到网状架构的转变

借助 CPS 的实施和支持，工厂的信息和自动化架构可以实现网状式重构。在网状架构中，不同组件或单元之间都是点对点的连接，即使某个点或某条链发生失效，不同组件或单元之间还可以通过其他节点和链条来实现连接，整个系统的健壮性也将大大增强。另外，不同组件或单元之间还可以针对组织的要求或系统的目标进行动态地配置和调整，从而为智能制造中的可配置和自适应等发展阶段提供必要的技术支撑，这可以从图 5-75 所示的案例——基于 CPS 架构的质量预测和生产排程中窥见一斑。

在图 5-75 中，设备、传感器、MES、APS 等物理设施或 IT 系统之间通过 CPS 实现了网状连接。传感器把实时的传感器数据、MES 把实时的过程数据上传给 CPS 的大数据存储中，CPS 的大数据分析模块对数据进行质量预测模型的构建，并监测和判别质量是否出现异常。如果质量预测模型预测工厂将发生质量异常，CPS 的监测和协调模块会协调 APS 系统进行生产排程的重排，以规避质量异常并实现生产效率的最优。

综上所述，CPS 并不是诸如 ERP、MES 之类的商业性 IT 系统，也不是开箱即用的标准工具套件。准确地说，CPS 是 5G、物联网、云计算、大数据、高级分析、人工智能、数据孪生等互联、智能技术或能力的集合，是虚实融合的架构理念，是互联智能时代的基础设施，是智能制造和未来工厂的关键支撑。正因为有 CPS 做支撑，工厂的信息架构就能做网状重塑，而可预测、可配置、自适应的智能制造才有可能得以实现，这对订单的及时交付也可提供有力的支持。

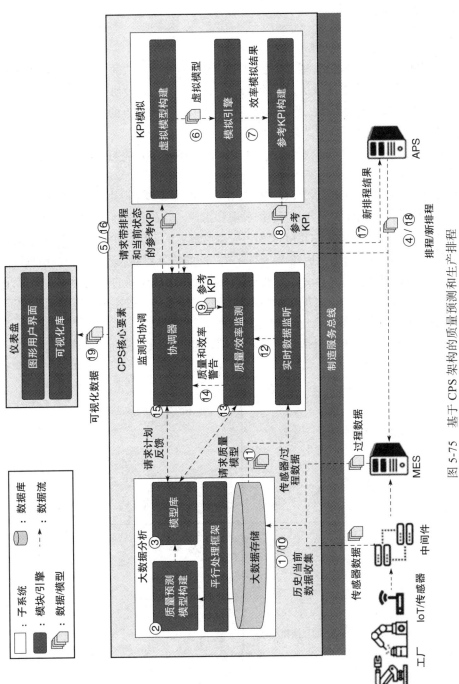

图 5-75 基于 CPS 架构的质量预测和生产排程

5.15 本章小结

在订单交付和供应链管理中，生产计划的重要性是公认的。只有把生产计划做好，企业才有可能整体最优，才能实现上下游之间的高效协同，否则就只能以"救火"的方式，以调度的方式，或者是尽量地缩短各种供应的提前期，以便在认可的时间内将客户所订购的产品交付给客户。

做好生产计划，需要企业建设立体、滚动的体系，并能与 JIT 等推式生产执行进行融合。

纵向上，在由 S&OP、MPS/MRP、CRP、详细排程和生产执行所组成的生产计划与执行体系中，能够实现自上而下的分解和指导，以及自下而上的反馈和汇总。

横向上，在由需求端、OEM 端和供应端所组成的供应链中，下游的市场需求能够驱动或转换为上游的供应建议，上下游之间的信息要形成环环相扣的信息链。

为了尽量规避推式（Push）计划中的不确定性，在计划的展望期内，生产计划需要进行滚动更新，锁定短期，动态调整中期和长期，以实现供应均衡化和需求变动性的动态平衡。

我们可以用图 5-76 来概括立体、滚动式计划的特点及数字化计划管理的设想。

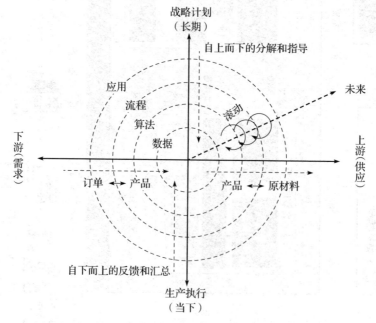

图 5-76 立体、滚动式计划的特点和数字化计划管理的设想

为了实现计划管理在纵向上的要求，企业需要有统一、可扩展的计划数据模型，以支持需求数据和供应数据在产品组/产品/部件、位置/区域、资源组/资源、计划展望期等维度上的分解或汇总。好的数据模型，可以支持计划管理中尽必要的简单和必要的复杂。

在订单交付中，部分运营指标，比如订单及时交货与库存消减、经济生产批量等之间是相互冲突的，企业需要以目标导向为指导，明确约束性指标和激励性指标，在满足约束的前提下实现激励指标的更好表现。如何在约束性指标和激励性指标之间做取舍和平衡，需要借助相应的算法，比如订单排序中的均衡法、产品轮盘法、机器设置时间最小法等。

下游的需求信息与上游的供应建议要能形成环环相扣的信息链，需要通过相应的流程，比如需求管理流程、生产计划流程、采购供应流程等，以及流程之间的集成来保证。因此，数字化订单交付和生产计划管理，需要有流程引擎做支撑。

另外，任何 IT 应用都是为人服务的，界面直观、数据形象、操作简单和富有探索性的计划管理系统或应用，有助于人们的快速学习和熟练掌握，这也是甘特图式详细排程表等形式的数字化应用，以及基于角色或场景的 App 受到人们欢迎的原因所在。

综上所述，统一的数据模型、面向特定用途的先进算法、集成和可配置的流程引擎，以及直观、形象和基于角色或场景的 App，是订单交付体系和能力中的生产计划进行数字化重塑的主要支撑。

为了满足企业在生产计划管理上的数字化需求，各大软件厂商开发了丰富的数字化计划管理工具，这些工具都有各自的特定用途或擅长点。通过不同工具的有机组合，可以很大程度地为计划管理的改善提供辅助。

以 SAP S/4HANA 为例，对于产成品，或是与瓶颈有关的零部件，可以使用 PP/DS 来做生产计划和详细排程；对于价值较高、需求波动大的零部件，可以使用 DDR（DDMRP）来做供应计划；对于通用件，或是价值不高，或是供应提前期短的零部件，采用 MRP 来制订其供应计划也是足够的。如果企业还想做生产计划编制时的模拟，可以采用 pMRP 模块。

当前，在市场环境日益变化、模糊和不稳定的背景下，随着计算成本的下降，在生产计划管理领域中，企业可以考虑扩大 PP/DS 的应用范围，以及加大 DDMRP 对传统 MRP 的替代。

在生产执行环节，Push 与 Pull 可以进行很好的结合，而企业对目视管理、JIT、CONWIP、TOC、制造执行系统 MES、赛博物理系统等的有机结合或综合运用，都有助于企业做好生产执行的相关活动。

第 6 章 Chapter 6

采购协同与内向物流

对制造型企业而言，市场的竞争，与其说是企业与企业之间的竞争，不如说是企业所处的供应链之间的竞争。以汽车制造业为例，每一辆汽车的制造成本中，有 50% 以上是直接材料采购成本。换句话说，在构成汽车的零部件中，大部分是由外协供应商提供的。如果外协零部件在交期、质量、成本等方面没有竞争力，将严重削弱汽车整车的竞争力。从供应商的角度出发，如果下游制造商（客户）不能提供有指导性的需求预测，或者说下游制造商的采购要货很随意，供应商的生产活动就能很难有序推进，也不能在订单交付和生产运营中实现好的绩效。因此，无论是对下游制造商而言，还是对上游供应商而言，做好上下游之间的采购协同，是非常重要的。

6.1 采购的背景

站在下游制造商的角度，在供应链管理中，采购管理是一个大课题，是制造型企业核心竞争力的重要组成部分。如果以端到端的流程视角来看采购管理，我们可以"寻源到付款"（Source to Pay，S2P）来予以概括。如果将 S2P 再进一步细分，它的采购流程又可分为两段："寻源到合同"（Source to Contract，S2C）和"采购到付款"（Procure to Pay，P2P）。另外，在 S2P 的整个执行过程中，下游制造商与上游供应商必须基于双赢的关系来进行协作，需要有供应商关系管理流程做支撑。

S2C 是 P2P 的先导流程，具体工作内容包括零部件技术规格书的开发、供应市场的理解（本地采购或全球采购）、采购供应策略的制定（瓶颈类采购、策略类采购、常规类采购和杠杆类采购的定义、单轨供应和多轨供应的设定等）、潜在供应商的评估、采购条款的协商、合同签订等，见图 6-1。

图 6-1　采购管理的核心流程

在供应商关系管理流程中，包括供应商生命周期管理（潜在、准入、合格、受限、淘汰等不同状态的划分）、支出分析、成本管理、供应商绩效评估等。

在订单交付体系和能力中，与之相关的主要是采购到付款子流程，即默认的是寻源到合同子流程的相关工作已经完成。

6.2　采购到付款

在制造型企业中，具体采购到付款子流程，因为采购对象的不同，又可分为直接采购和间接采购。直接采购指的是产成品构成中零部件和原材料的采购，以及部分制造工序的委外加工。间接采购指的是办公用品、设备维修保养所需的备品备件、生产辅料等的采购。就订单交付而言，本节主要讨论与零部件、原材料等有关的直接采购。

直接采购的 P2P 流程主要包括以下几个步骤，如图 6-2 所示：

1）确定需求，即需要采购什么，以及要求何时到货。需求信息的来源可以是 MRP 运行的结果——计划订单或采购申请，也是手工创建采购需求。从计划管理和供需集成的角度出发，我们推荐以 MRP 等计划工具来生成采购需求。需求确定以后，以采购申请的形式来记录。

2）确定货源供应，即向哪家或哪几家供应商购买。如果是单轨供应，确定货源供应就比较简单。如果是多轨供应，还需考虑多家供应商之间的配额分配，需要结合配额分配策略、供货批量、供货频次等一并考虑。比如，如果是日供货，建议将单日的采购量集中分配给单个供应商。

3）供应商选择，即根据货源清单、供应配额、采购信息记录等基础数据选择好供应商，并将之传递到采购申请中。在这个环节，有的企业可能需要做采购审批，需与采购审批流程结合起来。

4）采购订单处理，包括把采购申请转成采购订单，采购订单的内容审核或审批，以邮件、EDI 或供应商门户中的 Web 页等形式把采购订单发送给供应商，等等。

5）采购订单监控，包括供应商对采购订单的内容确认（必要时，可能要做协商、修改和重新确认）、采购订单进度跟踪，等等。为了提高采购订单执行时透明化，有的企业在供应商发货之前，会要求供应商在供应商门户或以 EDI 的形式创建提前送货通知（Advanced Shipping Notification，ASN），并将之反馈给下游制造商。

6）采购收货。收到货物以后，下游制造商的库管部门根据采购订单或是 ASN 进行采购收货。在采购收货环节，有可能触发来料质检流程，待质检合格后再将物料收入原材料合格品库，并打印收货凭证给供应商。

7）发票录入和校验。供应商拿到收货凭证后，就可以做其内部的销售开票。下游制造商收到供应商发票后，进行字三单匹配（发票、采购订单与入库单在品种、数量和金额上的匹配）并进行发票内容的校验，校核合格后入财务账。

8）付款处理。当具备采购付款的条件时，下游制造商以银行转账等形式将采购款支付给供应商，P2P 流程执行完成。

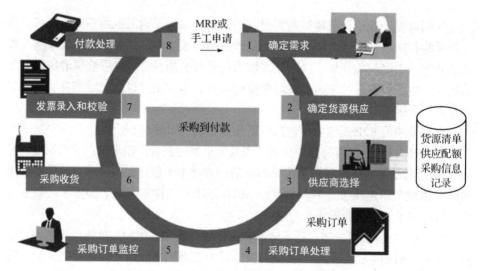

图 6-2　直接采购的 P2P 流程示意图

在图 6-2 所示的直接采购的流程示意中，没有将其逆向流程描述出来。采购到付款的逆向流程，包括采购退货、供应商收到退货、采购扣款或发票冲红等，它们也是直接采购流程的组成部分。无论是 P2P 的正向流程，还是其逆向流程，主流的 ERP 系统都能提供很好的支持。

6.3 采购协同

在企业实践中，P2P 流程的执行比较简单，难的是下游制造商（客户）与上游供应商在预测、计划和库存等方面的协同。我们知道，任何供应活动都有一定的提前期。对上游供应商来说，其零部件的生产和供货也有一定的提前期，不可能提前准备太多的库存，故而需要下游制造商在提前期之前就提供必要的预测信息，甚至是需求承诺。

下游制造商的项目需求（物料采购或委外加工）与上游供应商的供应能力必须通过高效协同来实现供需之间的精确匹配如图 6-3 所示。过分强调某一方的利益或方便，这种协作关系都不可能长久。在实际工作中，作者听到过很多供应商对下游制造商有很强烈的抱怨，抱怨下游制造商要么不提前给采购计划，要么采购计划太随意或不准确，导致供应商的库存积压。实际上，供应商的积压库存或者过期库存，最终还是会以相关形式流入供应链，进而影响下游制造商的订单交付或产品竞争力。

图 6-3 下游制造商与上游供应商之间的协同示意图

为了优化供需之间的采购协同，让供应链上下游以双赢的结果去参与市场竞争，业内有所谓的 CPFR（Collaborative Planning, Forecasting and Replenishment，协同计划、预测与补货，CPFR）法做指导。本节中，作者就从协同的主从关系、协同的对象与内容、协同的计划展望期、信息传递方式等方面来谈谈供需之间的采购协同。

1. 协同的主从关系

对于供应链的参与方而言，就供应链中的领导地位而言，有的是领导者，它们主导了供应链的设计和运行；有的是跟随者，它们参与并响应供应链的各个活动。以汽车行业为例。通常，整车企业处于领导者地位，零部件供应企业则属于跟随者。但是，就特定的零部件而言，或是在特定的时期，比如2021年的汽车芯片企业，就在供应链中处于领导者地位。

在供应链中处于领导者地位的企业，应该有领导者的责任和担当，应该积极推动健康供应链生态的建设，应该致力于供需协同平台的建设并消除供应链的信息不对称，而不是想方设法去侵蚀供应商的价值剩余。同样，作为跟随者的企业，也必须以诚实、守信、合规等方式来参与协作，通过技术创新、质量改善和快速响应等方式来增加自己的价值。

2. 协同的对象与内容

就协同的对象而言，可以分为物料协同和服务协同，前者针对的是上下游之间的物料买卖业务，后者又可细分为委外加工中的产能协同和物流运输的运输协同。

就协同的内容而言，有下游制造商与上游供应商之间需求计划的协同、下游制造商与上游供应商之间主生产计划的协同、下游制造商主生产计划与上游供应商需求计划之间的协同、下游制造商与上游供应商之间的库存协同等，具体见图6-4。

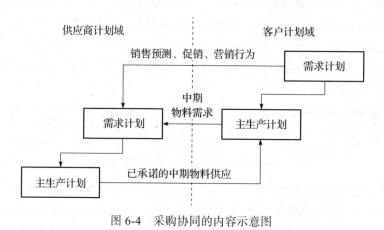

图6-4 采购协同的内容示意图

3. 协同的计划展望期

从计划展望期的角度看，上下游之间的协同可分为长期协同、中期协同和短期协同。长期协同的计划展望期可能是1～5年，内容更多，复杂度更高，甚至还包括新商业模式塑造、新技术研究、新产品开发和产能建设的协同，而短期协同的内容和复杂度则要低得多，主要是就某（几）种物料的P2P流程执行来进行。

与企业内的计划管理类似，供应链上下游的采购协同也必须以立体、滚动的形式来进行。在计划展望期的分段上，需要细分为历史期、冻结期、承诺期和预测期，不同的时期，有针对性的协同内容和协同方式，如图6-5所示。

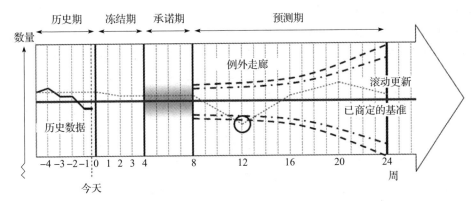

图6-5 采购协同的计划展望期分段

采购协同的计划展望期以周为计划时段，已经过去的最近四周为历史期，历史期的数据可以作为预测和协同绩效评价的基础。

未来的近四周，作为冻结期，是采购执行的期间。原则上，物料、产能、运输等协同对象的交货期在冻结期内的采购订单和交货排程是不能更改的。冻结期有助于上下游企业自身的生产执行活动的稳定和有序。

未来的第5～8周是承诺期，下游制造商承诺按规定的时间采购，上游供应商承诺按规定的时间供应约定数量的物料、产能或运输服务。

冻结期内的需求或供应的变更，对于利益受损方应该有补偿机制。承诺期内的需求或供应的变更，视变更的内容和供需双方的约定，可以对受损方有相应的补偿。

未来的第9～24周，甚至更长的时间内，是预测期。对于预测期内的供需情况，上下游之间约定相应的采购基准，允许基于这个基准做上下浮动。

随着时间的推移，采购协同计划展望期内的各个期间，应该滚动更新。据作者所掌握的情况，下游供应商对滚动式采购协同是非常欢迎的。当然，如果下游制造商是供应链的领导者，要想实现滚动的采购协同，首先要求下游制造商内部已经实现了立体、滚动的生产计划管理。

4. 信息传递方式

研究表明，供应链上下游之间就供应链各节点的供需信息进行准确、实时的传递和高度共享，对于消除供应链"牛鞭效应"，对于提高供应链的运营效率，对于上下游企业的订单交付等,具有非常大的帮助。也可以说,供应链中采购协同的数字化转型,首先要实现的是供应链节点信息的高度透明。

大体上,有两种形式的供应链信息传递:串行式和总线式,见图6-6。显然,串行式信息传递的方式,信息链条长,信息滞后很明显,再加上中间环节的人为干扰或信息丢失,很容易导致信息失真。相比较而言,去中心化的总线式信息传递,供应链各参与方直接与信息总线进行交互,信息的及时性大幅度提高。

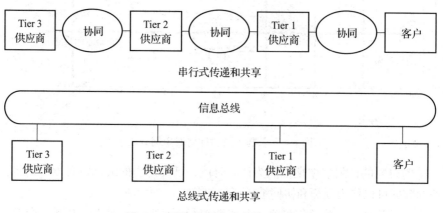

图6-6 采购协同中信息传递的方式

在信息的组织和管理上,总线式信息传递方式要比串行式信息传递方式复杂,需要有相应的信息发布和校验机制、信息协同平台等做保证。

另外,采购系统中的信息共享和高度透明,需要上下游企业之间必须有起码的互信和开放。如同知识管理,每一个参与方既是信息的生产者,又是信息的消费者。如果权利和义务不对等,得到少而付出多的一方就没有充分的积极性去做信息共享。因此,为了推动采购协同中的信息共享和高度透明,还需要相应的补充机制来平衡权利和义务不对等的情况。

6.4 内向物流

在订单交付中的采购管理中,上下游企业之间就预测、计划等进行协同,主要用于供需之间的双向承诺,并指导上游供应商的生产准备,而P2P流程则主要描述了上下游之间的信息传递或结算依据,上游供应商对下游制造商的实际供货,往往以拉式,或是拉式和推式相结合的方式来进行,具体体现在内向物流的相关形式上。

汽车企业中内向物流形式主要有供应商按采购订单自送、看板配送、JIS 配送、JIS 直送、JIT 直送、循环取货（Milk Run）、供应商管理库存、三方物流配送等，如图 6-7 所示。它们也有一个共同的称谓：Call Off（物料要货）。

1. 供应商按采购订单自送

供应商按采购订单自送，指的是供应商根据下游制造商发送的采购订单来组织送货，而采购订单中明确规定了物料的品种、数量、交货日期、送货地点（下游制造商的中心仓库、工厂暂存区或线边库）、结算价格，等等。

供应商按采购订单自送的方式主要用于新车型的试制生产，或是工程变更时的试制试装。

2. 看板配送

看板配送，指的是企业采取看板管理的理念，根据生产现场的物料消耗，以电子看板或手工看板的形式向供应商要货，供应商则按看板所规定的量进行补货。看板配送的流程示意见图 6-8。

当上游供应商与下游制造商的距离比较近，或者供应商在制造商的工厂周边备有库存，或是制造商自身有中心仓库，或是存在第三方仓库时，以及配送的零件体积小、通用化程度高时，可以考虑用看板的方式来组织入厂物流。

3. JIS 配送

JIS（Just in Sequence，排序送货）配送，指的是以生产线上的在制品队列为基础，再通过 BOM 的转换，把在制品队列信息转换为所需零部件的配送队列来组织配送。

以汽车行业为例，如果总装线上的某段队列，根据车身颜色来区分，分别是"红白白黑黑黑蓝"，所需的前保险杠配送队列，按颜色的区分的话，应该是"红白白黑黑黑蓝"。这还只是根据零部件的颜色来区分和排队，更复杂的情况是颜色和品种都不一样。

在 JIS 排序配送的入厂物流中，物料的配送队列、数量和时间，与生产线上在制品对物料的需求刚好完全匹配，真正体现了采购中的 4R 原则（getting the Right Quality, in the Right Quantity, at the Right Time, and from the Right Source，以正确质量，在正确的时间，从正确的货源地，把正确数量的物料配送到所需要的地方），是最精益的物流组织形式，见图 6-9。

JIS 配送对生产现场管理的要求很高，成品的 BOM 要准确、在制品的生产队列不能乱，所配送的物料必须 100% 的合格，主要用于专用件、大件或价值很高的零部件配送，且必须是流水线式生产才可行。

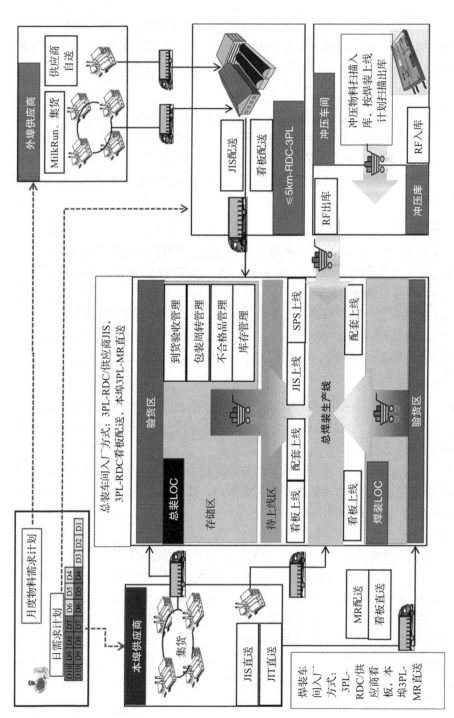

图 6-7 汽车企业中内向物流示意图

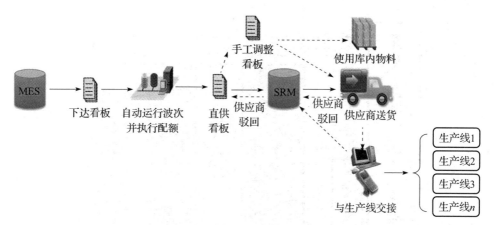

图 6-8 看板配送的流程示意图

4. 供应商管理库存

供应商管理库存,又称 VMI 或 SMI(Vendor/Supplier Management Inventory),指的是下游制造商只提供需求预测、生产计划信息和零部件库存信息,零部件的补货计划、物料配送等,都由上游供应商自己负责。

供应商管理库存的流程示意见图 6-10。

供应商管理库存的物流形式广泛应用于零售行业,在制造业中也有很多的应用。以汽车行业为例,汽车车身喷漆所用到的涂料、汽车空调所需灌注的制冷剂等,采用的都是供应商管理库存的内向物流形式。

5. 循环取货

当单个零部件的体积比较小,单次采购或配送的量不是很大,而物流成本较高时,由供应商自行组织零部件的配送,在配送成本上就可能极为不经济。通过循环取货(Milk Run),下游制造商可以将多家供应商的零部件配送集中起来,通过配送路径的优化和配送量的集中,可以大幅度降低物流成本,并保证零部件的准时供应。

循环取货是内向物流领域,推式与拉式相结合的典型代表,其业务示意见图 6-11。

综上所述,针对不同需求特性和产品特点的零部件,可以有不同形式的内向物流,而物流配送的合理选择,既可保证准确、及时、可靠的零部件供应,又能最大限度地降低库存和物流成本,对高效的订单交付具有积极意义。

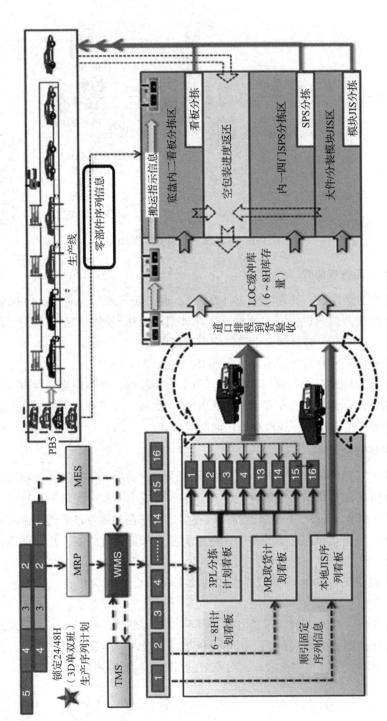

图 6-9 JIS 排序配送的流程示意图

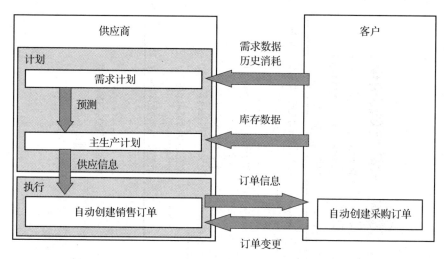

图 6-10 供应商管理库存的流程示意图

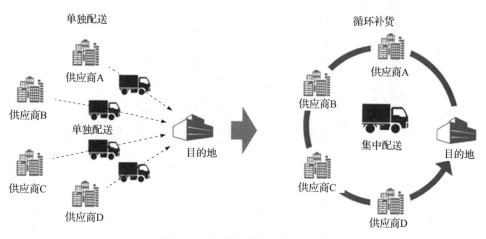

图 6-11 从单独配送到循环取货

6.5 Ariba 中的供应链协同

Ariba 是 SAP 公司所开发的数字化云平台,定位于为各类组织提供采购供应链管理服务。其中,供应链协同模块(Supply Chain Collaboration,SCC),可用于上下游企业之间的采购协同。Ariba SCC 模块的主要功能见图 6-12。

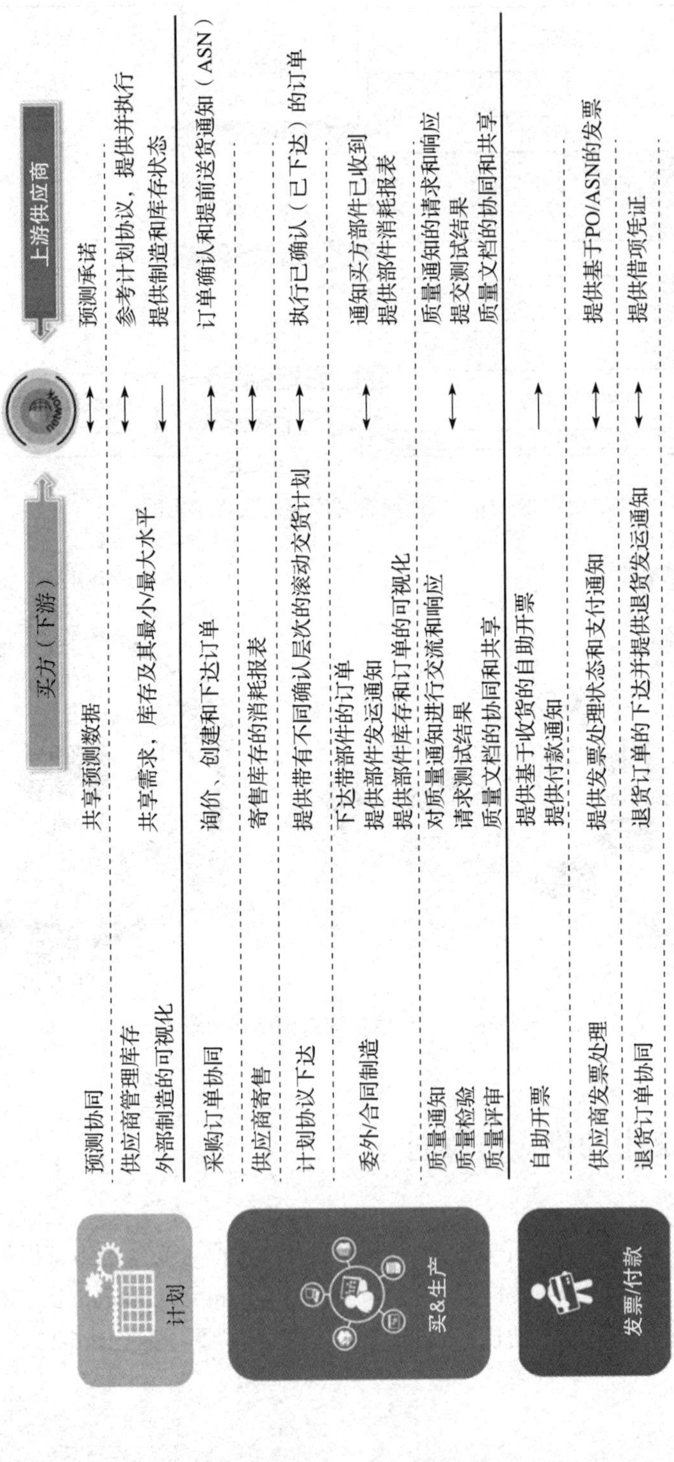

买方（下游）		上游供应商
	预测承诺	
共享预测数据	↔	参考计划协议，提供并执行
共享需求，库存及其最小最大水平	—	提供制造和库存状态
询价，创建和下达订单	↔	订单确认和提前发货通知（ASN）
寄售库存的消耗报表	—	
提供带有不同确认层次的滚动交货计划	↔	执行已确认（已下达）的订单
下达带部件的订单 提供部件发运通知 提供部件库存和订单的可视化	↔	通知买方部件已收到 提供部件消耗报表
对质量通知进行交流和响应 请求测试结果 质量文档的协同和共享	↔	质量通知的请求和响应 提交测试结果 质量文档的协同和共享
提供基于收货的自助开票 提供付款通知	→	
提供发票处理状态和支付通知	↔	提供基于PO/ASN的发票
退货订单的下达并提供退货发运通知	↔	提供借项凭证

预测协同
供应商管理库存
外部制造的可视化

采购订单协同

供应商寄售

计划协议下达

委外/合同制造

质量通知
质量检验
质量评审

自助开票

供应商发票处理

退货订单协同

计划

买&生产

发票付款

图 6-12　SAP 公司的 Ariba SCC 模块的主要功能

根据协同对象或信息内容的不同,在 Ariba SCC 模块中,包括采购订单协同、采购退货协同、委外加工或合同制造协同、计划协议协同、物料寄售协同、供应商管理库存或库存协同、质量管理协同、预测协同等。本节中,作者选择采购订单协同、计划协议协同、预测协同等几个场景为代表,简要地介绍 Ariba SCC 采购协同管理的特点。

1. 采购订单协同

采购订单是采购管理中常用到的信息对象。在 Ariba SCC 模块的采购订单协同处理中,通过基于采购订单的信息交互、订单满足、开票、支付等业务交易的实时协同,有助于上下游企业之间采购供应的可追溯和端到端的可视化,具体见图 6-13。

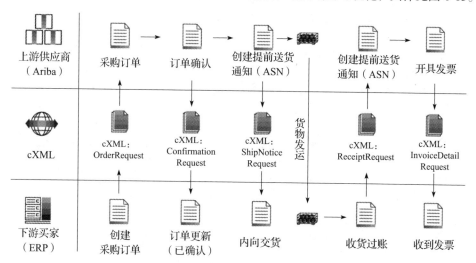

图 6-13　Ariba SCC 模块中采购订单协同的流程示意图(摘自 SAP 官网)

在采购协同的业务场景中,下游买家(下游制造商)可以将其 ERP 系统中的采购订单发布到 Ariba 上供上游供应商查询和修改。上游供应商可以对采购订单的内容,比如交货数量和交货日期等,进行确认,并将确认后的采购订单反馈到下游买家的 ERP 系统中。当采购订单中的物料已经生产完成并可以发货时,上游供应商可以在 Ariba 中创建提前送货通知,并可自动触发下游买家 ERP 系统中内向交货单的创建。下游买家收到货物并在 ERP 中完成收货过账后,将收货回执发送给上游供应商,后者再开具发票并传送给上游买家。

在系统集成方面,下游买家的 ERP 系统与 Ariba 可以采取 cXML、EDIFACT、X12 等方式进行数据交互,也可以将采购订单等数据导出至 csv 文件中,再手工上传至 Ariba。

从细节上，当下游买家需要对采购订单进行审批，或是上游供应商所确认的交货数量或交货日期与原采购订单不一致时，下游买家和上游供应商可以通过 Ariba 中的偏差审批流程来进行沟通并达成一致意见。

2. 计划协议协同

对于直接材料的采购，下游制造商通常会与上游供应商协商一个长期的（比如年度）框架性供货协议，预订好总体的采购数量、结算价格和采购条款，实际交货一般是分批交货，并在计划协议中初步约定。

当实际需要交货时，下游制造商会下发一个交货计划行或交货指令给上游供应商，供应商收到后再安排物料生产，后续的业务操作与采购订单的协同流程基本类似。Ariba SCC 模块中计划协议的协同流程示意见图 6-14。

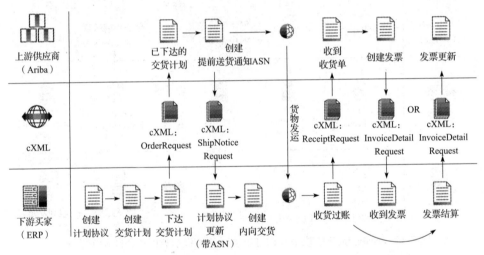

图 6-14　Ariba SCC 模块中计划协议的协同流程示意图（摘自 SAP 官网）

作为一个长期性采购计划，计划协议的内容不仅用于短期的采购执行，而且可作为上游供应商中期的、长期的供货指导，因而具有计划和执行的双重作用。为了清楚区分计划协议的信息内容及其可变性，在 Ariba SCC 模块中，把计划协议的整个展望期分为三段：冻结期、承诺期和预测期。冻结期是距离当天最近的一个时间段，该时间段内的交货行是确定要执行的。承诺期是冻结期之后的某个时间段，该时间段的交货行是供需双方已经确认或承诺要执行的，如果要对其中的内容进行修改的话，需要通过相应的协商机制来进行。预测期是最远的一个时间段，该时间段内的计划行是下游制造商给上游供应商的需求预测。

通过将计划展望期进行分期管理，根据时间的推移，原本在承诺期的数量将自动地移转到冻结期，实际也实现了滚动式采购计划管理，见图6-15。

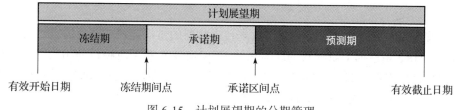

图6-15 计划展望期的分期管理

3. 预测协同

在Ariba SCC模块的预测协同中，下游制造商将潜在采购数量以预测的形式发布给上游供应商，后者可以对此进行承诺，并为此提供相应的产能保障或库存保障。预测协同有助于降低供需之间的不确定性，并可以用于指导库存水平的设置和客户服务水平的达成。

在实际操作中，下游制造商在本企业内制订销售预测或需求计划，并经过MRP的运行，提取MRP所产生的净需求信息，以采购预测的形式发送到Ariba上供上游供应商查看。上游供应商查看采购预测，必要时进行备注或做出修改建议，最终做出承诺并将之反馈到Ariba，再通过cXML等形式的接口闭环给下游制造商的ERP中。

Ariba SCC模块中的预测协同流程示意见图6-16。

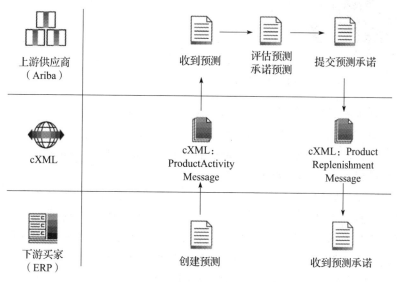

图6-16 Ariba SCC模块中预测协同的流程示意图（摘自SAP官网）

6.6　S/4HANA 中的看板与 JIT Call

看板原本意思是通过可视化卡片来传递物料的供需建议或补货需求。与看板相比，MRP 是根据上阶物料的净需求及其 BOM 来推算下阶物料的相关需求，看板则是直接根据物料的实际消耗来计算其供应建议。在 S/4HANA 中的看板模块中，主要是通过相关主数据和控制循环的定义来驱动看板运行的。

物料的需求端和供应端分别以需求源和供应源来表示，物料的消耗地点，也就是通常意义上的生产线边，以生产供应区（Production Supply Area，PSA）来表示，如图 6-17 所示。通过将 PSA 的看板状态设置为"空"，系统将触发补货并将补货信息发送至供应源。当装满物料的容器自供应源运送至 PSA 时，操作员可以通过条码枪或系统集成的方式将容器所对应的看板状态设置为"满"，系统将自动触发 PSA 的收货作业。

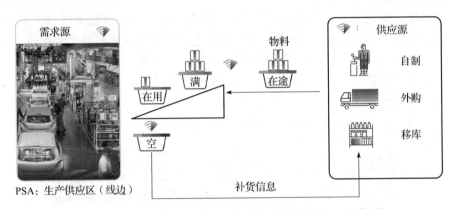

图 6-17　S/4HANA 中看板运行流程示意图（摘自 SAP 官网）

为了保证需求端与供应端之间物料补货的平稳运行，根据 PSA 中物料消耗速度和消耗量的不同，系统可以对看板控制循环中相关参数（看板容器的容量和容器的数量）做相应的调整。看板容器的容量越大，看板单次补货量就越大；看板容器的数量越多，看板流动的速度就越快。

在 S/4HANA 中，看板补货可用于自制件生产、工厂间移库和零部件外购等业务场景。针对零部件外购的补货，还需结合相应的补货策略来进行。补货策略定义了看板生产的方法以及所用到的补货要素。针对零部件外购，可选的补货要素有采购订单、计划协议、移库单、采购合同等。本节中，我们重点了解一下采用 JIT Call 作为补货要素或补货策略的内向物流。

JIT Call，也就是所谓的物料呼叫（Call Off），代表的是真实的要货指令。在 S/4HANA 中，有两种形式的 JIT Call——汇总 JIT Call 和排序 JIT Call。排序 JIT Call，也就是前文所说的 JIS 供货，是以生产线的在制品排序或队列为参考，以排序或队列的形式进行物料的供应，常用于重复式制造（比如汽车行业）中专用件、大件的补货。

汇总 JIT Call 与排序 JIT Call 的对比见图 6-18。本节中，我们就以汇总 JIT Call 为代表，简要了解一下 JIT Call 在零部件内向物流中的应用。大体上，基于汇总 JIT Call 的内向物流的操作步骤，具体见图 6-19。

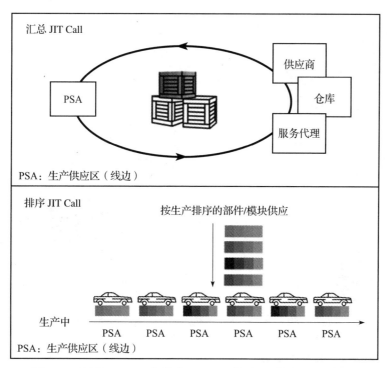

图 6-18　汇总 JIT Call 与排序 JIT Call 的对比（摘自 SAP 官网）

图 6-19　汇总 JIT Call 的内向物流操作步骤示意

1. 创建计划协议

计划协议规定了在某段时间内，下游制造商（客户）将向上游供应商采购什么物料、采购多少，以及交货条件，等等。在 S/4HANA 中，汇总 JIT Call 必须在计划协议的前提下才能使用。这时候，计划协议中的计划行相当于采购预测，而汇总 JIT Call 才是实际的要货指令或计划行下达。

2. 创建看板控制循环

在看板控制循环中，定义了看板容器的数量、单个容器的容量、看板状态（状态1：等待中、状态2：空、状态3：处理中、状态4：运送中、状态5：满、状态6：使用中、状态9：错误）及状态顺序（见图6-20）、补货策略、交货地址、控制循环生命周期（创建中、已创建、以下达、以锁定）、看板计算方式等。

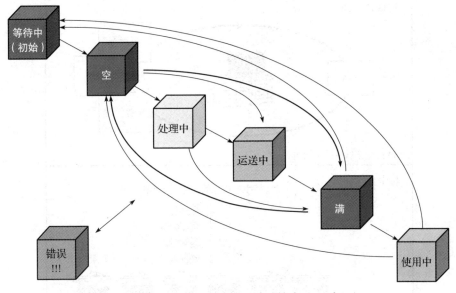

图 6-20　看板的状态及状态顺序（摘自 SAP 官网）

3. 运行 MRP 并产生预测

下游制造商运行 MRP，生成计划协议中的计划行，后者将作为采购预测发送给上游供应商，供上游供应商制订其生产计划或进行生产准备时参考。

4. 触发看板并生成汇总 JIT Call

在 S/4HANA 中，触发看板的方式有传统式、事件驱动式、带数量信号的看板，等等。所谓传统式，指的是通过看板状态的变化，比如通过条码扫描或手工操作将看板状态设置为"空"，来触发相应的补货看板。所谓事件驱动式，指的是根据物料的实际消耗和特定的事件来触发看板补货。所谓带数量信号的看板，指的是看板的状态变化，不是由外部操作，而是根据容器中的物料消耗，即当物料消耗完后自动将看板状态设置为"空"，从而触发看板补货。

多个物料的补货需求可以分配在同一个汇总 JIT Call。比如，根据需求的工厂、卸料地点、供应商等，进行需求或补货看板的汇总。

除了需要补货的物料、补货的数量等信息外，汇总 JIT Call 还将生成精确的交货日期和交货时间等信息，而同一天之内也可以产生多个汇总 JIT Call。

5. 分组并发送给供应商

在汇总 JIT Call 中，可以把供应商、物流承运商等相关人员维护到消息交流组中，系统将把汇总 JIT Call 发送给交流组的每一个成员。

6. 收到 ASN

供应商货物准备好后，将在相关 IT 系统中创建提起送货通知（ASN），并将之反馈给上游制造商 E。

7. 收货过账并供应至生产线

下游制造商收到货物后，可以参考 ASN、汇总 JIT Call 来收货过账。如果是参考 ASN 等形式来手工收货过账，过账完成后，看板容器的状态自动设置为"满"。操作人员也可以将看板容器的状态设置为"满"，这将自动触发收货过账。

6.7 S/4HANA 中的仓储管理

对广大制造型企业而言，物料零库存是一种理想状态，即使是供应链的全环节都采取 JIT 模式，企业还是要保留少量的库存。而且，对于某些供应脆弱的行业或环节，一味地采取 JIT 来组织物料的供应，却很有可能让企业丧失部分市场机会，并不一定是整体最优的选择。

既然，保留一定量的物料库存是企业的普遍现状，这就牵涉库存管理的有效性，比如库存面积的高利用率、物料入库和出库的快速、物料呆滞的杜绝，等等。当企业中的物料种类成千上万，甚至数万种以上时，要想做到仓储管理的精、准、快，显然不是一件容易的事情，而粗、乱、慢的仓储管理，也必然给订单交付和高效运营带来极大的负面影响。在 SAP 所提供的管理软件包中，S/4HANA 中的扩展仓储管理（Extended Warehouse Management，EWM）模块，就是用于帮助企业做好仓储管理。

从功能来看，S/4HANA 中的 EWM 具有以下几个特点：

1）仓储空间管理的精细化。在工厂中的仓储空间划分为不同存储地点的基础上，EWM 可以将仓储空间进一步划分为作业区域、存储类型、存储区、存储位，等等，这可以很好地支持立体高位货架的数字化管理。

2）可配置的仓储作业，包括内向物流和收货作业的可配置，外向物流和发货作业的可配置，包装作业和包装说明的可配置，增值服务内容的可配置等，从而丰富仓储管理的内容，使得仓储管理不仅仅是支持性业务，而是可以发展成营利性业务，比如物料的成套和包装等业务，已具备制造的某些特点。

3）基于算法的作业优化，比如收货作业中的拆箱优化，库存管理作业中的插入（Slotting）优化，上架入库的路由优化，外向物流和发货作业中的波次优化，库存成套和订单成套，等等。这些工作内容显然是传统人工难以胜任的。

4）仓储作业的精细化，比如以详细的工作步骤来定义包装作业，可以起到类似于 MES 系统的作用，实现仓储作业的精细化管理，以实现仓储管理高空间利用率、高周转等管理目标。

5）支持 RF、RFID、MFS 等原生技术的集成，以实现无纸化、自动化和少人化的仓储管理，这也是智能制造的重要组成部分。

EWM 模块是 S/4HANA MM/IM（Material Management/Inventory Management，物料管理/库存管理，MM/IM）模块在库存管理上的深化，见图 6-21。通常，MM/IM 主要用于企业中物料库存数量和金额的账务处理。如果企业中的物种种类并不多，借助 MM/IM 来进行物料的仓储管理是可行的；而一旦物料种类比较多，只是详细到存储位置的仓储管理显然满足不了业务的需要，就需要借助 EWM 之类的模块来进行仓储管理的精细化和可视化。

另外，现代化的仓储管理不仅仅是物料的快速入库、快速出库和账实相符，还有很多基于仓储的增值服务，比如收货时的拆箱、质量检验、物料转运、客户定制化包装、库存成套、订单成套等，具体见图 6-22，需要在 EWM 中将上述功能和服务予以数字化管理。

在具体的实现方式上，入库、出库、库存管理、增值服务等作业可能有很多个中间环节，要求 EWM 能够根据业务的要求进行作业步骤的配置，并要求在减少库存成本的同时，尽可能减少作业中的纰漏，确保库存的准确性和实时性，提高仓储作业人员的工作效率。因此，我们也可以把 EWM 理解为仓储作业执行系统。

在架构设计和业务流程的实现上，EWM 支持面向流程的存储控制（Process-Oriented Storage Control，POSC）和面向布置的存储控制（Layout-Oriented Storage Control，LOSC）等两种方式。具体来看，POSC 是以类似于流程引擎的方式来定义或配置仓储作业中的各项活动的,而 LOSC 则是根据图 6-22 所示的空间布局来定义或配置仓储作业中的各项活动的。在 EWM 系统实施项目中,POSC 和 LOSC 可以结合使用,系统首先以 POSC 的方式来执行仓储作业,然后再考虑仓储的空间布局。

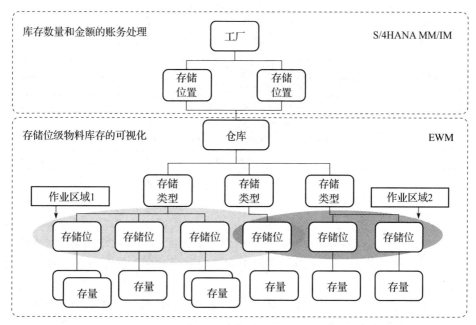

图 6-21　S/4HANA EWM 的仓储架构示意图

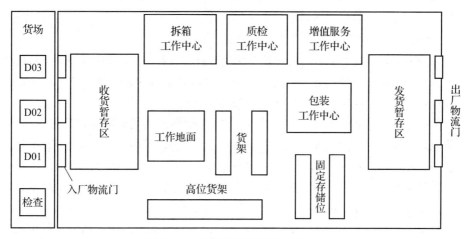

图 6-22　仓库管理空间布局的示意

下面，我们就参考图 6-23 所示，来简要了解一下 EWM 中的主要功能。

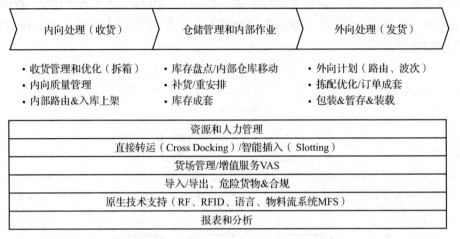

图 6-23　S/4HANA EWM 的功能框架

1. 内向处理（收货）

在内向处理（收货）作业中，企业收到上游供应商的提前送货通知（ASN），或是基于采购订单中已确认的行项目来创建内向交货单，触发内向处理和收货作业。

在功能上，EWM 支持直接入库上架，或是多个步骤的入库上架。所谓直接入库上架，也就是单步收货，是将物料直接从收货区存入最终的存储位。多个步骤的入库上架，在入库上架之前，物料可能还需要经过清点、质检、拆箱等中间步骤，而这几个步骤可以通过配置来进行选择，选择其中的一个或多个作业步骤，这就为内向处理（收货）作业提供了一定的柔性。

在内向处理（收货）中，也可能需要对物料进行包装，比如自制（半）成品的入库。在 EWM 中，根据业务需要，支持手工或自动的包装选项，也可以控制料箱或包装单元（Handling Unit，HU）中的物料数量。

另外，在企业的仓储业务中还可能存在各种形式的增值服务，比如重包装、特殊包装、打标签、上（防锈）油、简单装配、成套，等等。这都需要 EDW 提供相应的作业支持。以成套为例，它是通过一个抬头项将几个部件组合或装配在一起。在具体形式上，又包括面向库存管理的库存成套、针对特定销售订单的订单成套，以及将成套件打散成部件的反成套。

增值服务通常在相应的工作中心来进行，这需要提前维护好增值服务中所需的物料、作业步骤等基础数据，EWM 再根据包装等增值服务的作业步骤来确定相应的工作中心。

2. 外向处理（发货）

与内部处理（收货）类似，EWM 支持一步或多步的外向处理（发货）。在多步的外向处理（发货）中，可能的作业步骤有拣配、包装、暂存、装载等。它们可以通过前文所说的 POSC 来进行配置。

在拣配作业中，EWM 支持多种形式的下架策略，比如先进先出法、强制先进先出法、后进先出法、部分数量优先法、保质期过期数据法、固定存储位法等，企业可以根据业务需要进行选择。

EWM 提供了波次处理的功能，可以基于某个标准（作业区域、路由、产品等），将发货项目进行分组或分割，以实现优化拣配效率、优先处理紧急订单等目的。

3. 仓储管理和内部作业

在仓库的实际运行中，除了内向处理（收货）、外向处理（发货）等作业，还有一些不涉及物料进出仓库的作业，比如破损物料的替代、物料从某个存储位移到其他存储位，质检后的物料报废等，我们称之为仓储管理和内部作业。EWM 把仓储管理和内部作业分为四类：①补货；②重安排；③随机移动；④账面调整，具体见图 6-24。

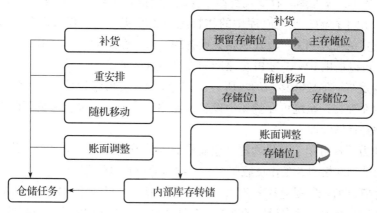

图 6-24　仓储管理和内部作业的类型

企业可能会设置优先发货存储位或主存储位。当然，主存储位的库存低于企业所设置的最低值时，通过补货作业，可以将物料从预留存储位补货到主存储位，这可以通过报表预警或物料拣配员的手工调整来完成。

随机移动则主要用于修正 EWM 中因记账、摆放等所导致的错误，或者是替代存储位中已经破损的物料。随机移动通常是在两个存储位之间进行的。

账面调整通常不涉及库存物理位置的变化，主要用于改变库存的特性，比如库存类型（从非限制使用库存调整为质检库存，从销售订单库存调整为非限制使用库存，等等）。账面调整主要针对同一个存储位来进行。

另外，在仓储管理中，还有一种内部作业——库存盘点。库存盘点的目的是通过全盘、抽盘等形式来保证账上库存数量与实际库存数量保持一致。在 EWM 中，支持基于存储位的库存盘点和基于产品的库存盘点。从财务管理等要求出发，库存盘点有标准的作业流程，需要 EWM 提供相应的功能支持。

4. 其他高级功能

除了上文所述的仓储管理基本作业，EWM 还提供直接转运（Cross Docking）、插入（Slotting）和重分配、物料流系统（Material Flow System，MFS）、货场管理、劳动力管理、资源管理、无线射频支持、仓库管理监控器等高级功能。

直接转运指的是物料不经过仓储，直接从收货区转运到发货区。直接转运常用于供应链中将不同来源的不同物料组合起来，或者对物料进行排序以用于不同的目的地。

插入是为了实现货物存储和拣配效率的最优，以寻找并确定相关优化存储参数的过程。基于存储需求、产品包装等数据，插入功能可以找到更优的存储区指示标识、入库上架策略、存储位类型、存储类型的最大数量等参数。

MFS 用于控制自动化仓库中的物料流。MFS 实时地将移动指令发送给自动集成和恢复系统的 PLC，以控制相关设备的运行。在 EWM 中，MFS 是一个集成化功能，可以提供 EWM 与 PLC 之间的无缝、直接集成。

货场是车辆停放和移动的场所。在 EWM 中，货场作为具有货场角色的特定存储类型而存在，系统可在货场中设置物流门、检查点、包装区域等设施，以帮助企业做好货场管理。

劳动力管理可用于度量和提升仓储作业人员或资源的工作效率，其主要功能有劳动力计划和模拟、工作负载监控、劳动力分析和报告等。

仓库管理监控器是仓库管理人员的管理工具，可以为他们提供所有仓储作业的最新信息，并根据预先设定的 KPI，对已经存在或潜在的问题进行报警。

6.8 工业互联网

工业互联网的定义有很多，我们其实可以这么来理解：从表现形式来看它是"网"，所连接的是工业有关的经济或生产要素，要尝试解决的是工业企业或行业所面临的问题。当前，以工业互联网命名的数字化服务有很多，有些比较适合以工业互联网的形式来提供，有些则不一定。本节中，作者对五种比较适合工业互联网的数字化服务做个简要介绍，大家可以看看哪种类型的服务与订单交付和采购协同有关。

1. SaaS 版的管理信息系统

管理信息系统的 SaaS 化，是比较常见的工业互联网服务，典型代表有 SaaS 版的 ERP、MES、APS、WMS 等。与本地部署（On-Premise）的管理信息系统相比较，SaaS 版的管理信息系统部署在云端，并以高度标准化的形式提供给客户来使用。对于客户企业而言，SaaS 版的管理信息系统通常以订阅（年租）的方式来付费，且系统实施和部署的周期短，可以降低企业数字化建设的初始成本，但系统的总拥有成本不一定最低。

SaaS 版的管理信息系统通常不支持高度的定制化，解决的是企业经营管理中所面临的共性问题，如果企业的业务模式或业务流程多变，或是想做一定程度的定制化，则不宜选择这种方式的服务。通常，SaaS 版的管理信息系统比较适合中小企业，或者是企业中的人员招聘、费用报销等非核心业务。

2. 服务型制造的增值服务

在工程机械、机电软一体化产品等行业，在所销售的产品中嵌入物联网功能，然后在云端对产品的运行状况进行监控、分析和优化，并将之以增值服务的方式提供给客户，是工业互联网服务的另一种主要形式。通用电气所定义的工业互联网，其实也源于此。从商业模式的角度来看，有人把它称为服务型制造，国内的典型代表则是树根互联的早期服务。

对于服务提供商而言，通过基于工业互联网的增值服务，不仅可以扩展企业的盈利方式，还可以通过产品使用阶段的运行数据分析，为产品的改进和新产品研发积累宝贵的知识和经验。对于客户企业而言，购买了这些增值服务，也等于聘用了一个称职的"管家"，有助于客户企业正确地使用这些产品，并延长其使用寿命。

3. 客户个体化定制

客户个体化定制，有人称之为 C2M（Customer to Manufacturer），也是工业互联网服务的形式之一。它通过互联网技术将消费者、渠道和生产厂家等连接在一起，让需求和供应进行无缝对接，可以让消费者参与进产品的创意、设计、开发、制造、交付和使用等生命周期中。C2M 模式的工业互联网在国内的典型代表有海尔的卡奥斯、阿里的犀牛工厂和酷特智能的 C2M 平台。

从产业数字化的角度来看，C2M 模式的工业互联网平台，解决的是 OEM 厂商与市场的对接，受益的主要是 OEM 厂商所在生态的相关企业或个人，具有一定的排他性。当然，其他企业也可以借助他们所输出的平台能力，构建自己的 C2M 平台。从应用情况看，应用效果较为理想的 C2M 平台主要针对的是结构相对简单、产业链较短的快速消费品行业。

4. 高级算力或算法的服务

有些数字化技术或能力，比如基于人工智能的数据认知，需要有超强的算力或算法做支撑，而企业也不是时时刻刻都要用到它，本地部署的话显然成本太高，而以工业互联网服务的形式来获得，按使用次数来付费，无疑是更好的选择。当前，很多国际国内的大型互联网和软件厂商，都提供类似的服务，典型代表如百度的图像识别服务、SAP 公司的 Cloud Platform 及其机器学习等服务。

以服务的形式来提供高级算力或算法等能力，无疑大大降低了高级数字化技术或能力的使用门槛，对于高级分析、人工智能等技术走入千家万户大有促进，也可以加快广大中小企业的数字化和智能化转型。

5. 基于云平台的供应链协同

2021 年 7 月，浙江省正式下发《关于印发浙江省全球先进制造业基地建设"十四五"规划的通知》，（以下简称《通知》）。《通知》中明确提出将"产业大脑"+"未来工厂"，作为全球先进制造业基地建设的抓手。其中，"产业大脑"主要解决的就是产业链上下游的供应链协同，也是工业互联网的服务形式之一。

供应链管理和协同是老生常谈，企业中天天讲，讲了几十年，可一直没有很好地解决，其中有技术上的原因，更有企业的商业策略和决心等问题。如果产业链上下游企业之间仍然以博弈的方式，以零和游戏来对待这个问题，这个问题就很难彻底解决。

基于云平台的供应链协同，就是要打破 OEM 厂商与上游供应商之间的信息壁垒，以数据共享、集成、同步和业务可视化，来提高整个产业链的联动、快速响应和敏捷性，受益的将是产业链上下游的各个企业。在供应链协同的初级阶段，可以从 OEM 厂商的生产计划、上游供应商的采购计划、供应链节点库存等的协同入手，而作为技术支撑的云平台，可以提供统一的数据模型、标准格式的数据交换、数据总线、可选的计划算法等方面的支撑。

6. 小结

随着数字化转型工作的推进，数字化转型的重点已经向广度、深度、准确度、实时度、集成度等方面延伸。对企业的内部而言，企业的经营管理要从信息化走向数字化，再从数字化走向智能化；对产业链而言，上下游的协作要从透明化走向集成化，从集成化走向同步化。本节所列举的五种工业互联网服务，都可以为此提供助力。

尤其是，对于上下游企业之间的采购协同而言，基于云平台的供应链协同，如果应用好的话，将为企业的采购协同和订单交付带来非常大的助力。

6.9 本章小结

在全球汽车行业中，丰田汽车的盈利能力长期处于行业领先水平。以2020年的表现为例，丰田汽车排名第一，分别实现了2567.2亿美元的营收和211.8亿美元的利润；而排名第二的大众汽车，虽然营收2539.7亿美元，但利润只有101亿美元，营业利润率不到丰田汽车的一半。

丰田汽车盈利能力强的原因是多方面的。在作者看来，与上游供应商的协作关系紧密和友好，应该算其中的原因之一。众所周知，在日本的制造业和丰田汽车的供应链体系中，一个或一类零部件通常只有一家供应商，上下游企业之间高度地相互依赖，故而下游主机企业与上游供应商之间容易形成长期、互信和紧密的供应链协同，这将有助订单交付和运营高效。

反观中国的汽车企业，通常一个或一类零部件，不仅有一轨、二轨供应商，甚至还有三轨、四轨供应商。更被供应商所诟病的是，供应商在下游主机企业的配套款账期普遍在6个月以上，有的甚至超过一年。在这种情形下，上游企业与下游企业的关系是竞争远大于合作，不要说供应链信息高度共享，不防备对方就算不错了。这种情况，不仅在汽车行业存在，在国内的家用电器、工程机械、高科技等行业同样普遍存在。

如前所述，上下游企业之间的供应链高效协同，对于订单交付和高效运营有着重要的意义，而这不仅取决于企业之间良性的合作关系，还有赖于计划、采购、物流等业务流程的高效协同，有赖于采购供应链全过程的可视化，这也是订单交付和供应链数字化转型的应有之义。

采购供应链全过程的可视化，首先要求上下游企业的内部运营实现高度的可视化，其次是下游企业的采购业务与上游企业的销售业务要实现信息闭环，并在信息闭环的基础上，实现立体、滚动式计划协同和实时库存协同。

从数字化视角看，供应链协同平台、工业互联网、物流跟踪和追溯系统、物联网技术、智能仓储系统等平台或技术的有效应用，有助于采购供应链可视化的实现。

第 7 章 | Chapter 7

商品发运与外向物流

在发展经济方面,有一句大家耳熟能详的话:"要想富,先修路。"修路的目的是改善交通,而交通的改善有助于人员、资源、商品等的高效流动,有助于社会资源的高效配置和优化,有助于社会化分工的深化和生产规模化的扩大。

发达的交通体系是社会和经济发展的大环境,对每一个企业都是有帮助的,但并不意味着每一个企业都能从中得到相同的受益。换句话说,与运营水平一般的企业相比较,运营水平高的企业可以从发达的交通体系中受益更多。

在供应链运作参考模型所描述的计划(Plan)、寻源(Source)、生产(Make)和交付(Deliver)等运营活动中,交付活动与交通体系的关系更为紧密。实际上,交付活动,或者说商品发运与外向物流,是订单交付的重要组成部分,是订单交付的"最后一公里"。如果这"最后一公里"没走好,产品管理与制造工程、销售预测与需求感知、客户订单与需求管理、生产计划与执行等活动的效果将大打折扣。

从业绩指标来看,我们可以从时间、成本和质量等三个维度来评价商品发运与外向物流。时间指的是商品从工厂发出到客户收到商品的周期,成本主要指的是发运和物流成本,质量则主要是指客户收到的商品与商品从工厂发出前的一致性。无论是时间、成本,还是质量,都与运输管理有着密切的关系。

商品发运与外向物流要想在时间、成本、质量等方面要想实现好绩效,必须通过精细的运输管理,包括运输管理在计划、执行和控制等环节的精细化,如图 7-1 所示。尤其是时间、成本等绩效指标,需要借助长期、中期的运输计划来提前筹划。

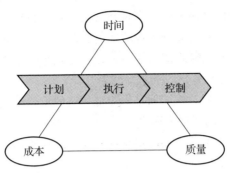

图 7-1 商品发运与外向物流的绩效评价

7.1 运输计划

我们知道,在供应链运作参考模型中,计划活动贯穿于供应链的各个环节,运输管理也不例外。根据"5.1 计划管理的方法",我们已知,计划管理的主要方法是立体和滚动。所谓立体,指的是计划需要在计划的层次、计划展望期等方面予以分层和分期,长期性战略计划、中期性战术计划和短期性操作计划要实现自上而下的分解和指导,以及自下而上的反馈和汇总。所谓立体,指的是由现在到未来,随着时间的推移,各个计划时段(冻结期、承诺期和预测期)内的数据需要滚动更新。

根据计划管理的立体和滚动性方法,运输计划也包括长期(战略)计划、中期(战术)计划和短期(操作)计划。

1. 长期运输计划

长期运输计划的主要内容是分销网络的设计,即从工厂到客户,是否需要分销中心或转运中心的中间环节,工厂、分销中心、转运中心、客户等不同位置所构成的网络布局如何,从工厂到客户的配送路径如何,等等。

在运输成本的影响因素中,运输路径和运输距离起着决定性影响,火车、船只等运输工具的装载率反而是次要的,商品的长距离运输更是如此。

从经济学角度来看,运输的附加值主要体现在商品的使用价值提升上,而使用价值又决定了商品的交换价格。举例来说,在 A 地只有 100 元使用价值的商品,而在 B 地就可能有 150 元的使用价值,所增加的 50 元使用价值,就是将 A 地运输到 B 地的运输服务所带来的附加值。如果 A 地运输到 B 地的运输成本低于 50 元,上述运输服务就有利可图,而运输成本主要受运输路径和运输距离的影响。

因此，根据客户的区域分布，合理地规划工厂、分销中心、转运中心等网络布局，有利于优化运输路径和缩短运输距离，从而有助于企业营利性的提升。另外，运输路径的优化和运输距离的缩短，往往也意味着运输时间的缩短，这有助于订单交付周期的缩短和客户服务水平的提升。

在实际操作中，长期运输计划是供应链战略的重要组成部分，是企业进行工厂选址和分销中心布局的考量因素之一。

与长期运输计划有关的分销网络布局、运输路径规划、集货和转运点设计等的示意，见图 7-2。

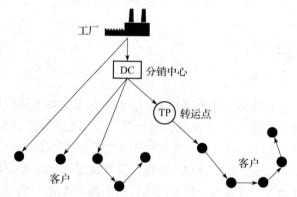

图 7-2 分销网络布局、运输路径规划、集货和转运点设计的示意图

2. 中期运输计划

中期运输计划的主要内容包括包装单元或商品容器的设计、分销需求计划、运输服务的招标和合同签订，等等。

各类商品的形状往往是不规则的，这尤其体现在工程机械、汽车配件等行业。对形状不规则的商品，必须精心设计相应的包装单元或商品容器，以确保商品在运输过程中得到必要保护的同时，尽量提高运输工具的装载率。

分销需求计划（Distribution Requirements Planning，DRP）是系统性的计划流程。在 DRP 制订过程中，需要确定哪些商品，在什么样的计划时段内，以何种数量，分销到哪些地点，以满足预期的客户需求。DRP 的目的是提高商品发运的效率，避免商品短缺，降低运输和库存保有成本，等等。

在实际操作中，DRP 的计划对象是产品组，所涉及的分销位置也往往是区域、位置组和客户组。在企业的计划体系中，DRP 是销售与运作计划（S&OP）的重要组成部分。

DRP 的结果可用于企业评估未来的运力需求,并提前与第三方物流服务提供商或承运商做好商务谈判和合同签订等工作。通常,DRP 中的运输需求量比较大,可以帮助企业获得更好的商务条款和运费结算价格。

3. 短期运输计划

短期运输计划,也可以称为运输排程,其主要工作内容包括商品的集货安排、运输的时间排程和承运商选择,等等。

短期运输计划的主要输入,也就是运输需求,是有待发货或运输的客户订单。当客户的订单量比较小,或是所订购的商品体积较小时,单独为某个客户订单来进行发运的话,其运输成本较高,就可能需要将客户的多个订单,或是同一区域内多个客户的订单来集中运输。企业对商品进行集货时,选择标准有客户、区域、发货时间、装运点等。

运输排程指的是根据客户订单所指定的交货日期来倒排商品发运和外向物流中相关活动的日期。根据订单中交付时间,以及相关活动的提前期,可以倒排出发货、装载、拣配/包装等活动的具体时间要求,以推动上游活动的进行,如图 7-3 所示。

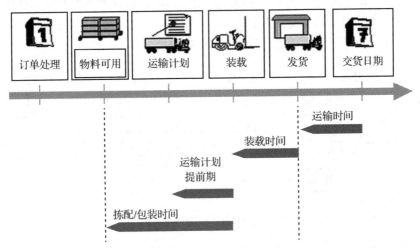

图 7-3 短期运输计划中的时间安排示意图

商品集货和运输排程等内容确定以后,需要从第三方物流公司或承运商的可选清单中选择某个运输商,并将承运单的内容发送给运输商,接下来的工作就是商品发运和内向物流的具体执行了。

在制造型企业中,如果是 MTO 模式,短期运输计划需要与可用性检查、详细生产排程等进行协同；如果是 MTS 模式，短期运输计划需要与库存部署（Deployment）计划进行协同。

7.2 运输执行

在订单交付中，运输执行是需求满足的最后环节。考虑到大部分企业的实际运输作业是外包给第三方物流公司或承运商，我们可以分别从发运方的视角和承运商的视角来看运输执行。

1. 发运方的视角

对制造型企业或发运方而言，运输执行需要嵌入订单到收款（Order to Cash，O2C）的流程中去。

运输需求的信息来源是销售订单。当销售订单中的物料已经生产完成或备好货时，订单管理员参考销售订单来创建交货单，可以是参考一个销售订单创建多个交货单分配交货，或是将多个销售订单合并到一个交货单进行集中交货，如图 7-4 所示。创建好的交货单传递给外向物流部门，后者再根据交货单创建装运单和运输单，并通知承运商在指定的装运点装货。一旦商品离开物流仓库的大门，商品库存记账员进行发货过账。后续的作业还包括开票、收款等。

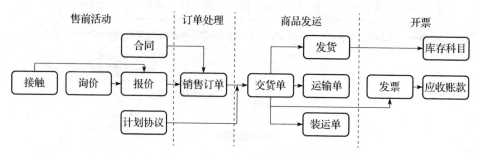

图 7-4　从订单到收款（O2C）的流程示意图

具体到执行环节，运输执行与物流执行往往有紧密的联系。通常，外向交货单创建完后，需要在外向物流中执行商品的拣配、包装、打标签、打托、PDI 等物流作业，然后才是商品的装运。

承运商将商品运达指定交货地点并收到客户的签收确认以后，将签收单据反馈给发运方，作为运输服务的结算依据，发运方再将运费支付给承运商，运输执行的工作就全部完成。

2. 承运商的视角

对于承运商而言，运输执行的工作则要复杂得多，具体可包括承运单的接收、承运单的账簿处理、车辆安排或调度、实际运输路线的选择或优化、运输过程中的商品防护、过程跟踪并把状态信息反馈给发运方、商品送达交货点后验收点的收取和反馈、运输结算单的制作和运费结算，等等。

7.3 运输控制

运输控制指的是借助全球定位系统（Global Positioning System，GPS）或云服务公司提供位置定位服务（Location Based Service，LBS）来跟踪货车等运输工具的位置，以了解商品发运的进度并推算送达到指定交货地点的可能日期和时间。当可能的交货日期和时间偏离了承诺的交货日期和时间时，则触发例外或报警信息，提醒相关人员进行必要的人工干预。

运输管理中的运输控制通常需要借助数字化跟踪和追溯手段，以及事件管理机制来进行。

数字化跟踪（Track）主要回答的是商品在哪里？承运商或驾驶员是谁？商品所处的周边环境，如环境的温度、湿度等如何？数字化追溯（Trace）主要回答的是商品曾经进过哪些地方？被谁接触过？是否得到了正确地对待？等等。

事件管理则是通过设置相关的活动监控和监控指标，设置监控指标的报警阈值，以及超过阈值后的例外处理流程和相关责任人，以便在出现异常后进行及时的人工干预。

7.4 S/4HANA 中的运输管理

S/4HANA 中的运输管理（Transportation Management，TM）是 SAP 公司所开发的商品发运数字化解决方案，它可以用于发运方企业，也可以用于第三方物流公司或承运商。本节中，我们从发运方的视角，来了解一下商品发运管理的数字化特点。

根据 SAP 公司的描述，S/4HANA TM 模块可以实现以下价值主张：

1）降低运输成本，提高商品发运的效率。

2）改善发运人与承运商之间的协同，提高运力资源的使用效率。

3）端到端的运输流程和运单管理。

4）运输过程的可视化和快速响应。

S/4HANA TM 模块的主要功能包括订单管理、运输计划、运输执行、运费结算、事件管理、危险品和合规管理等，并能与 S/4HANA 中的 SD、MM、EWM 等模块实现紧密集成。S/4HANA TM 的主要功能与信息流见图 7-5。

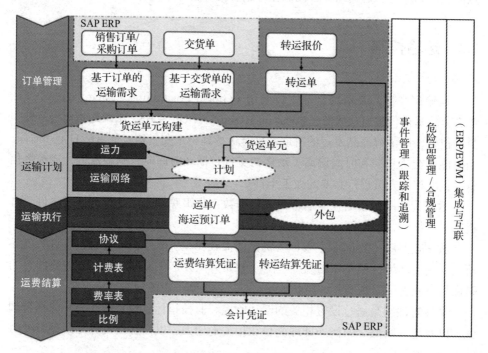

图 7-5　S/4HANA TM 的主要功能与信息流（摘自 SAP 官网）

1. 主数据与组织架构

与其他模块类似，S/4HANA TM 模块也有与之相关的主数据和组织架构，它们是商品发运领域中物理世界的数字化表征。

S/4HANA TM 模块的主数据主要体现在运输网络的定义上，包括位置（客户、供应商、工厂、分销中心、发运点、港口、机场、火车站等细分类型）、运输区域和区域层次、运输路径、运输资源和运力、运输日程或班次等内容的具体定义。

运输网络是由不同形式的节点或位置所组成的。在 S/4HANA TM 模块中，客户、供应商、工厂、发运点等，都是以位置来表示的，只是各自的位置类型不同。位置可以是地理代码（包括经度和维度），可以分配给相应的运输区域，并用于运输路径的定义。

在 S/4HANA TM 模块中，可以定义转运位置和默认运输路径。转运位置用于从某个运输工具上卸载货物，再装载到其他运输工具上，还可用于货物的集货或拆货。默认运输路径定义了某个源位置与目的位置的组合所经过的站点及其顺序。

运输区域的定义简化了运输网络的建模，而将位置分配给运输区域则有助于减少主数据的维护量。S/4HANA TM 模块支持直接型区域、邮编型区域、行政区域型区域和混合型区域。通过区域上的包括与被包括关系，多个运输区域可以形成区域层次。

运输路径表示的是两个位置、两个运输区域、位置与运输区域等之间的联系和可触达性。在 S/4HANA TM 模块中，运输路径的定义是单向的，如果需要一个逆向的运输路径，则需要重新定义。

S/4HANA TM 模块通过运输模式、运输方式和车辆/资源来定义运输能力。运输模式代表运输的类型，比如陆运、海运、空运等。运输方式代表了运输的方法，比如铁路运输、卡车运输、集装箱运输等。车辆/资源描述了运输装载容量、停车点等信息，是运输方式的具体实例。

通常，运输工具做不到随到随走，而是有严格的出发时点的规定，以尽可能地提高运输资源的使用效率，这主要通过运输日程或班次来定义。运输班次可以通过固定的出发时间或到达时间来定义，也常常包括所经过的中间停靠点及其顺序的定义。

S/4HANA TM 模块中的组织架构包括用于运费结算的销售组织、采购组织，以及与制订运输计划和执行有关的计划组、执行组、计划员等。

2. 订单管理

运输计划的信息来源是运输需求，包括来自销售订单（外向物流）的运输需求、来自采购订单（内向物流）的运输需求、来自转运单（内部物流）的运输需求。在 S/4HANA TM 模块中，上述几种运输需求统称为基于订单的运输需求。另外，S/4HANA TM 模块还支持基于交货单的运输需求，以及来自其他发运方的转运需求，后者主要是第三方服务提供商的业务场景。

在运输需求和订单管理中，S/4HANA TM 模块需要与 S/4HANA 的 SD 等模块进行集成，以获取相关的运输需求。

3. 运输计划

运输计划的目的是优化运输活动和运力资源的使用，其内容包括运输需求合并、运输路径的选择、运输排程、承运商选择等。运输需求合并以货运单元的构建为具体体现，运输路径的选择、运输排程和承运商的选择等最终都要体现到货运单上。

运输需求的合并指的是将相同发运点和交货点的运输需求组合在一起，以得到一个更有效的发运数量，并体现到货运单元（Freight Unit，FU）上。

货源单元是可以合并运输的货物集合，是实际运输中的最小运输单元。在制定货运单元时，还需考虑货物分层和货物的包装类型。在 S/4HANA TM 模块中，提供了优化器来优化货运单元的创建。在后续处理中，货运单元将作为货运单的行项目，多个货运单元可以组合到一个货运单中来进行运输。

4. 运输执行

在运输的执行环节，主要工作是运输过程的监控、跟踪和追溯，并确保运输过程中端到端的可视化，而在发生意外时则进行报警，这主要通过事件管理模块来进行。

事件管理的流程步骤主要包括：监控、通知、调整和分析。监控是从各种源系统中收集数据。通知是通过设置报警阈值，当流程执行与预期目标有偏差时触发报警，并将报警信息发给相关责任人。调整是相关责任人基于报警，通过模拟调整来做出合适的变化。最终，通过分析，找到引起偏差的根本原因，并采取预防措施。

在事件管理中，事件的类型有常规事件（期望发生的事件）、过期事件（在期望时间段之外发生的事件）、非预期事件（不期望发生的事件）和未报告的事件（期望在某时间段内发生但未得到报告）。

5. 运费结算

运费结算指的是承运商提供发运记录给发运方，发运方给予运费的结算。在运费结算中，运费的结算可以是基于实际运输货物和运输路径（需要 GIS 系统做支持）来计算，也可以是根据预先定义好的比例和费率表，通过相关公式来计算。

6. 环保、健康与安全

当货物是危险品时，发运方或承运商还需考虑环保、健康与安全等方面的合规性要求，对危险品货物的运输过程进行相应的管控。例如，运输需求创建、货运单元构建、货运单创建时的危险品检查等，以确保相关方对危险品采取了符合法规要求的管控措施。

7.5 SAP 全局跟踪与追溯

全局跟踪与追溯（Global Track and Trace，GTT），是 SAP 公司所开发的供应链可视化解决方案。根据 SAP 公司的定义，应用 GTT，可以跟踪包括内向物流、生产、订单满足等在内的全供应链中流程与在途货物的状态，从而对物料和产品的可用性得以实时洞察，有利于降低供应链风险，优化供应链成本，提高客户满意度。

1. 跟踪与追溯的内涵

所谓跟踪，就是了解事物当前的状态，比如它在哪里，谁拥有它，它的当前状态如何等。所谓追溯，就是了解事物的历史，比如它曾经到过哪些地方，谁曾拥有它，它在过往中是否得到了正确地对待等。

2. 跟踪与追溯的对象

在 GTT 中，跟踪与追溯的对象可以是业务流程、文档（销售订单、生产订单、采购订单、服务订单、内向交货单、外向交货单、供应商发票、客户发票等）、产品或对象（料箱、托盘）。

GTT 中跟踪和追溯的对象见图 7-6。

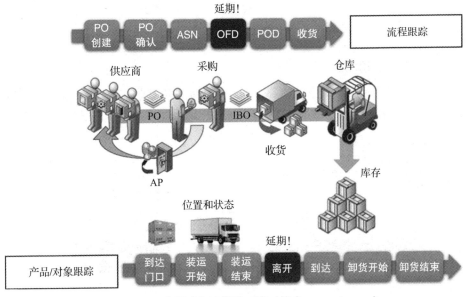

图 7-6　GTT 中跟踪与追溯的对象（摘自 erpgenie.com）

3. GTT 的价值路径

GTT 之所以能够帮助企业减少供应链中的供应中断等异常情况，根本原因在于 GTT 所能实现的供应链端到端可视化和基于供应链监控的例外管理。

通过对管理对象的位置、状态、状况或相关活动进行监控，可以得到供应链中货物或资产的位置、状态等可视化信息,见图 7-7。当发生意外时,GTT 可以以报警的形式将例外信息发送给相关责任人,从而缩短从感知到洞察,从洞察到行动的决策周期,以实现更好的绩效管理。

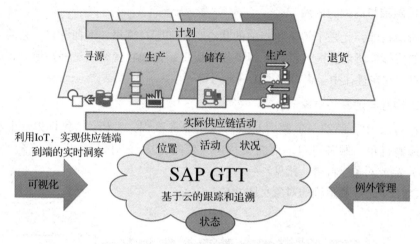

图 7-7　GTT 的价值路径(摘自 erpgenie.com)

4. GTT 的应用场景

GTT 可广泛应用于供应链的各个环节,比如订单到收款、采购到付款等核心流程,货物/容器/资产等的跟踪,产品生命周期跟踪等,具体见图 7-8。

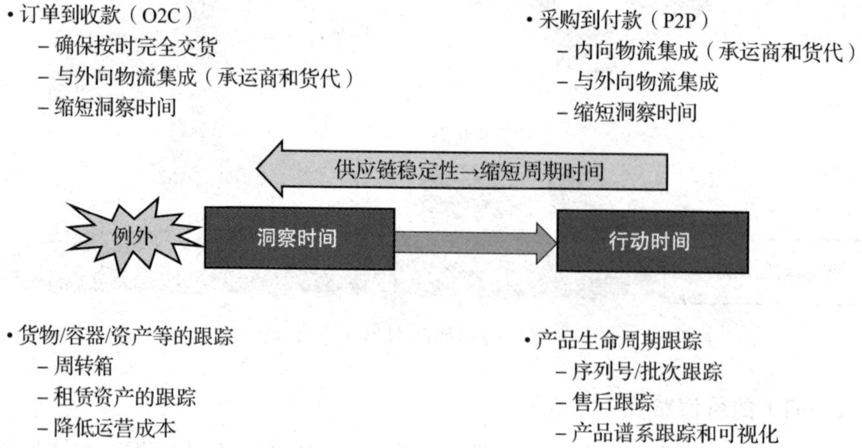

- 订单到收款(O2C)
  - 确保按时完全交货
  - 与外向物流集成(承运商和货代)
  - 缩短洞察时间

- 采购到付款(P2P)
  - 内向物流集成(承运商和货代)
  - 与外向物流集成
  - 缩短洞察时间

供应链稳定性→缩短周期时间

例外　洞察时间　行动时间

- 货物/容器/资产等的跟踪
  - 周转箱
  - 租赁资产的跟踪
  - 降低运营成本

- 产品生命周期跟踪
  - 序列号/批次跟踪
  - 售后跟踪
  - 产品谱系跟踪和可视化

图 7-8　GTT 的应用场景(摘自 erpgenie.com)

以订单到付款流程为例,GTT 可与企业的 ERP 和外向物流(包括承运商和货代)进行集成,可以确保按时完全交货。当然发现意外情况时,GTT 可以及时地将警告信息发送给相关人员,提请人工干预,从而缩短从异常监控到业务洞察的周期时间。

5. GTT 的技术实现

GTT 之所以能帮助企业实现供应链端到端的可视化,主要是通过事件到活动的计算引擎、过期事件监控器、业务时间戳与技术时间戳的比较、GTT 与 ERP 的集成、Leonardo IOT Bridge 的对接等技术组件来实现的。

(1)事件到活动的计算引擎　GTT 中的事件到活动(Event-to-Action)的计算引擎,可以通过规则(类似于 SAP 事件管理 EM 模块中的规则集)的定义,基于某种条件,自动地触发相应的活动,包括将通知发送给指定用户,更新被跟踪流程实例的状态等。

从事件到活动的计算引擎,是对例外情况进行主动处理的关键支撑,有助于减少从事件到洞察、从洞察到行动的周期时间。

(2)过期事件监控器　过期事件监控器可在指定的期间,监测到已过期的计划活动或期望事件(又称里程碑事件)。当里程碑式事件判定为过期,其状态将设为"过期",从事件到活动的计算引擎就会触发后续活动来解决所存在的问题。

过期事件监控器通过比较已计划业务时间戳与技术时间戳的差异来判定事件是否过期。所谓业务时间戳,是指事件本身的相关日期和时间,比如交货单发货的业务时间戳,就是实际发货的日期和时间。所谓技术时间戳,是指 GTT 中所监控到的事件消息的时间和日期。因为信息滞后等原因,技术时间戳与业务时间戳会有一定的差异,但应该在合理期间,超出该差异期间,就代表事件已过期。

(3)GTT 与 ERP 的集成　GTT 是一个基于 SAP Cloud Platform 的云解决方案,它要发挥作用,还必须与企业的 ERP 集成,以实现供应链管理的 PDCA 闭环。除了 ERP 中的客户主数据、供应商主数据、物料主数据、地址主数据等主数据与 GTT 的集成,以流程实例的初始化等交易数据也需要在 GTT 与 ERP 之间进行交换。

(4)Leonardo IOT Bridge　对于业务流程等的跟踪和追溯主要是通过流程挖掘技术来进行的,而对于产品或对象的跟踪和追溯,理想的数字化手段是物联网。借助 Leonardo IOT Bridge,GTT 可与温度传感器、震动传感器等多种类型的传感器进行集成,从而得到几乎实时的供应链事件信息。

(5)GTT 的应用界面　GTT 的相关功能主要以 App 的形式提供给用户,具体包括 GTT 操作 App、元数据建模 App、GTT 模型管理 App、业务伙伴管理 App、位置管理 App、产品管理 App、用户管理 App 等。

7.6 本章小结

作为订单交付的"最后一公里",商品发运和外向物流通常需要精心计划和执行过程中全过程的透明。通过立体滚动的运输计划,企业可以统筹优化运输资源或运力的使用,在将商品准时交付给客户的同时,尽量地降低运输成本。

借助位置定位服务、RFID、物联网等数字化手段,可以帮助企业提高商品运输和外向物流中各事件的可视化。在此基础上,结合例外管理的应用,可以提高企业对供应链突发情况的快速响应能力,从而提高供应链的稳定性。

在此,作者要再一次提醒读者,可视化虽然是数字化的低级阶段,但对于供应链中"牛鞭效应"的消除具有非常大的助力。对于广大制造型企业而言,实现高准确度的市场预测是道阻且长,而供应链可视化的实现则是事半功倍。

Chapter 8 | 第 8 章

绩效度量与体系治理

在企业的管理实践中，绩效度量是 PDCA 管理循环的重要环节，也是持续改善的起点。关于绩效度量，我们常常听到这么一些话："没有度量就没有改善"，"没有度量就没有管理"，"企业度量什么就能得到什么"，"所度量的东西往往能得到执行"等。由此可见，绩效度量在企业经营管理中的重要性。在本书的最后一章，我们就来谈谈如何做订单交付中的绩效度量，以及如何通过体系治理来持续推动订单交付的绩效。

8.1 绩效度量

在以绩效度量为起点的持续改善中，通常包括以下几个步骤：①绩效指标的选择及其计算方法的定义；②相关数据的采集、处理和运营监控；③监控结果与绩效目标的比较和差异分析；④绩效改进措施的讨论和制定；⑤改进措施的实施，具体见图 8-1。

绩效度量要想切实、正确

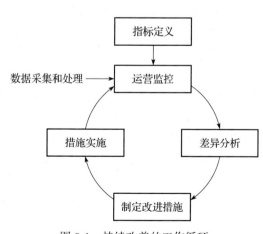

图 8-1 持续改善的工作循环

地推动订单交付的持续改善，首先取决于绩效指标的选择。如果选择了不妥当的指标，或是指标与企业所设定的 OTD 战略不相关，或是过于关注财务性绩效指标等，不仅不能有效地推动企业的经营管理，反而可能引起误导。因此，绩效指标的选择必须遵循一定的原则。

1. 指导原则

绩效度量是企业经营管理中的老话题。众多企业的实践经验表明，绩效指标的选择和定义必须遵循以下几个原则：

1）绩效指标必须易理解，最好是不言自明的；要尽可能地量化，量化结果的说服力较强；指标计算的相关数据容易收集，从而降低绩效度量的成本，提高其可行性；绩效指标具有高度的指导性，要能引起人们的正确行为。

2）不能只关注职能或部门级绩效指标，更要关注公司级，乃至供应链级的绩效指标，且后者比前者有更高的优先级。职能或部门级绩效指标容易导致部门本位主义，并损害企业的整体利益。

在订单交付体系中，如果单方面强调采购降成本，采购部门就会倾向于广撒网，通过多家供应商之间的竞争来获得更低的采购价格，或是让本无降价空间的物料或服务采购一降再降，最终牺牲了物料或服务的质量以及采购的及时性。

如果单方面强调销量目标的达成，销售人员就会接下各种客户需求，哪怕是个性化要求很高、订单量很小，或是交期很短的客户需求，而不管这些订单是否能够按时交货，也不管企业是否能从这些订单中获利。

如果单方面强调生产成本的下降或生产订单的尽快完工，生产部门就倾向于扩大生产批量，或是提前预留各种库存，从而导致物料呆滞和库存成本居高不下。

要想尽量消除职能或部门级绩效指标的负面影响，在选择和定义绩效指标时，要从流程端到端的视角，或是整个价值链的视角来进行。例如，订单到收款、采购到付款、计划到成品等。

3）选择数量有限的绩效指标进行度量。所谓少则得，多则惑，绩效指标的数量太多，将导致管理的焦点分散，且指标之间往往会有冲突，很容易让企业"捡了芝麻丢了西瓜"。

4）将 OTD 绩效指标与 OTD 战略进行对齐。不同的企业，对 OTD 的具体要求会有一定程度的差异。例如，快速消费品生产企业更强调订单交付中的交货速度，而耐用消费品生产企业更强调订单交付中的产品质量。

2. 指标选择

绩效度量指标具体如何来选择，除了遵循一定的指导原则外，还需考虑指标的特性、指标的类别、指标所反映的内容来进行。

从指标的特性来看，订单交付中的绩效度量指标有定性和定量两种。定性指标能够反映事物的综合表现，但随意性较大，比较难做到相对地客观。定量指标用数据说话，表现直观，说服力较强，但往往只能反映事物的局部。

从指标的类别来看，订单交付中的绩效度量指标可以分为时间、成本、质量、敏捷性等类别。它们分别从时间的角度、成本的角度、质量的角度和敏捷性的角度来反映订单交付的绩效，企业需要根据自身的OTD战略来进行优先级排序。

从指标所反映的内容来看，我们可以参考SCOR（Supply Chain Operation Reference，供应链参考）模型，从SCOR模型的指标体系中选择相应的指标来度量订单交付的绩效。SCOR模型把企业的供应链活动（包括订单交付的大部分活动）按内容分为计划、寻源、生产、交付等，并定义了相关的绩效指标，如图8-2所示。例如，计划类的有销售预测的准确性、计划遵从率、计划循环时间等，企业可以从中进行选择。另外，SCOR模型中的流程是分层的，如果逐渐展开到第三级流程的话，其内容和相应的绩效指标会非常具体。

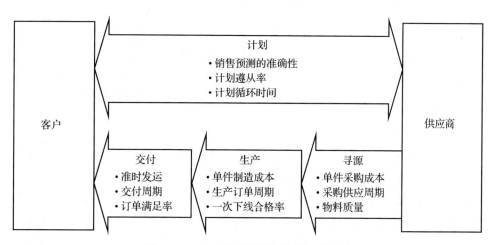

图 8-2　SCOR 模型中的绩效指标示意图

SCOR 模型中的业绩指标的示意见《卓越供应链：SCOR 模型使用手册》，表 8-1 是订单交付相关的绩效指标列表。

表 8-1　订单交付相关的绩效指标列表

市场、销售与服务类	生产类	采购类
准时交货率	一次下线合格率	
订单满足率	产品质量 / 单台制造不良	
订单行项目满足率	生产排程的遵从度	
数量满足率	生产计划的稳定性	物料库存
客户满意度	生产周期时间	供应商交货稳定性
客户退货率	单台制造成本	采购交货周期
订单满足周期	机台 / 产线切换调整时间	物料质量（PPM 等）
订单交货的稳定性	在制品库存	单件采购成本
订单录入的准确性	物料清单的准确性	物料寻源成本
订单录入时间	工艺路线的准确性	物料短缺导致停线的时间
市场占有率	工厂空间利用率	
新产品销售占比	设备综合效率（OEE）	
重复购买率	废品率 / 返工率	
物流类	**跨职能 / 供应链类**	**财务及其他类**
		单台销售成本
		现金流
成品库存周转率	销售预测的准确性	收入
零部件库存周转率	订单完美满足率	单台利润率
库存准确率	计划周期时间	运营资本的回报率
库存呆滞率	供应链总库存	固定资产的回报率
准时发运率	供应链总管理成本	人均营业收入
拣配准确性	渠道库存	人均营业利润
仓储空间利用率	供应商库存	人均劳动生产率
料架 / 料箱使用率	现金（销售收款）到现金（采购付款）的周期时间	人均年受训课时
物流运输成本		员工流失率
运输中产品的破损率		人均合理化建议

3. 指标框架

除了具体指标的选择，在实际应用时，我们还需考虑指标与指标之间的逻辑关系，最好要能把相关指标整合成一个因果关联的整体，这可以借助平衡记分卡（Balanced Score Card，BSC）的思想，分别从客户、财务、内部流程、学习与成长等视角来定义订单交付体系中的绩效度量指标，并建立指标与指标之间的因果关系。具体来说，客户与财务层面的指标达成有赖于内部流程层面的指标来实现，而内部流程层面的指标达成有赖于学习与成长层面的指标来实现。

基于 BSC 的 OTD 指标框架如图 8-3 所示，中间部分是 BSC 的四个层面：客户视角、财务视角、内部流程、学习与成长。客户视角是从客户的角度来看订单交付，财务视角是从股东的角度来看订单交付，内部流程是从流程和管理者的角度来看订单交付，学习与成长是从人力资源、数据、信息技术和数字化的角度来看订单交付。

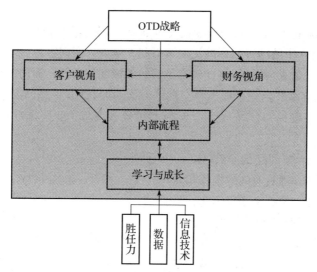

图 8-3　基于 BSC 的 OTD 指标框架

在逻辑关系上，客户层面和财务层面的指标需要内部流程层面的指标来确保，而内部流程层面的指标需要学习与成长层面，也就是企业的业务能力来实现，而后者是员工胜任力、数据、信息技术和数字化等的高度融合。

另外，图 8-3 所示的基于 BSC 的 OTD 指标框架，上承企业的 OTD 战略，下启企业的业务能力，为企业的人力资源和数字化建设、OTD 的体系治理等工作，也提供了指导参考。

4. 目标设置

OTD 的绩效指标选定以后，需要为其设定相应的目标值，以落实企业对 OTD 的总体目标，并进行运营监控和差异分析等改善工作。

绩效指标的目标值设定，可以采取与历史值进行比较（同步/环比），或是与企业内部或外部的标杆进行对比，或是根据企业的经营目标分解来进行，具体可参见对标管理等方面的专业书籍。

8.2　体系治理

在订单交付的体系治理中，主要包括两个方面的工作：①订单交付的实际运行是否与所设定的 OTD 战略相匹配；②订单交付是否在有效运行，其中流程是否贯通，相关岗位的职责是否得到落实，数据孤岛是否消除，相关的 IT 系统是否高度集成，等等。

首先，不同的行业，同一行业的不同企业，因为经营目标和 OTD 战略会有差异，导致 OTD 中的绩效指标的优先级不同。例如，面向客户需求高度不确定和个性化的市场，企业会要求 OTD 要有足够的敏捷度和柔性；而面向客户需求相对稳定和集中的市场，企业在成本、交期等方面对 OTD 有更高的要求。OTD 的体系治理，首先要确保 OTD 的设计、运行和绩效表现与企业所选定的 OTD 战略来对齐。

其次，设计得再好的 OTD 体系，在其运行过程中，随着时间的推移和内外部环境的变化，要么会变得僵化，要么会存在相关环节的脱节，要么会存在数据孤岛，从而大大削弱 OTD 的竞争力，所以需要定期对 OTD 的绩效指标进行差异分析，并从流程、职责、数据、IT 系统等角度进行优化，作者把它们概括为流程贯通、职责贯通、数据贯通和 IT 系统贯通，如图 8-4 所示。

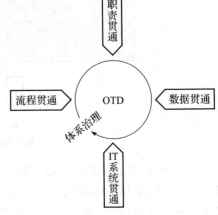

图 8-4　OTD 体系治理中的"四通"

1. 流程贯通

我们讲面向流程的组织和能力的建设，讲了几十年，但要落实到位却不是一件容易的事。OTD 体系治理中的流程贯通，就是要看 OTD 体系的六大业务模块，模块与模块之间如何衔接，每个模块的内部包含哪些具体的活动，每个活动的 SIPOC 五要素等，是否有清晰的定义。大家俗话说的管理基础，其实主要讲的也就是这个，而所谓的流程贯通，要求流程的定义和运行必须是端到端的。

2. 职责贯通

OTD 体系的架构、模块、流程和活动等内容梳理清楚后，接下来就是每项活动应该由谁来负责、谁来协作和谁来监督了，也就是所谓的职责贯通。职责贯通的主要内容包括 OTD 体系中协同机制的建设，决策点和管控点的识别，以及职能矩阵的定义。

OTD 能力的建设不是某个岗位或某个部门的事情，而是需要企业中各部门的高效协同，这就需要相应的协同机制。具体来说，就是产供销协同机制的建设。通常，制造型企业中应该有产供销决策委员会和产供销协同小组，通过例会或专题会等形式来推进 OTD 体系的持续改善和 OTD 工作的日常协同。

产供销决策委员会和产供销协同小组的工作切入点是 OTD 体系中的决策点和管控点。决策点规定了哪个时间点的何种事项需要产供销决策委员会来进行决策。管控点规定了哪个时间点的何种事项需要进行重点关注，必要时通过产供销协同小组的相关成员岗位来负责落实。OTD 体系中典型的决策点包括零部件的自制或外购决策、销售预测和生产计划的联合评审、车间或设备改造的项目评审、安全库存量的设定和调整审批等。OTD 体系中典型的管控点包括生产订单更改策略、生产订单下达前的物料齐套性检查、工程变更的审批和下达等。

OTD 体系中决策点和管控点的具体要求必须落实到具体的岗位。如果是跨职能的协同，就肯定不是单个岗位的事情了，这就会有职责上的主次之分，需要通过职责矩阵来予以明确定义。换句话说了，职能矩阵规定了决策点或管控点中的工作要求应该是哪个岗位负主责，哪个岗位需要配合，以及应该由谁来监督和考核。

在作者看来，企业中之所以会发生工作推诿的事情，大体可以从协同机制、决策点和管控点的识别、职能矩阵的定义等方面寻找造成问题的原因和解决办法。

3. 数据贯通

在《系统思考－管理混沌与复杂》(*System Thinking*, *Managing Chaos and Complexity*) 一书中，作者把企业视为某种社会文化系统，而社会文化系统的特点是开放性、自组织和信息绑定。从这个角度来看，如果要建设成为企业的整体性能力，OTD 体系中的流程贯通和职能贯通，还需要通过数据贯通来确保。

OTD 体系中的数据贯通主要包括产品数据的贯通和供需数据的贯通。

产品数据主要包括物料主数据、物料清单（这里主要是指销售 BOM、制造 BOM 和售后 BOM）和工程变更等数据在技术部门与营销、生产、物流等部门之间的有序流转。例如，工程变更何时生效就要结合相关物流的库存量来做决策。

供应链管理的本质是供需平衡。因此，从数据的角度来看，OTD 能力的建设与供需数据之间的合并和统驭密切相关，而供需之间的联动，实际上就是供应数据和需求数据的联动，从而才有所谓的 ETO、MTO、ATO、LTO、MTO 等交付模式的不同。

在 OTD 能力的建设中，供需数据的贯通，一则要求各种供需数据实时可视；二则要让销售预测数据尽可能真实；三则要求有机结合地使用不同形式的交付模式，寻求准时交付和库存适量等绩效之间的平衡，以实现企业绩效的整体最优，见图 8-5。在此，作者要着重强调的是不要走极端，不能要么是面向订单生产，要么是面向库存生产。多种交付模式的有机结合，关键在产品需求特性的分析和分类，在产品的模块化和结构解耦。

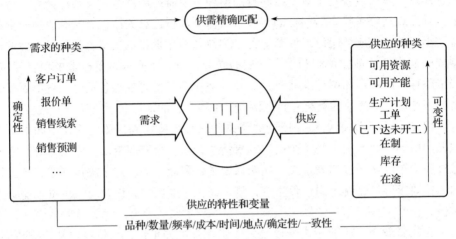

图 8-5　订单交付中供需数据的贯通

4. IT 系统贯通

IT 系统的贯通，指的是 OTD 体系中所涉及的各种 IT 系统之间的高度集成，具体包括 PLM、CRM、ERP、APS、MES、SRM、WMS 等系统之间的集成。系统贯通的目的是消除数据孤岛，并确保 OTD 体系中各类数据的集成、实时和可视。

IT 系统贯通的要求是显而易见的。在这里，作者要强调的是，IT 系统是工具，是方法；OTD 能力的建设是落脚点，是目的；如果没有清楚地了解 OTD 体系的各种要求，ERP 等 IT 系统的实施和应用就做不到有的放矢，就不能发挥出其应有的作用。

OTD 体系中的流程贯通、职责贯通、数据贯通和 IT 系统贯通只是一个概括的说法，如果要展开来讲，可以从治理的视角，分为流程治理、组织治理、数据治理和 IT 系统的治理等内容。

8.3　业务分析与 SAP 工具包

在订单交付的绩效度量和体系治理中，离不开数字化分析工具的支持。本节中，作者简单地介绍一下 SAP 公司所提供的业务分析工具包，方便大家对业务分析及其数字化工具有个基本的认识。

1. 业务分析的类型

基于数据的业务分析是把数据转化为洞察,以做出更好决策的过程。在实践应用中,业务分析可能涉及各种不同的数据模型或技术,从简单的报表到高级的模拟和优化。根据所用到的技术或模型和复杂程度等的不同,我们可以把业务分析大体分为三类:描述性分析(Descriptive Analytics)、预测性分析(Predictive Analytics)和规则性分析(Prescriptive Analytics),具体见图 8-6。

图 8-6 业务分析的类型

(1)描述性分析 描述性分析所描述或传递的是过去发生了什么。常见的描述性分析有标准格式报表、数据查询、数据可视化、描述性统计、数据挖掘等。

数据查询指的是通过某些查询条件或特征,从数据库中请求相关的信息。例如,从 ERP 数据库中查询过去一个月内对某个客户的发货记录,它可以提供与发货有关的描述性信息:发出商品的明细、发货数量、发出具体日期等。我们还可以对查询结果做统计性分析,比如数量汇总、平均值、最大值、数量偏差、增长率、同比、环比等。数据查询可以以表格、图形等形式来展示。

数据可视化是表格、图形、地图等数据展现方式的集合。数据可视化可以用于帮助管理者监控企业的各项关键业绩指标(KPI)。管理者还可在数据仪表盘中设定目标值或监控阈值,将实际值与目标值或监控阈值进行比较,并根据比较结果或偏差,以温度计、交通灯、车速表等形式进行预警。

数据挖掘则通过相关的分析技术来理解某个大型数据集中的数据范式或相

关关系。例如，分析微博、行业论坛等社交媒体的文本，对文本进行聚类分析（Cluster Analysis）或情感分析（Sentiment Analysis），以更好地理解客户等利益相关者。通过对客户反馈中的某些词汇进行正面或负面的分类，并跟踪它们的出现频率，企业就可以知道客户对相关产品的评价如何。

（2）预测性分析　预测性分析借助相关数据分析技术，通过历史数据来构建预测模型以预测未来的趋势，或是弄清某个变量对其他变量的影响。例如，基于产品的历史销售数据可以构建相关预测模型，以用于预测该产品在未来某个时间段的销量。预测模型还可以把产品在未来（基于产品生命周期）的增长轨迹和季节性变化考虑进去，从而对未来做出更精确的销售预测。

线性回归、时间序列分析、数据挖掘和模拟等，是预测性分析中常常用到的分析技术。

（3）规则性分析　与描述性分析和预测性分析不同的是，规则性分析给出的是企业实现某个目的所应采取的行动。换句话说，规则性分析不仅仅是决策支持，实际做的就是管理决策，它可以完成包括从数据到信息，从信息到知识，从知识到洞察，从洞察到行动方案的整个决策循环。

预测性分析只提供预测，不提供决策。如果在预测模型的基础上，再结合某些基于规则的模型（Role-based Models），就形成了规则性模型，基于此就可以做出规则性分析。

常见的规则性分析应用案例，如财务领域的投资组合模型、生产运营领域的供应网络设计模型、零售领域的价格优化模型等。

2. 业务分析的场景

业务分析可应用到企业的各项经营管理工作中。如果具体到业务分析的三种类型，从实际应用情况看，我们基本可以说，大部分企业的大部分应用场景主要是描述性分析，广泛应用预测性分析的很少，应用了规则性分析的企业更是凤毛麟角。

从图8-6可以看出，从所产生的业务价值来看，预测性分析的应用价值往往要大于描述性分析，规则性分析的应用价值往往要大于预测性分析。因此，在企业的数字化建设中，如果要挖掘和扩大业务分析的价值，我们就要努力去尝试预测性分析和规则性分析。下面，我们就以财务、人力资源、市场和服务、生产运营与供应链等领域为例，简要地看看业务分析在企业中的应用。

在财务领域，常见的业务分析应用有基于预测性分析基础上的投资组合和项目的风险分析、全面预算的编制，基于规则性分析基础上的投资组合优化、资产分配、资本预算优化等。

在人力资源领域，企业可以借助业务分析来做重要技能识别、组织架构设计中的人岗匹配，基于聚类分析来做员工画像，并基于员工画像来做员工能力开发计划等。

业务分析在市场和服务等领域有着非常广泛和深入的应用，并且见效快、价值大。例如，企业可以通过数字化渠道的触点分析来做用户行为分析和用户画像，并以此来指导企业的市场活动。再比如，企业可以将用户画像与数字化渠道设计结合起来，以便在线实时地引导用户的消费行为，并提高用户满意度。

在生产运营和供应链领域，企业可以借助预测性分析来做未来的销售预测、可预测的设备维护、可预测的质量管理、可预测的环境安全，还可以借助图像识别或机器视觉做在线质量检测，可应用规则性分析来做运输路径的规划和车间生产排程的优化等。

3. SAP 业务分析工具包

SAP 公司为企业的业务分析提供了丰富的分析工具，包括描述性分析、预测性分析和规则性分析等不同类型的业务分析所需的工具支持，具体包括数字化会议室、Business Objects（BI）、S/4HANA 嵌入式分析、SAP 分析云等，具体如图 8-7 所示。

图 8-7　SAP 业务分析工具包（摘自 SAP 官网）

（1）BW/4HANA　严格意义上来讲，SAP BW/4HANA 并不是真正意义上的业务分析解决方案，它更主要的是为业务分析提供技术支撑。更明确地说，BW/4HANA 是 SAP 公司所提供的企业数据仓库产品和解决方案。

基于 SAP BW/4HANA 的数据能力支持，企业再结合其他的业务分析工具或解决方案，可以进行描述性分析和预测性分析。例如，SAP BPC 和 SAP Business Objects 就需要 BW/4HANA 做相应的数据能力支持。

作为数据仓库，BW/4HANA 的功能主要有数据建模、ETL、OLAP、任务计划和监控、数据生命周期管理等。

当然，作为数据仓库，BW/4HANA 主要处理的是结构化数据，为业务分析提供数据集市（Data Mart）服务，企业还需再搭建 Hadoop 等基础上的数据湖（Data Lake）服务来管理非结构化数据。

BW/4HANA 的具体功能和架构设计也可参见"3.2 企业数据管理与 SAP BW"的相关介绍。

（2）Business Objects（BI） 有的人对商业智能（Business Intelligence，BI）和业务分析（Business Analytics）两者的区别并不是很清楚。大体来说，业务分析覆盖的范围比商业智能要广。商业智能只是业务分析的一个子集，主要指的是业务分析中的描述性分析。SAP Business Objects 为企业提供的就是描述性分析上的工具支持。

Business Objects BI 的主要功能包括数据探索、仪表盘与应用、报表、Office 集成等，如图 8-8 所示。在数据探索和仪表盘设计方面，相应的子工具模块是 SAP Lumira；在报表方面，相应的子工具模块是 SAP Crystal Reports 和 SAP Business Objects Web Intelligence。另外，Business Objects BI 还提供与 MS Office 的集成，方便用户以 MS Excel、MS Power Point 等 UI 形式来使用其为业务分析服务。

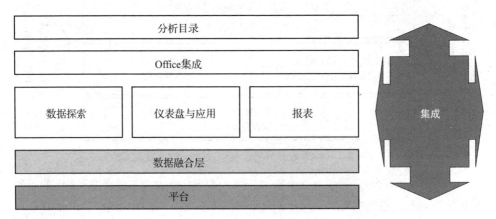

图 8-8 Business Objects BI 功能概览

(3) S/4HANA 嵌入式分析　如果企业业务分析中所涉及的数据主要来自 S/4HANA 中，企业基本上不需要再部署 BW/4HANA 和 Business Objects BI，而是直接使用 S/4HANA 嵌入式分析的相关功能即可。

S/4HANA 嵌入式分析的设计理念是将 OLTP 与 OLAP 融合为一体，以实现从洞察到行动的闭环，这尤其适合作业性分析和业务交易处理的一体化。

S/4HAN 嵌入是分析的具体功能和技术架构可参见"8.4S/4HANA 嵌入式分析"的相关介绍。

(4) SAP 分析云　在业务分析的工具提供上，SAP 公司的发展策略的是逐步云化，把各种业务分析工具和能力向 SAP 分析云上迁移。具体来说，在解决方案的提供上，预测性分析、规则性分析等先进分析能力以后将只能在 SAP 分析云上获得。实际上，以 SAP Leonardo 为品牌的机器学习、物联网等技术就是封装在 SAP Cloud Platform 的服务目录中供业务分析来调用的。

在主要功能方面，SAP 分析云基本综合了 BW/4HANA、S/4HANA 嵌入式分析、Business Objects BI 的各项业务分析能力，见图 8-9。另外，通过分析总线，SAP 分析云还能对接 Hadoop 等平台数据湖上的非结构化数据。为了给企业的高层领导提供一站式业务分析服务，SAP 分析云设计了数字化 Boardroom 模块，它类似于所谓管理驾驶舱或作战室的概念。

4. 从报表到预测

在业务分析的三种类型中，描述性分析已经在部分企业的内部得到了广泛的应用，预测性分析正在得到普及和深化，规则性分析则仍然还处于概念导入和摸索阶段。近年来，在业务分析方面，SAP 公司正在倡导"从报表到预测"的理念，并在其相关软件工具中不断予以落实和完善。尤其在 S/4HAN 的嵌入式分析和 SAP 分析云中，已经有部分成熟的预测性分析能力可供选择，可惜的是，很多企业和用户还不知道或尚未去尝试使用它们。

从报表到预测的演进见图 8-10。

以采购管理为例，如果企业与供应商签订了一个长期的采购合同，S/4HANA 嵌入式分析具有相应的机器学习模型，可对采购合同的历史执行情况进行分析，并可预测该合同将会在未来的哪个时间执行完其中的采购数量或金额。这样，S/4HANA 嵌入式分析就可以在该时间到来之前通知相关人员进行新的合同谈判，以免采购人员措手不及或临时紧急采购（通常紧急采购很难谈到一个理想的采购价格）。

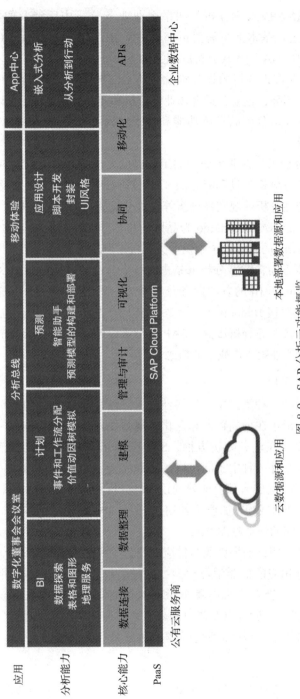

图 8-9　SAP 分析云功能概览

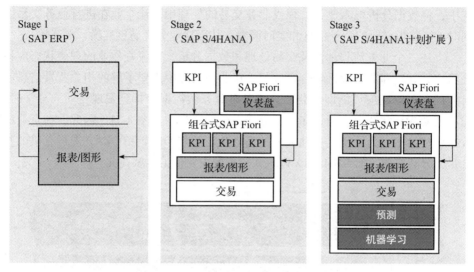

图 8-10 从报表到预测的演进(摘自 SAP 官网)

8.4 S/4HANA 嵌入式分析

在订单交付各个环节的运行中,业务执行和业务分析是分不开的,S/4HANA 嵌入式分析的设计理念,就是希望在 S/4HANA 平台中,为用户提供 PDCA 管理循环的全过程支持。

1. S/4HANA 的业务背景

PDCA 是企业经营管理活动的典型循环。换句话说,企业的任何一个业务流程,理论上都应该包括 P(Plan,计划)、D(Do,执行)、C(Check,检查)和 A(Analyze,分析)等四个环节,而作为企业级管理信息系统,也应该在单个系统中支持上述四个环节的实现。遗憾的是,在传统的企业应用系统架构和设计中,出于性能等方面的权衡,我们把 IT 系统分为 OLTP 类和 OLAP 类,前者专注于业务交易的处理,以支持部分 P、D 和部分 C 的实现,其代表是 ERP、CRM、MES 等;而后者则专注于数据挖掘和分析,以支持部分 P、部分 C 和 A 的实现,其代表是 BI。

OLTP 类 IT 系统与 OLAP 类 IT 系统之间虽然可以通过 ETL 等形式做数据对接,但显然难以做到实时的业务洞察以及 PDCA 的高效闭环,S/4HANA 嵌入式分析的使命就是与 S/4HANA 的业务功能一起,将 OLTP 和 OLAP 融合在一个系统中，将数据分析融入业务流程或业务交易的处理中，让企业在进行业务交易的同时就能获得必要的背景信息和实时洞察，从而让业务交易更准确、更高效。

上述三个业务流程都涉及交易处理和数据分析，而流程作业的理想状态应该是将交易处理和数据分析融合在一起，在业务处理中需要了解的相关背景信息或可能的业务影响应该能即时获取，或者对业务做数据分析且发现变动或异常时，能将变动或异常情况立即告知相关责任人进行跟进，见图8-11。因此，在企业的数字化建设中，为了确保各项业务的高效执行，将OLTP和OLAP进行有机的整合是十分必要的，而S/4HANA嵌入式分析的主要价值也就在此。

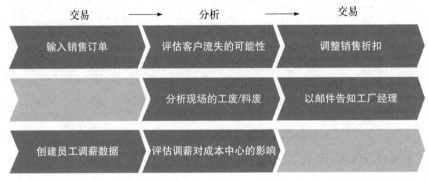

图8-11 交易处理和数据分析的一体化

2. S/4HANA的技术架构

为了既保证OLTP和OLAP的有机整合，又能确保系统运行的高性能，不让对计算资源需求比较大的OLAP操作影响到OLTP所代表的业务交易的快速和正常推进，SAP公司对S/4HANA嵌入式分析的技术架构做了精心设计。具体来说，就是通过虚拟数据模型（Virtual Data Model，VDM）和核心数据服务视图（Core Data Service View，CDS View）来对数据分析进行逻辑化、虚拟化、服务化封装，并与业务交易的处理保持相对的独立，具体见图8-12。

VDM可视为CDS View的集合，核心的还是CDS视图，我们也可以将之理解为数据的逻辑层，它是数据库物理表的虚拟化。实际上，在SAP ECC等版本的SAP/ERP中，视图就已经引入并广泛用于数据的统计和分析。

在S/4HANA嵌入式分析的技术架构中，CDS视图处于中间层，向下与数据库物料表进行对接，向上则为各种分析场景提供数据服务。在具体分类上，CDS视图又分为Private View、Interface View和Consumption View，在S/4HANA分别以P_、I_、C_等前缀来命名。Interface View又可细分为Basic View和Composite View。Private View向下与数据库物理表相对接，向上与Basic View相对接，

Private View 不能被用户修改。Consumption View 处于 VDM 的最上层，功能上已经类似查询了，它向下可消费来自 Composite View 类 Interface View 的数据服务。Interface View 的两种分类为 Basic View 和 Composite View。Composite View 是 Basic View 或其他 Composite View 的集合。

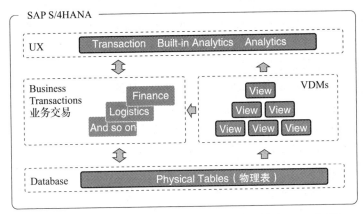

图 8-12　S/4HANA 嵌入式分析的技术架构（摘自 SAP 官网）

销售领域的 VDM 和 CDS View 示例见图 8-13。

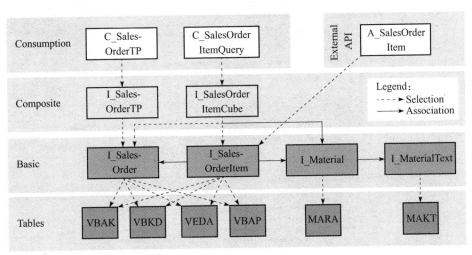

图 8-13　销售领域的 VDM 和 CDS View 示例（摘自 SAP 官网）

3. S/4HANA 的应用形式

S/4HANA 嵌入式分析为用户提供了形式多样的数据分析和应用服务，具体包括

Overview Pages（概览页）、Analytical List Page（分析清单页，ALP）、Multidimensional Reports and Visualizations（多维度报表和可视化）、Smart Business KPIs（智能业务 KPIs）、Query Browser（查询浏览器）、Analytical Fiori Apps（分析型 Fiori Apps）、Analysis Path Framework（分析路径框架）等。

Overview Pages 为用户提供入门级的分析应用，通常包含的是某个领域（比如财务或销售）的关键业务信息。Overview Pages 通常包括过滤栏和信息卡片栏，页面将根据过滤栏的过滤标准来筛选出对应的业务信息卡片。用户可以通过自己的偏好设置来选择某个卡片的显示与否。

Analytical List Page（分析清单页，ALP）是某种类型的 Fiori 应用，它将业务用户所需的信息组合在一起并以任务清单的形式来展现。ALP 在同一页面显示联机分析处理（OLAP）类和面向交易（OLTP）类信息，以便用户聚焦某些关键事项（Issues），并对此快速地做出响应或处理。ALP 是 S/4HANA 中 OLTP 和 OLAP 有机融合的典型代表。

Analytical List Page 示例见图 8-14。

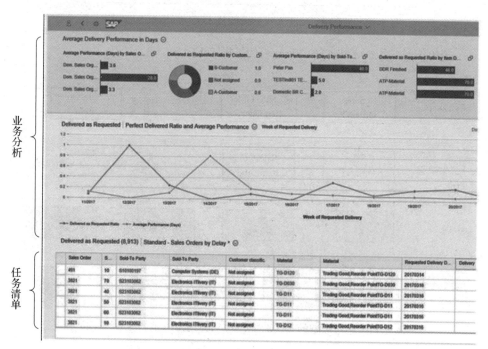

图 8-14　Analytical List Page 示例（摘自 SAP 官网）

Query Browser 也是 Fiori 型应用，用于帮助用户快速而简便地获取分析性查询。Query Browser 通常是可直接被分析工具所使用的 Consumption View，其中包含了丰富的元数据、默认行和列布置、默认过滤器等。

Multidimensional Reports 包含各种探索性分析任务并聚焦于例外问题的处理。在功能特点上，多维度报表类似于水晶报表，支持用户灵活地变更过滤条件，或是在数据报表的行和列之间进行切换。多维度报表的主要特点是报表维度的灵活组合，以及下钻式数据分析。

Smart Business KPIs 是智能业务 KPIs，用于监控业务流程的性能。与常规的报表相比较，KPI 设定了业务流程的目标值和报警阈值，系统会将业务的实际情况与其目标值进行比较，当超出或低于报警阈值时，系统以黄色或红色背景等形式予以预警。

Analysis Path Framework（APF）是数据分析框架，用于创建交互式、图形导向、下钻分析型应用。APF 的鲜明特点是用户可以通过它在某个路径中定义一系列的分析步骤，以此来进行某个问题的根因分析。当用户确定对报表中的某项内容感兴趣时，可以通过添加过滤器来聚焦该问题，上述过滤器会立即与其他报表进行沟通并将重要信息标识出来，便于用户的后续跟进和深挖。

Analysis Path Framework 示例见图 8-15。

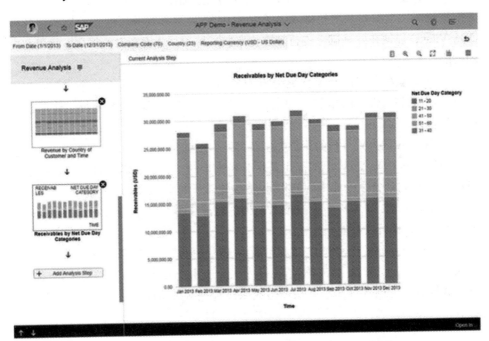

图 8-15　Analysis Path Framework 示例（摘自 SAP 官网）

另外，S/4HANA 嵌入式分析还提供了很多专门的分析型 Fiori Apps，读者可自行通过 SAP 官网的 S/4HANA Fiori Apps Reference Library 来进行浏览或查找。

4. S/4HANA 的用户类型

S/4HANA 嵌入式分析假定为企业中的三类用户提供数据分析服务：业务用户、分析专家和 IT 工程师，类似于 ERP 实施项目的业务用户、功能模块顾问和开发顾问。

业务用户不需要掌握特别的数据开发技能，他（她）们只要有相应的授权，就可以通过各种 Fiori Apps，以开箱即用的方式来获取各种数据分析服务，前文所提到的 Overview Pages（概览页）、Analytical List Page（分析清单页）、Multidimensional Reports and Visualizations（多维度报表和可视化）、Smart Business KPIs（智能业务 KPIs）、Query Browser（查询浏览器）、Analytical Fiori Apps（分析型 Fiori Apps）、Analysis Path Framework（分析路径框架）等，都属于业务用户所能获取的数据分析服务的范围。

分析专家代表的是更专业的业务分析用户，他（她）们能够根据业务需求来自定义数据分析服务，或者将所定义的数据分析服务共享给其他普通的业务用户，并为后者提供数据分析方面的赋能。与业务用户相比，分析专家需要掌握一定的配置技能，也需要系统和深入地了解 S/4HANA 嵌入式分析的技术架构和各种 CDS View，以便在此基础上进行客户化定制。另外，分析专家无须掌握代码开发的技能。

分析专家在定制或开发数据分析服务时，通常需遵循这么几个步骤：CDS View 的浏览和查询、CDS View 的定制、定制分析型查询、KPI 建模、定制相关报表等。

S/4HANA 嵌入式分析的用户类型及其操作见图 8-16。

当现有的 CDS View 不能满足数据分析需要时，企业就需要自行开发相应的 CDS View，这通常由企业中的 IT 工程师或外部开发顾问来完成，他（她）们不仅要熟知 S/4HANA 嵌入式分析的技术架构，还应掌握并能熟练运用 ODS View 开发所需要的代码开发技能。

业务用户、分析专家和 IT 工程师所组成的三层式用户体系，可以帮助企业由浅入深、由简到繁地应用 S/4HANA 嵌入式分析中所提供的各种功能，以满足企业在数据分析上的各种需求，从而最大限度地挖掘 S/4HANA 嵌入式分析的业务价值。

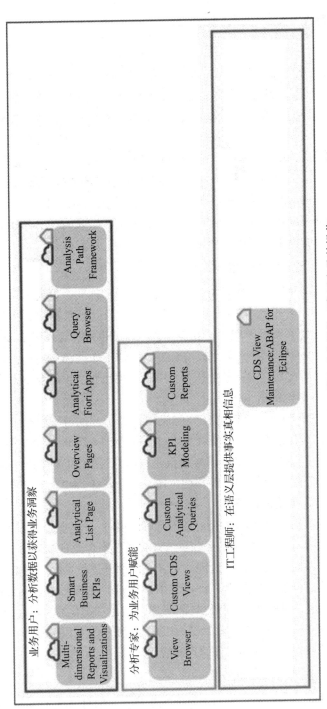

图 8-16　S/4HANA 嵌入式分析的三类用户及其操作

8.5　S/4HANA 中的早期预警

管理学家曾仕强先生认为，所谓的管理就是"管事理人"。其中，"理人"指的是沟通、引导、激励之类的，也就是领导或领导力的范畴；而"管事"，则主要包括：首先设定企业的经营管理目标，其次建立目标达成的工作标准（Standard Operation Procedure，SOP），最后对日常经营管理工作中的例外进行监控和处理。

对企业的订单交付而言，其主要模块及端到端的业务流程需要有 ERP、MES、WMS 等 IT 系统的支持，尤其是对 ERP 系统的依赖度最高。我们可以这么说，如果企业的 ERP 系统没有用好，数字化订单交付就很难实现，而要想把 ERP 用好，就要重视 ERP 系统中早期预警模块的应用。实际上，ERP 的早期预警模块，也是订单交付中运营监控和体系治理的重要工具支持。

1. ERP："造钟"与"报时"

目标、标准和例外是相互关联的，没有目标和标准，也就不存在所谓的例外。有的企业，有的管理者，热衷于"救火"——好像世界上就只有他（她）最忙，离开了他（她），世界就玩不转了。其实，企业管理也好，管理者的职责也好，首先要做的是建立制度和标准；如果没有标准，一切工作就都是例外，是"救火"，是"人治"。柯林斯在其著作《基业长青》中就一再强调，领导者要去"造钟"，而不是"报时"，就是说的这个道理。

具体到 ERP 等领域，ERP 实施与应用之于企业的首要价值是将企业的运营管理标准化，是帮助企业"造钟"。通过企业管理标准化、标准管理流程化和流程管理数字化，ERP 就不仅可以帮助企业"造钟"，而且还能造"好钟"，能够大大地提高"钟"的指导性和可操作性（有心人可以将 ERP 管理思想的可操作性与 ISO 9000 等管理体系做比较）。

"钟"造好以后，我们还希望它能够准确"报时"。甚至，我们还可以设置"闹钟"，以提醒我们什么时候该做什么事情，或者是当企业日常运营中出现了某些异常或例外时，及时提醒我们去处理。对异常或例外进行预警，是 ERP 实施与应用带给企业的第二价值，这需要借助 ERP 中的早期预警模块（Early Warning System）来实现。实际上，对例外的处理也是推动 ERP 应用和优化的主要途径之一。

下面，我们就以 SAP S/4HANA 中的早期预警模块和例外管理为例，简单地谈谈早期预警或例外管理的工作原理和应用步骤。

2. 早期预警的工作原理

在 SAP S/4HANA 中，早期预警模块是建立在信息系统（Information System）

和信息结构(Information Structure)等基础之上的,是后者的主要应用场景之一,其他几个分别是标准分析(Standard Analysis)、弹性分析(Flexible Analysis)和业务计划(Business Planning)。业务计划如销售与运作计划(Sales & Operation Planning)。

S/4HANA 早期预警模块可以选择某个信息结构中的某个(些)特征及相关关键值,对特征的相关关键值设置管控要求(比如设定门槛值),当该特征的相关关键值超出或低于门槛值时,系统则视其为例外并进行预警,或者监控该特征的相关关键值的变化趋势,当趋势为正或为负时则视为例外并进行预警等,见图 8-17。

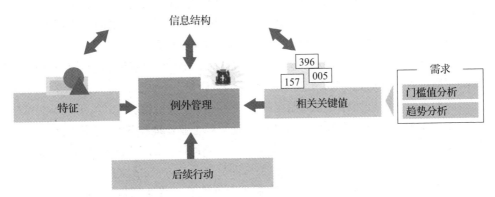

图 8-17　SAP S/4HANA 中的早期预警和例外管理(摘自 SAP 官网)

系统监控到例外后,可以以邮件、传真、报表或工作流等形式自动地发给指定的相关人员。然后,相关人员就可以对例外信息进行即时或定期分析,查找导致例外的根本原因,再制定补救或预防等改进措施,就可以推动 ERP 中流程质量和运营效率的持续提升,实际也是推动 ERP 应用的深化和优化。

3. 例外管理的应用步骤

在 SAP S/4HANA 中,我们可以通过以下几个步骤来设置和使用早期预警:①创建例外;②周期性分析;③例外分析。

(1)创建例外　例外的创建是通过这几个子步骤来完成的:①选择所需的信息结构并指定例外的名称和描述;②选择需要监控的特征(特征代表的是 S/4HANA 中某个模块的组织架构或主数据,比如某个工厂、某个客户或某个物料等);③选择关键值并定义其管控要求,关键值代表的是相关特征的业务交易数据(比如,库存、订单数量、成本等),而管控要求可以是门槛值的监控或趋势分析;

④确定后续行动的方式或条件，比如以黄色或红色做背景进行预警，或是以邮件或工作流的形式发给相关人员，等等。

（2）周期性分析　周期性分析主要定义的是系统通过什么机制来触发例外，以及例外发生的频次。S/4HANA 的早期预警模块支持两种形式的例外触发：事件驱动（Event-Driven）和系统驱动（System-Driven）。

所谓的事件驱动，就是每当相关关键值发生数据更新时就自动检查其是否符合例外管理的要求，而系统驱动则是由系统定期扫描所有的数据集来检查是否存在例外。

周期性分析的具体步骤：①以运行变式的方式来创建分析区域，该分析区域是与例外管理有关的相关信息结构和相关特征所代表的管控范围；②对周期性分析任务做计划，即安排例外管理的监控和运行的后台任务，计划的方式可以是立即，也可以是定期性或某个周期（月/周/天）的某个时间。

（3）例外分析　例外分析就是检查系统中是否产生了例外记录，检查例外记录的详细内容，并通过 ABC 分析、图形展示、分类、下钻分析等方式来寻找例外产生的根本原因，进而针对原因制定补救或预防等改进措施。

本节主要谈的是早期预警模块和例外管理对企业管理和 ERP 应用优化的作用和意义，并不是讲早期模块和例外管理是具体如何操作的。如果想知道具体如何操作或设置，可以查看 SAP 公司的相关培训材料或官方 Help 文档。

如上所述，ERP 实施和应用带给企业的价值是"造钟"和"报时"。要想造好"钟"，企业就需要将业务管理与流程管理、ERP 应用等进行紧密结合，通过业务管理标准化、标准管理流程化和流程管理数字化，层层推进。"钟"造好（ERP 实施上线）以后，还要求其能准确"报时"，这就要借助 ERP 中的早期预警模块，通过早期预警中的例外管理来推动 ERP 应用的持续优化。

8.6　流程挖掘

在订单交付的绩效度量指标中，有些是结果性指标，比如单品销售净利润、订单满足率、库存周转率等；有些是过程性指标，比如生产计划的遵从度、订单交付周期、采购到货周期等。结果性指标的监控和分析可以借助商业智能等数字化工具来进行，流程性指标的监控和分析则往往要通过流程挖掘等数字化手段来实现。

从管理要素或技术特征的角度来说，订单交付体系和能力的数字化转型就是以流程导向和数据驱动为抓手对订单交付进行重塑，而将流程导向和数据驱动进行关联的技术手段就是流程挖掘。

订单交付的各个模块是以相关的业务流程为载体的，而有效的业务流程管理需要包括需求收集、业务分析、流程（重）设计、流程实施、运行监控、在线调整、运行诊断等环节，且上述环节必须形成闭环，见图8-18。

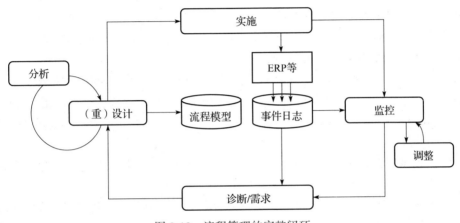

图 8-18　流程管理的完整闭环

通常，需求收集、业务分析和流程（重）设计等工作是以管理咨询或流程咨询的形式来进行的，而流程的实施主要以 ERP 等 IT 系统的开发和实施等形式来完成，而运行监控、运行诊断等环节就是流程挖掘的主要工作内容，如果后两个环节缺失或低效，业务流程的有效管理就很难保证。

所谓流程挖掘（Process Mining），指的是通过 ERP 等 IT 系统中事件日志等数据的采集和分析，对业务流程的运行进行监控，识别流程运行中的瓶颈或不合规情况，从而推动流程的治理和持续优化等工作。从技术角度来看，流程挖掘与数据挖掘类似，只不过，流程挖掘聚焦的是事件日志数据，而数据挖掘主要聚焦的是业务交易和用户行为数据。从业务场景来看，流程挖掘的用途主要有流程发现、合规性检查和流程增强。

1）流程发现是通过流程执行时已执行任务和路径折返的可视化，帮助企业识别流程中的偏差和例外，识别流程的关键路径和执行的总实例数，为流程的深入分析提供基础。

2）流程合规是将流程的实际执行情况与设计时的理想状况进行对比，以识别流程运行是否存在不合规的情况，识别相关情形的根本原因，帮助企业开发相关标准来杜绝流程的不合规。

3）流程增强是对业务流程的运行进行绩效度量，并将之显示在仪表板中，帮助企业找到流程优化的方向，为流程的重设计提供参考，进而推动流程的持续优化。

由上可知，流程挖掘是数字化流程管理不可或缺的环节，是订单交付体系绩效度量和体系治理等工作的重要技术支撑。实际上，很多管理软件公司要么在软件产品中内置了流程挖掘的功能，要么与合作伙伴合作，为客户提供全方位的数字化流程管理解决方案。以 SAP 公司为例，通过与 Celonis 公司合作，为客户提供了 SAP Process Mining by Celonis。

SAP Process Mining by Celonis 通过流程挖掘技术，采集 S/4HANA 等系统中的事件日志数据，以可视化的展现，帮助客户理解其业务流程的运行状况。为此，SAP Process Mining by Celonis 为客户提供流程浏览器、场景浏览器、流程分析等功能模块。

流程浏览器是 SAP Process Mining by Celonis 的核心模块，它可视化的形式来展现流程的运行状态。

图 8-19 左侧是"订单到收款"流程中实际运行实例的图形化展现，详细地展示了它的各个环节或事件，以及每个事件的发生日期和时间；屏幕右侧是"订单到交流"流程的关键业务指标，比如按周统计的订单销售量和销售金额，销售量在各个产品中的具体分布等。

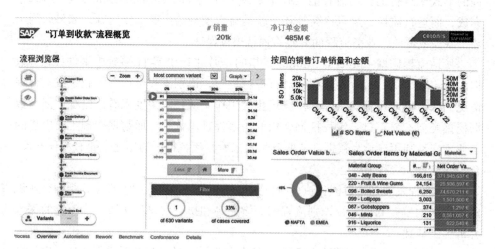

图 8-19　流程浏览器模块的界面（摘自 SAP 官网）

8.7 本章小结

万事万物都是某种形式的"耗散系统",企业的订单交付体系也不例外。如果没有得到有效的管理和治理,设计得再完美的体系也将从有序走向无序,更不要说企业还处于快速变化的市场环境中。订单交付的绩效度量和体系治理,通过选择合适的度量指标,以运行监控为切入点,以体系治理为指导思想,有助于订单交付体系的持续优化。

数字化技术和IT工具为订单交付的绩效度量和体系治理提供了有力的支撑,具体可表现为商务智能、高级分析、例外管理和流程挖掘等在企业中的应用。尤其是流程挖掘,作为流程导向和数据驱动的桥梁,对订单交付的绩效度量和体系治理可以起到非常大的助力,建议广大企业和数字化从业人员给予足够的重视。

参考文献

［1］ 丁少华. 重塑：数字化转型范式［M］. 北京：机械工业出版社，2020.

［2］ 丁少华. 建模：数字化转型思维［M］. 北京：机械工业出版社，2022.

［3］ 彭俊松. 汽车行业整车订单交付系统［M］. 北京：电子工业出版社，2009.

［4］ AKHTAR J. Production planning with SAP S/4HANA［M］. Bonn：Rheinwerk Publishing，2021.

［5］ SANKARAN G，SASSO F，KEPCZYNSKI R. Improving forecasts with integrated business planning［M］. Berlin：Springer，2019.

［6］ LIKER J. The toyota way：14 management principles from the world's greatest manufacturer［M］. New York：McGraw-Hill，2004.

［7］ RÜTTIMANN B G. Lean compendium：introduction to modern manufacturing theory［M］. Berlin：Springer，2018.

［8］ MENDES P. Demand driven supply chain［M］. Berlin：Springer，2011.

［9］ CHARLE W. CHASE J. Demand-driven forecasting［M］. Hoboken：Wiley，2013.

［10］ GHARAJEDAGHI J. System thinking：managing chaos and complexity［M］. Amsterdam：Elsevier，2011.

［11］ VOGEL S. Demand fulfillment in multi-stage customer hierarchies［M］. Berlin：Springer，2014.

［12］ STADTLER H，KILGER C，MEYR H. Supply chain management and advanced planning［M］. Berlin：Springer，2015.

［13］ CHAPMAN S. The fundamentals of production planning and control［M］. New York：Pearson，2022.

[14] PROUD J F. Master planning and scheduling: a practical guide to competitive manufacturing [M]. Hoboken: Wiley, 2007.

[15] GOHRING U. Capacity planning with SAP [M]. Reinhausen: Espresso Tutorials, 2017.

[16] PTAK C A, SMITH C. Demand driven material requirements planning (DDMRP)[M]. Norwalk: Industrial Press, 2016.

[17] ROY M K. Introducing extended warehouse management with SAP S/4HANA [M]. Bonn: Rheinwerk Publishing, 2017.

[18] NIVEN P R. Balanced scorecard evolution[M]. Hoboken: Wiley, 2014.

[19] APICS. Supply chain operations reference model (version 12.0) [M]. Chicago: APICS, 2017.

[20] WIL VAN DER AALST. Process mining: data science in action [M]. Berlin: Springer, 2016.

[21] 波尔斯特夫, 罗森鲍姆. 卓越供应链: SCOR 模型使用手册 [M]. 何仁杰, 虞毅峰, 译. 北京: 中信出版社, 2015.

后 记

作者把本书起名为《贯通：数字化订单交付》，是受到特里西等人所倡导的三个普遍性价值信条（产品领先、卓越运营和亲近客户）的启发，因为卓越运营来自高效的订单交付，而高效订单交付的核心内涵在"贯通"。

近几年，因为工作的关系，作者现场走访了上百家制造型企业。在与企业相关人员的交流中发现，不管购买的是何种 ERP 软件，90% 以上的企业都没有用好 ERP，或者没有达到上 ERP 时的预定目标，或者没有实现软件公司所宣称的软件价值。

在作者看来，是否用好 ERP，是制造型企业管理水平高低的标志。换句话说，如果 ERP 没有用好，企业的管理水平也不会太高。再结合特里西等人所倡导的价值信条——卓越运营，它与企业的订单交付体系和能力高度相关，而订单交付的主要数字化支撑就是 ERP。

企业的卓越运营和高效的订单交付不是无中生有，而是从 1 到多。企业的卓越运营和高效的订单交付不是有的人知道，有的人不知道，而是有的人做到了，有的人没做到。举一个简单的例子，好比酒店大堂的地面清洁，地要怎么拖才能干净，大家都知道，但能做到每天地面都干净的酒店却凤毛麟角。

就制造型企业的卓越运营和订单交付而言，其做法算不上特定企业的 Know-how，供应链管理、生产运营等领域的书籍对此都有详细的介绍，且这方面的著作算得上汗牛充栋。从这个角度来说，要做到高效的生产运营和订单交付，企业最缺的不是理论和思路。

那么，既然不缺理论和思路，作者为什么还要写这本书呢？在作者看来，虽然说不缺理论和思路，但要想实现卓越运营，要想做好订单交付，企业的生产运营体系要做高度整合，企业需要有可执行性高的思路和方案，这也是作者以"数字化订单交付"作为本书副标题的立意所在。

我们知道，订单交付涉及企业的方方面面，涉及企业的研发、销售、生产、采购、物流、财务等各个部门，而要想把各个方面或各个部门整合在一起，为高效的订单交付这一共同目标来工作，却不是容易的事。在作者看来，要想把订单交付中的 N 整合为 1，需要以模块化的产品数据为基础，以端到端的流程为导向，以立体、滚动的计划来统筹。以数字化的术语来讲，就是产品定义的可配置、流程的高度集成、供应链上下游的双向可视和数据驱动的计划协作，这也是数字化订单交付的核心内涵。

当前，我国的经济实力已跨上了新的台阶，未来的经济发展也面临着新的挑战。建立在人口红利基础上的粗放式高增长已难以持续，部分国家的逆全球化和地缘政治的变化给企业发展带来了诸多的不确定性。在此背景下，广大制造型企业需要尽快从"赚快钱、赚容易钱"的旧思维中跳出来，需要通过精耕细作来夯实自己的竞争力，订单交付能力的重塑和体系贯通就是其中的内容之一，而数字化可以为此提供助力。

从数字化的角度来看，ERP 不仅仅是管理工具，更是现代管理思想。对于广大制造型企业来说，作为现代管理思想的 ERP，至少在未来 20 年内还不会过时。企业的运营管理和订单交付要想高效，必须把 ERP 用好；而 ERP 要想用好，必须遵循业务管理标准化、标准管理流程化、流程管理数字化、数字管理智能化的建设路径。这要求企业对 ERP 的背景、前提、内涵和外延都有系统的了解，这其实也是本书的主要内容。

萤火虫的光虽然微弱，却也能照亮人们前行的路。如果本书能对广大从事 ERP 实施和应用的同行有些许的启发，对从事生产运营和订单交付的业务专家们有一点的参考价值，作者也算是心愿得偿。